TIBET – Land mit Vergangenheit und Zukunft

Hans Mäder

ISBN 3-9521443-0-4

Erste deutschsprachige Auflage: 16'000 Exemplare

Kartenskizze von Tibet

Tibets präinvasorische Landesgrenzen von 1949/50 gelten völkerrechtlich bis heute, denn die chinesische Aufteilung und Zersplitterung von 1965 ist genauso illegal wie die anhaltende Okkupation. Bei den innertibetischen Provinzgrenzen ist zu beachten, dass diese politisch und geographisch vielfach divergieren, was gelegentlich zu Missverständnissen führen kann. Auf der Kartenskizze sind die politischen Provinzgrenzen Tibets mit durchbrochenen Linien eingezeichnet. Die Kreuze markieren das Gebiet der so genannten "Autonomen Region Tibet".

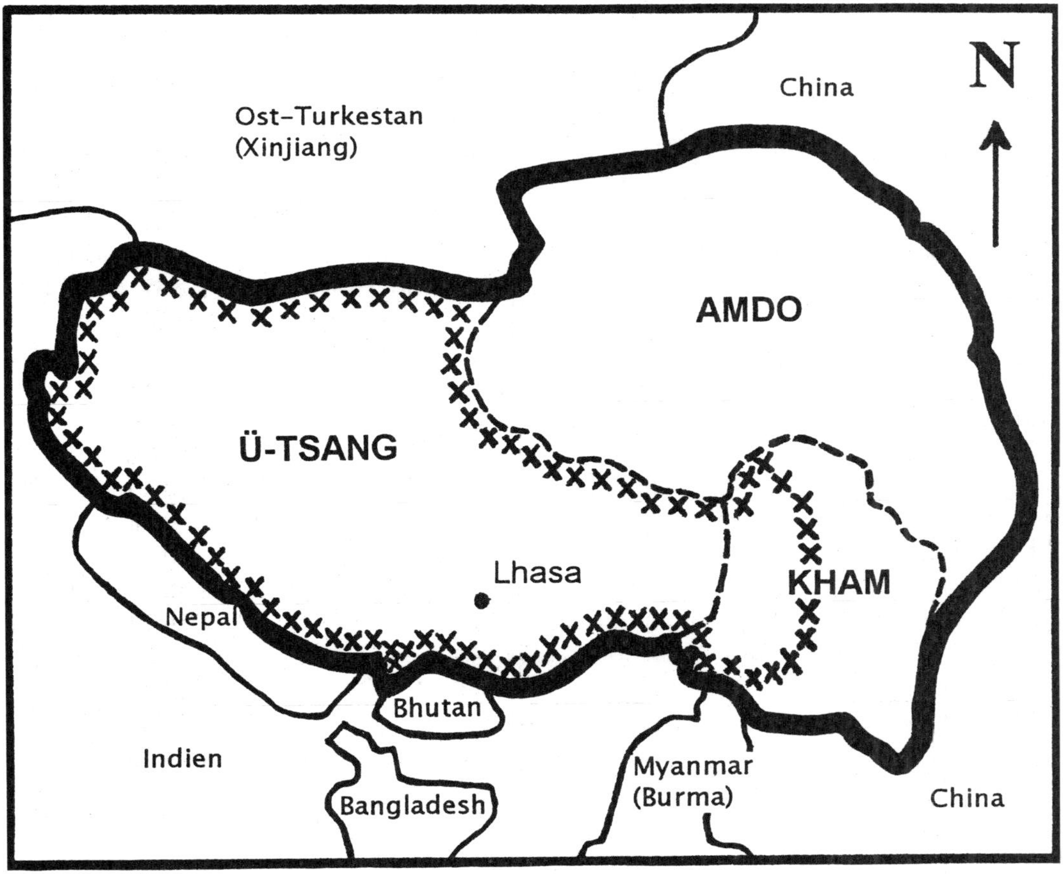

Vorwort

Die Gründung des tibetischen Staates erfolgte vor mehr als 2'000 Jahren. Erst durch den Überfall der chinesischen "Volksbefreiungsarmee" von 1949/50 wurde Tibet gewaltsam seiner Eigenständigkeit beraubt und rechtswidrig von China annektiert. **Nach den international gültigen Regeln des Völkerrechts ist Tibet aber immer noch ein eigenes Land unter illegaler chinesischer Fremdherrschaft.** Ausserdem besteht Tibet nicht bloss aus der so genannten "Autonomen Region Tibet", welche nur knapp die Hälfte des tibetischen Staatsgebietes und weniger als die Hälfte der tibetischen Bevölkerung umfasst, sondern aus allen drei Provinzen Ü-TSANG, KHAM und AMDO.

Wenn heute von Nationalsozialismus und Holocaust die Rede ist, denken die meisten Menschen spontan an das Dritte Reich unter der Schreckensherrschaft von Adolf Hitler. Diese spezifisch westeuropäische Optik ist in zeitlicher und geographischer Hinsicht zu ergänzen. Anfangs der Dreissigerjahre fielen dem von Josef Stalin verübten Holocaust über vierzehn Millionen Menschen zum Opfer. Allein in der Ukraine liess der Diktator und Chefideologe mit voller Absicht sieben Millionen Bauern als angebliche "Klassenfeinde" qualvoll verhungern. Auf seinen Befehl requirierte die Rote Armee mit Hilfe des Geheimdienstes und fanatischer Kommunisten das Getreide, und wer sich dagegen auflehnte, wurde gnadenlos erschossen. Die USA schwiegen dazu, weil ihr Präsident gute Beziehungen zur Sowjetunion wünschte.

Auch Tibet ist ein Opfer des Nationalsozialismus. Allerdings bleibt es um die bis heute andauernden Verbrechen Pekings am tibetischen Volk merkwürdig still. Es ist zwar allgemein bekannt, dass die chinesische Besatzungsmacht die Menschenrechte der Tibeter gravierend verletzt, doch realisiert die Weltöffentlichkeit noch kaum, dass das tibetische Volk systematisch seiner Kultur beraubt wird und durch einen als "Geburtenpolitik" getarnten Genozid von der endgültigen Auslöschung bedroht ist. Zudem darf in einer Zeit, wo zum Beispiel die Bestreitung des Konzentrationslagers Auschwitz-Birkenau *(Polen)* strafbar ist, auch der von den Chinesen am tibetischen Volk verübte Holocaust, welcher mehr als eine Million Menschen – einen Fünftel der tibetischen Bevölkerung – das Leben kostete, nicht länger geleugnet werden.

Die am 26. Juni 1945 gegründete UNO wollte vorrangig weitere Kriege und Völkermorde verhindern. Deshalb liegt schon ein gewisser Zynismus darin, dass nur vier Jahre später China krass völkerrechtswidrig mit der militärischen Besetzung seines Nachbarlandes Tibet begann und die übrigen Mitglieder der Staatengemeinschaft als einzige Reaktion drei Tibet-Resolutionen verabschiedeten, im Effekt aber den imperialistischen Piratenakt duldeten und darauf verzichteten, China zur Einhaltung der UNO-Charta zu zwingen. Heute ist die UNO – wie auch die jüngsten Kriege im ehemaligen Jugoslawien und in Tschetschenien *(Russland)* drastisch vor Augen führten – ihrem ursprünglichen Ziel ferner denn je. Im Fall Chinas und des besetzten Tibets genügen diskrete verbale Ermahnungen offensichtlich nicht, denn sie werden in Peking als lästig empfunden, aber nicht ernst genommen, solange ihnen keine Taten folgen. Tibet ist nur noch zu retten, wenn wir nach bald 50 Jahren passiven Zu- oder Wegschauens den fortdauernden Genozid und Ethnozid mit allen politischen, wirtschaftlichen und diplomatischen Mitteln endlich stoppen und die chinesische Invasionsarmee zum Abzug zwingen. Dies ist keine Utopie. Was sich im Fall von Vietnam, Afghanistan, Kuwait und der baltischen Staaten als möglich erwiesen hat, ist auch in Tibet möglich!

Aber die Zeit drängt. China hat dem Dalai Lama einen kompromisslosen Kampf auf Leben und Tod angesagt *(Tibet Daily 25. 05. 96 / NZZ 03. 06. 96)* und beschlossen, den Einfluss des Buddhismus in Tibet einzuschränken, weil sich die Religion dem Sozialismus beugen müsse *(Tibet Daily 13. 11. 96 / TA 14. 11. 96)*. Ausserdem behindert die notorische Servilität des Westens gegenüber China eine positive Entwicklung in Tibet. Dennoch besteht Hoffnung, dass die Verhältnisse in China und Tibet ändern werden. Der Dalai Lama brachte in seiner Botschaft vom 10. März 1995 seinen Optimismus mit folgenden Worten zum Ausdruck: "Ich glaube, dass sich heute nicht die Frage stellt, *ob* Tibet frei wird, sondern *wann* Tibet frei wird."

Am 1. Juli 1997 zog die Kolonialmacht England vertragsgemäss aus Hongkong ab und korrigierte damit einen historischen Irrtum. Jetzt ist die Reihe an der Kolonialmacht China. Eine dauerhafte und gerechte Lösung erfordert den bedingungslosen Rückzug aus Tibet.

Hans Mäder, September 1997

Danksagung

Meinen tibetischen Freunden im In- und Ausland, namentlich lic. phil. I Gyaltsen Sonam Gyaltag, Lobsang Tenzing Mantö, Palden Sangpo Gangshontsang, Lobsang Tenpa Dahortsang und Jigme Norbu Shitsetsang, aber auch der Ethnologin lic. phil. I Mirjam Karin Lüpold Ugen sowie dem Bergführer und Geologen Dr. Jürg Meyer danke ich ganz herzlich für ihre interessanten Hinweise aus erster Hand. Sehr wertvolle und fundierte Informationen erhielt ich ferner vom Geographen Peter Kessler, Verfasser der Serie "Laufende Arbeiten zu einem Ethnohistorischen Atlas Tibets" *(Tibet-Institut Rikon)*. Besonderer Dank gebührt dem tibetischen Ehepaar, das mir ein ausführliches Interview gewährte und dabei in einmaliger Weise historische und aktuelle Betrachtungen miteinander verband. Ausserdem danke ich all jenen, die mich mit kritischen Fragen zu Überprüfungen und Präzisierungen der betreffenden Punkte im Manuskript veranlasst haben.

Quellen

An allen Stellen die jeweils beigezogenen Quellen vollständig anzuführen, hätte den Umfang des Buches verdoppelt, weshalb ich weitgehend darauf verzichtet habe. Von Klassikern wie Sven Anders Hedin, Alexandra David-Néel, Albert Tafel, Heinrich Harrer und Peter Aufschnaiter, über die im Exil verfassten Werke des Vierzehnten Dalai Lama, über Bücher mit historischem, politischem oder kulturellem Schwergewicht, über Photoreportagen, Reiseführer und Spezialpublikationen bis zu Zeitschriften und Zeitungen habe ich jegliche Literatur studiert und für das vorliegende Buch verwendet. Die Quellenangaben im Text beschränken sich im wesentlichen auf Zeitungen, Zeitschriften und folgende drei Bücher:

Michael C. van Walt van Praag, The Status of Tibet; History, Rights and Prospects in International Law; Westview Press, Boulder, Colorado 1987

Petra K. Kelly / Gert Bastian (Hg.), Tibet – ein vergewaltigtes Land; Rowohlt Taschenbuch Verlag, Reinbek bei Hamburg 1988

Petra K. Kelly / Gert Bastian / Klemens Ludwig (Hg.), Tibet klagt an, Zur Lage in einem besetzten Land; Peter Hammer Verlag, Wuppertal 1990

Tibet auf einen Blick

Fläche:	rund 2,5 Millionen km^2 *(etwa 60 x die Schweiz)*
Hauptstadt:	LHASA, 3680 m
Provinzen:	**Ü-TSANG:** Zentral- und Westtibet, macht den grössten Teil der 1965 von China definierten "Autonomen Region Tibet" ("*ART*") aus; **KHAM:** im Südosten Tibets, Gebiet westlich des DRI CHU zählt zur "ART", Gebiet östlich davon 1965 den chinesischen Nachbarprovinzen Sichuan und Yünnan angegliedert; **AMDO:** im Nordosten Tibets, 1965 teils in Qinghai umbenannt und teils den chinesischen Nachbarprovinzen Gansu und Sichuan angegliedert. **Tibet besteht somit nicht bloss aus dem künstlichen Gebilde "ART", sondern aus allen drei Provinzen Ü-TSANG, KHAM und AMDO.**
Bevölkerung:	6 Millionen Tibeter und 8 Millionen Chinesen, davon ½ Million Soldaten der "Volksbefreiungsarmee"
Religion:	vorwiegend MAHAYANA-Buddhismus tibetischer Prägung, daneben die vorbuddhistische Naturreligion BÖN
Höhe:	durchschnittlich um 4500 m
Höchste Berge:	auf der Grenze Tibet – Nepal: CHOMO LANGMA *(Mt. Everest)*, 8848 m; ganz in Tibet: SHISHA PANGMA, 8046 m
Grösste Flüsse:	SENGYE KHABAB *(Indus)*, LANGCHEN KHABAB *(Sutlej)*, MACHA KHABAB *(Karnali, mündet in den Ganges)*, TSANGPO *(Brahmaputra)*, GYALMO NGULCHU *(Salween)*, ZA CHU *(Mekong)*, DRI CHU *(Blauer Fluss, Yang-Tse-Kiang)*, MA CHU *(Gelber Fluss, Huang Ho)*
Temperaturen:	bis 30° C im Sommer; bis –50° C im Winter
Bodenschätze:	Uran, Erdöl, Kohle, Gold, Silber, Antimon, Eisen, Chrom, Kupfer, Nickel, Zink, Blei, Mangan, Lithium, Magnesium, Graphit, Schwefel, Türkis, Jade, Borax, Salz

Abkürzungen

BaZ	Basler Zeitung
Bund	Der Bund
BZ	Berner Zeitung
CSI	Christian Solidarity International *(Heft vom März 1996)*
NLZ	Neue Luzerner Zeitung
NZZ	Neue Zürcher Zeitung
TA	Tages-Anzeiger
TID	Tibet Initiative Deutschland *(Zeitschrift TID-Aktuell)*
WF	Wissenschaftlicher Fachdienst des Deutschen Bundestages *(Expertise vom 12. August 1987 über den völkerrechtlichen Status von Tibet)*

I n h a l t

Teil I: Tibet – ein freies Land

Teil II: Illegale Besetzung durch China

Teil III: Tibet, China und die Welt

Teil IV: Land, Menschen, Religion

Teil V: Tibet heute

Teil VI: Völkerrechtlicher Status von Tibet

Teil I: Tibet – ein freies Land

Urzeitliche Entstehung von Tibet

Vor vier- bis fünfhundert Millionen Jahren fügten sich in der endlosen Salzwasserwüste unseres Planeten die kreuz und quer umhertreibenden Festlandschollen zum Urkontinent PANGÄA zusammen. Dieser begann vor ungefähr 200 Millionen Jahren wieder auseinanderzubrechen und teilte sich in den nördlichen Kontinent LAURASIA und den südlichen Kontinent GONDWANALAND auf. Den entstehenden Zwischenraum füllte von Osten her das Urmeer TETHYS aus. Am Südrand von LAURASIA, weitgehend vom Meer bedeckt, lag das zukünftige Gebiet von Tibet, das in der Folge durch herantreibende Mikrokontinente sukzessive vergrössert wurde. Die Landflächen der laurasischen Platte, die Gewässer und die Mikrokontinente beherbergten eine vielfältige Pflanzen- und Tierwelt, so auch Dinosaurier in allen Formen und Grössen.

GONDWANALAND war mittlerweile in mehrere Teile zerfallen. Einer davon, der indische Subkontinent, driftete aus antarktischen Gewässern langsam nordostwärts, glitt an Afrikas Küsten vorbei, überquerte den Äquator und näherte sich LAURASIA, wodurch das TETHYS-Meer zunehmend eingeengt wurde. Dann stiess vor etwa 40 - 50 Millionen Jahren die indische Kontinentalplatte mit ihrem unterseeischen Rand gegen denjenigen von LAURASIA. Das weitere Vorrücken Indiens in der geologisch heute noch aktiven Nachkollisionsphase führte zu komplexen Überschiebungen und mächtigen Erdkrustenverdickungen, und als Folge davon tauchte das tibetische Territorium allmählich aus dem Wasser empor!

Tibet war nun ein tropisches Land zwischen dem Urmeer TETHYS im Süden und schneebedeckten Bergen im Norden. Die Dinosaurier waren unterdessen – vor rund 65 Millionen Jahren – ausgestorben, doch den anderen urzeitlichen Tieren bot die üppige Vegetation reichlich Nahrung. Als sanfter, grüner Hügelzug zeichnete der nachmalige TRANSHIMALAYA schon deutlich die tibetische Landschaft. Der indische Subkontinent driftete immer weiter nach Norden und verdrängte im Lauf der Jahrmillionen das TETHYS-Meer vollends. Durch seinen anhaltenden Druck gegen LAURASIA entstanden der TRANS-HIMALAYA und wesentlich später – in ausgeprägter Form erst seit etwa fünf

Millionen Jahren – die höchsten Gebirge der Welt, HIMALAYA und KARAKORUM, welche im fortwährenden Wettlauf mit der Erosion bis heute von den Urkräften der Erde in die Höhe gehoben werden. Gegenwärtig beträgt die Hebungsrate ungefähr einen halben Zentimeter pro Jahr, lokal sogar mehr als einen Zentimeter. Das tibetische Plateau insgesamt begann sich nochmals später, nämlich erst vor circa zwei Millionen Jahren, markant zu heben.

Diese grob skizzierten Vorgänge spielten sich in der Realität natürlich viel komplizierter ab, und selbst die Erdwissenschaftler kennen noch lange nicht alle Einzelheiten. Nördlich der topographisch auffälligen INDUS-TSANGPO-Sutur *(Nahtzone der beiden Platten)* liegt der so genannte LHASA-Block, ein ehemaliger Mikrokontinent, der schon vor der grossen Kollision mit Indien auf LAURASIA stiess und sich dort anschloss. Ausserdem ist ganz Tibet von geologischen Störungszonen durchzogen. Besonders das Gebiet zwischen TRANSHIMALAYA und HIMALAYA, wo im Westen der heilige Berg GHANG RINPOCHE *(Mt. Kailash)* mit den Seen MANASAROVAR und RAKASTAL seit frühester Zeit pilgernde Hindus und Buddhisten mit magischer Kraft anzieht, wo der TSANGPO, Tibets grösster Fluss, entspringt und ostwärts fliesst und wo die Städte LHASA, SHIGATSE und GYANTSE sowie einige der bedeutendsten Klöster Tibets erbaut wurden, ist deshalb häufigen Erdbeben ausgesetzt und enthält viele heisse Quellen und Geysire.

Es ist erstaunlich, wie die Tibeter auch ohne unsere westlichen Kenntnisse der Plattentektonik, Geologie, Archäologie und erst recht ohne Satellitenkartographie und andere hochmoderne Weltall-Techniken zur Erforschung der Erde über die Urzeit ihres Landes Bescheid wissen. Ihre alten Sagen berichten nämlich schon seit Jahrtausenden, dass Tibet einst unter dem Meer lag!

Die heutige Wasserscheide wird nicht etwa durch die hohe Kette des HIMALAYA gebildet, sondern durch den nördlich gelegenen, deutlich niedrigeren TRANSHIMALAYA. Dieser Gebirgszug und sein Entwässerungssystem sind wesentlich älter. Als sich dann der lange Wall des zukünftigen HIMALAYA in erdgeschichtlich jüngerer Zeit zu heben begann, hatten die Flüsse genügend Zeit, um in seinen östlichen Ausläufern kontinuierlich das Flussbett zu vertiefen, die Seitenhänge erodieren zu lassen und auf diese Weise ihren Weg von Norden nach Süden durch die wachsende Felsenbarriere an mehreren Stellen offen zu halten. Darum quert auch der gewaltige TSANGPO den HIMALAYA: Von Westen her kommend fliesst er im Osten der Provinz Ü-TSANG, kurz bevor er Tibet verlässt, in einer markanten Wende um den 7756 Meter hohen NAMCHE BARWA, ändert dabei seinen Lauf um 180 Grad und gelangt auf die Südseite des Gebirges. Bald darauf erreicht er Indien *(ARUNACHAL PRADESH und ASSAM),* wo er BRAHMAPUTRA heisst.

Ein Relikt aus der letzten Eiszeit, die erst vor etwa 10'000 Jahren endete, sind die zahlreichen abflusslosen Seen, die im Lauf der Zeit austrockneten, versalzten und namentlich im Nordwesten, in der Hochebene CHANG THANG, weithin das Bild der tibetischen Landschaft prägen.

So entstanden die Berge und Täler, die Hochebenen, die Flüsse und Seen, karge Wüsten, grüne Steppen und unermessliche Wälder von den tropischen Niederungen bis hoch hinauf in die Gebirge. Und irgendwann in der Altsteinzeit kamen vor mehr als hunderttausend Jahren die ersten Menschen in das Land! Diese Ur-Tibeter waren mongolischen Ursprungs wie auch die Mehrheit der späteren Besiedler. Daneben erfolgten Einwanderungen turkestanischer Nomaden nach Osttibet, und marginal kam es zu Vermischungen mit benachbarten Stämmen. Schon früh schufen aber Sprache, Kultur und Religion eine signifikante Konkordanz, welche die Tibeter von den Nachbarvölkern elementar unterscheidet.

Staatsgründung und YARLUNG-Dynastie

Es folgte eine lange Zeit physischer und kultureller Entwicklung, und an der Schwelle von urzeitlichen Sagen und Legenden zu gesicherten historischen Überlieferungen tauchte der erste König von Tibet auf: NYATRI TSENPO, "Beschützer des Landes der Schneeberge". **Im Holz-Tiger-Jahr 127 v. Chr. vereinte NYATRI TSENPO die verschiedenen Stämme des tibetischen Hochlandes, hauptsächlich Nomaden, zu einer Gemeinschaft mit nationalem Charakter.** YARLUNG ist der alte Name für den TSANGPO und bezeichnet im engeren Sinn jene Region in Zentraltibet, wo die Geschichte der tibetischen Nation ihren Anfang nahm. Das fruchtbare YARLUNG-Tal ist vor allem dadurch charakterisiert, dass sich der TSANGPO über eine längere Strecke aufästelt und je nach Wasserstand sogar zu einem See verbreitert. Südöstlich der Städte TSETHANG und NEDONG – der Fluss des betreffenden Seitentals heisst ebenfalls YARLUNG – finden wir die älteste Festung Tibets: Der kühn auf einem hohen, steilen Bergrücken errichtete JAMBHU LHAKHANG stammt in seiner ersten Substanz aus dem 7. Jahrhundert n. Chr., wurde später zu einem Tempel umgebaut, nach der Invasion von den Chinesen zerstört und 1982 von den Tibetern neu aufgebaut. Vom majestätischen JAMBHU LHAKHANG schweift der Blick in beiden Richtungen über die Berge, den Fluss und das weite, grüne YARLUNG-Tal.

Auf NYATRI TSENPO folgten 40 weitere Könige der YARLUNG-Dynastie, welche Tibet während fast 1'000 Jahren regierten. Die Geschichte überliefert, dass das Land zunächst in viele kleine Königreiche zerfiel, die ab 600 n. Chr. von König NAMRI SONGTSEN allmählich wieder vereint wurden. Um 617 trat sein Sohn SONGTSEN GAMPO die Nachfolge an, festigte die Nation, dehnte das Reich nach Westen aus und auferlegte China eine Tributpflicht von 50'000 Rollen Seide pro Jahr. **Tibet war jetzt eine politische und militärische Grossmacht in Zentralasien, deren Einfluss und Autorität weit über die Nachbarländer hinaus reichten.** Neue Hauptstadt wurde um 633 LHASA, "Sitz der Götter". Diese Stadt liegt auf 3680 Metern in einem breiten Tal an den Ufern des KYI CHU *("Wasser des Glücks")*, der etwas weiter südwestlich in den TSANGPO einmündet. LHASA, dem Westen vorerst völlig unbekannt und ungefähr ab Mitte des zweiten Jahrtausends die "Verbotene Stadt", wurde bald zum politischen, kulturellen und religiösen Zentrum Tibets. Sie war auch eine wichtige Handelsstadt, doch zentraler Handels- und Rastplatz der grossen Karawanen war GYANTSE, und gehandelt wurde natürlich überall und bei jeder sich bietenden Gelegenheit.

SONGTSEN GAMPO, der weitsichtige und visionäre König und Politiker, prägte die Geschichte Tibets vielleicht am nachhaltigsten und lenkte den jungen Staat, der allerdings bereits älter als die heutige Schweiz war, in seine zukünftige Bahn. Er errichtete eine besondere Form der repräsentativen Regierung mit je einem Vertreter pro 100 Familien am königlichen Hof in LHASA und mit neun Ministerien. Weiter schuf er Tibets erstes Gesetzeswerk, bestehend aus sechzehn weltlich-moralischen Verhaltensregeln und zehn speziellen Regeln für die Religionsausübung. Unter der Regierung von SONGTSEN GAMPO entstanden auch die ersten tibetischen Münzen.

Ausserdem veranlasste SONGTSEN GAMPO die Entwicklung einer neuen tibetischen Schrift. Zu diesem Zweck sandte er 632 seinen jungen und hochbegabten Minister THONMI SAMBHOTA nach Nordindien, welcher dort Sprachen und Schriften studierte, mit der Devanagari-Schrift heimkehrte und diese durch weitere Zeichen für die spezifisch tibetischen Laute ergänzte. Das tibetische Alphabet kennt fünf Vokale und 29 Konsonanten, die aber nicht wie bei uns stets aneinandergereiht werden. Sämtliche Konsonanten integrieren nämlich den Vokal "A", der entweder behalten oder suspendiert wird, indem man *über* dem betreffenden Konsonant das tibetische Zeichen für "E", "I" oder "O", beziehungsweise *unter* dem Konsonant das Zeichen für "U" schreibt. Nur beim Wortbeginn muss das "A" explizit geschrieben werden. Diese neue, bis heute verwendete tibetische Schrift ersetzte die aus SHANG SHUNG *(siehe hinten "Die Religion BÖN")* stammende ältere und primitivere Schrift. Als Schreibmaterial dienten Bambusstifte, eine Art Tusche aus Russ und Leim sowie Papier, das aus Seidelbastgewächsen selber hergestellt oder in besserer Qualität aus Bhutan und Nepal importiert wurde. Nun übertrug THONMI SAMBHOTA das vom König geschaffene Gesetz in die neue Schrift.

Frauen für Frieden

Die stetige Bedrohung durch die übermächtige Armee Tibets wurde im angrenzenden Ausland als derart ernst empfunden, dass der König von Nepal und der Kaiser TAI TSUNG von China dem tibetischen König SONGTSEN GAMPO in einem Akt der Huldigung je eine Tochter zur Frau gaben, um ihn gnädig zu stimmen und von weiteren militärischen Interventionen in ihren Ländern abzuhalten. Nach ungesicherten Überlieferungen soll der tibetische König gedroht haben, im Weigerungsfall das betreffende Land zu zerstören. So heiratete SONGTSEN GAMPO, welcher bereits drei tibetische Ehefrauen hatte, 637 noch die nepalische Prinzessin BHRIKUTI und 641 die chinesische Prinzessin WENG CHENG. Diese beiden waren tiefgläubige Buddhistinnen und überzeugten auch ihren gemeinsamen Ehemann von der neuen Religion. Unter dem Einfluss jener zwei Ehefrauen, zwecks Konsolidierung des tibetischen Staates und im Bestreben, am kulturellen Leben Asiens teilzunehmen, führte SONGTSEN GAMPO 641 in Tibet den Buddhismus ein. Nach anfänglichen Rückschlägen durchdrang der Buddhismus im Verlauf der Jahrhunderte die gesamte tibetische Gesellschaft und bestimmte weitgehend das Leben der Menschen im ganzen Jahres- und Tagesablauf.

Die Heirat von König SONGTSEN GAMPO und Prinzessin WENG CHENG wird heute von Peking als freiwillige Unterwerfung Tibets unter sein Nachbarland China interpretiert. Angesichts der damals männerdominierten

Gesellschaft ist diese Interpretation jedoch völlig absurd, und zudem übersieht Peking dabei, dass nach seiner eigenen Logik Tibet vier Jahre vorher ein Teil Nepals geworden wäre. Bezeichnenderweise fehlt aber in chinesischen Geschichtsbüchern der Hinweis auf die Hochzeit von 637 mit Prinzessin BHRIKUTI.

Der chinesische Kaiser SHOU-LI hoffte ebenfalls, den Grenzkriegen mit Tibet ein Ende zu bereiten, indem er 710 seine Tochter CHING CHENG dem tibetischen König TRIDE TSUGTSEN zur Frau gab. Diese Hoffnung erfüllte sich kaum. In wechselnder Folge kam es zu neuen kriegerischen Auseinandersetzungen wie auch zu mehreren Friedens- und Grenzverträgen zwischen den beiden Ländern. Tibet konnte dabei seinen Einfluss entlang der Handelsroute durch Zentralasien ausdehnen. 734 schlossen TRIDE TSUGTSEN und SHOU-LI auf Ministerebene einen Friedens- und Grenzvertrag, und mit einer entsprechend beschrifteten Steinsäule auf dem Berg GUGU MERU in Osttibet anerkannten beide Herrscher die Landesgrenze.

Als sich der nächste chinesische Kaiser weigerte, Tibet den jährlichen Tribut zu entrichten, setzte König TRISONG DETSEN *(Regierung ab 755)* die Feldzüge seiner Vorgänger fort, liess seine Streitkräfte immer weiter nach China vordringen und eroberte 763 die kaiserliche Hauptstadt CHANG'AN *(heute XI'AN)*. Dort inthronisierte er – der chinesische Kaiser war Hals über Kopf geflohen – als neuen Kaiser einen Bruder der chinesischen Prinzessin CHING CHENG, welcher den tibetischen Namen TASHI annahm und als erste Amtshandlung feierlich gelobte, China werde seine Tributpflicht gegenüber Tibet inskünftig korrekt erfüllen. Nach 15 Tagen zogen die tibetischen Truppen wieder ab. Diese Ereignisse wurden 764 auf dem Obelisk SHÖL DORING am Fuss des POTALA in beiden Sprachen festgehalten. 783 schlossen die Aussenminister Tibets und Chinas die Grenzvereinbarung von CH'ING-SHUI.

Ende der YARLUNG-Dynastie

Unter der Regierung von TRISONG DETSEN hatte Tibet den Höhepunkt seiner politischen und militärischen Macht erreicht. Der nächste König, MUNI TSENPO, herrschte von 797 bis 804 und setzte die ersten historisch dokumentierten Sozialreformen durch. Dabei handelte es sich namentlich um Landreformen zur Verringerung der Kluft zwischen Armen und Reichen. Land und

Besitz sollten gerechter unter der tibetischen Bevölkerung verteilt werden. Diese Reformen erscheinen aus heutiger moderner Sicht besonders interessant, auch wenn sie damals im Effekt scheiterten.

821 unterzeichneten nach einem Sieg und zu den Bedingungen Tibets die Aussenminister beider Länder im Namen des tibetischen Königs NGADHAK TRI RALPACHEN und des chinesischen Kaisers MUE TSUN ein Friedens- und Grenzabkommen, das in beiden Sprachen auf drei Steinsäulen eingemeisselt wurde und unmissverständlich festhält: **"Tibet und China sollen ihr Land und die gegenwärtigen Grenzen behalten. Das ganze Gebiet ostwärts ist das Land China, und das ganze Gebiet westwärts ist zweifellos das Land Tibet. Von keiner Seite sollen Krieg, feindliche Invasionen oder Landraub ausgehen. Die Tibeter mögen in Tibet glücklich sein, und die Chinesen mögen in China glücklich sein"** *(gekürzter Text)*. Diese drei Steinsäulen wurden auf dem erwähnten Grenzberg GUGU MERU, in der chinesischen Hauptstadt CHANG'AN *(XI'AN)* und – im Jahr 823 – vor dem JOKHANG-Tempel in LHASA aufgestellt.

836 wurde NGADHAK TRI RALPACHEN von zwei Ministern, die Anhänger der Religion BÖN waren, ermordet. Im selben Jahr bestieg sein älterer Halbbruder LANG DARMA, ebenfalls ein BÖNPO, als 41. und letzter YARLUNG-König den Thron. Unter dem Einfluss von BÖN-Priestern unterdrückte und verfolgte er schonungslos die Buddhisten in Tibet und zerstörte ihre Klöster. 842 wurde LANG DARMA deswegen von einem als BÖN-Priester verkleideten buddhistischen Eremiten ermordet. Dieser entkam, weil er nach seinem tödlichen Pfeilschuss durch den nahen KYI CHU ritt, wobei sein russgeschwärztes Pferd im Wasser alle Farbe verlor und am anderen Ufer als Schimmel davongaloppierte, was die Verfolger dermassen verwirrte, dass sie die kaum begonnene Jagd abbrachen. Der Tod von König LANG DARMA bedeutete gleichzeitig das Ende der YARLUNG-Dynastie.

Das Königreich GUGE

Die plötzliche Regierungsvakanz und Nachfolgestreitigkeiten führten zu politischer Instabilität und schliesslich zur Aufsplitterung des grossen Reichs in zahlreiche kleine Fürstentümer. 866 gründeten Nachkommen der königlichen Familie das neue Königreich GUGE im oberen Tal des LANGCHEN KHABAB, nordwestlich des heiligen Berges GHANG RINPOCHE. Das kleine Königreich lag ziemlich isoliert im Westen Tibets und hatte vorerst kaum Einfluss auf die übrigen Landesteile. Indessen kam GUGE zu grosser Blüte, wurde ein bedeutendes buddhistisches Zentrum im HIMALAYA und insbesondere ein Zufluchtsort für Buddhisten aus Indien, die immer mehr durch hinduistische Brahmanen bedrängt und später durch Mosleminvasionen vertrieben wurden.

Die Hauptstadt von GUGE hiess THOLING *(beim heutigen TSANDA)*, und geistliches Zentrum wurde die imposante Klosterstadt TSAPARANG an der Westgrenze. Jetzt strahlten unter Mitwirkung grosser Gelehrter wie des Tibeters RINCHEN SANGPO *(ab 978)* und des Inders DIPANKARA ATISHA *(1042 nach Westtibet gekommen)* starke Impulse buddhistischer Erneuerung und Konsolidierung nach ganz Tibet hinaus. Vermutlich um 1076 fand in THOLING das Siebte Buddhistische Konzil unter König TSELDE statt, an welchem hohe Würdenträger aus allen Teilen Tibets teilnahmen. Das Konzil wurde zu einem Triumph des Buddhismus.

Während Jahrhunderten entstanden im Königreich GUGE unermesslich wertvolle und bedeutende Kunstwerke des Buddhismus. Die rund 100'000 Menschen führten ein ruhiges, friedliches Leben, und die Zeit schien stillzustehen im königlichen Tal. Umso überraschender und tragischer kam das Ende. 1624 war der portugiesische Jesuit Antonio de Andrade nach TSAPARANG gekommen, wo ihm der König von GUGE erlaubte, eine katholische Mission einzurichten. Der gutmütige und tolerante König gewährte ihm jegliche Unterstützung und ernannte ihn sogar zum "Haupt-Lama". Nur zwei Jahre später, 1626, eröffnete de Andrade die zweite Mission in SHIGATSE *(Zentraltibet)*. Der schnelle und leichte Erfolg schien aber dem Missionar zu Kopf zu steigen, denn fortan agierte er immer respektloser, selbstherrlicher und arroganter. Seine aufdringlichen Bekehrungsversuche stifteten Unfrieden und verschafften den politischen Gegnern des Königs Auftrieb. Diese riefen schliesslich den König des Nachbarreichs LADAKH zu Hilfe, welcher 1630 mit seinen Truppen einmarschierte und GUGE eroberte.

Beide Missionen von de Andrade wurden 1635 wieder geschlossen, doch erholte sich GUGE nicht mehr von dem unseligen Konflikt, und der König starb in ladakhischer Kriegsgefangenschaft. Ausserdem liess nun der stetig sinkende Wasserspiegel das Tal völlig austrocknen. Darum wurde das Königreich um die Mitte des 17. Jahrhunderts fast fluchtartig verlassen und fiel in der Folge unter die

Herrschaft von LHASA. Heute ist GUGE ein Wüstencanyon mit Ruinen, die immer noch phantastische Schätze aus der einstigen Hochblüte bergen.

Schirmherrschaft der Mongolen

Das kleine Königreich GUGE war also rund 800 Jahre lang seinen eigenen Weg gegangen und hatte während dieser Zeit nur sehr lockeren Kontakt zu den übrigen Landesteilen gehabt. In Zentral- und Osttibet war es zu immer engerer Berührung mit den Mongolen gekommen, und 1207 unterwarfen sich die Tibeter angesichts eines anrückenden mongolischen Reiterheeres kampflos dem berühmten Herrscher DSCHINGIS KHAN. Dessen Enkel GODAN KHAN bat die Tibeter um buddhistische Unterweisung, traf 1240 mit KUNGA GYALTSEN, einem Enkel des SAKYA-Gründers KONCHOG GYALPO, eine entsprechende Vereinbarung und lud ihn 1244 in die Mongolei ein. KUNGA GYALTSEN, die höchste geistliche Autorität im damaligen Tibet und wegen seiner grossen Gelehrsamkeit SAKYA PANDITA genannt, folgte dem Ruf noch im gleichen Jahr und begann dem kriegerischen Volk der Mongolen die friedlichen Ideen des Buddhismus zu vermitteln. Dank der mongolischen Schirmherrschaft wurde Tibet nach rund 400 Jahren politischer Zersplitterung 1247 wieder vereinigt. 1249 machte GODAN KHAN seinen geistlichen Lehrer SAKYA PANDITA zum Vizekönig von Tibet.

Der neue Mongolenführer KUBILAI KHAN, ein Bruder von GODAN KHAN und somit ebenfalls ein Enkel von DSCHINGIS KHAN, erhob 1253 SAKYA DROGÖN PHAKPA, einen Neffen von SAKYA PANDITA, zum souveränen Herrscher über alle drei Provinzen Tibets. Dies war der effektive Beginn einer CHÖ-YÖN-Beziehung, eines "Priester-Patron-Verhältnisses" mit den Mongolen, das in seinem Kern auf jener Vereinbarung von 1240 beruhte. **Die CHÖ-YÖN-Beziehung war eine zentralasiatische buddhistische Institution, die für eine Seite die Pflicht zur religiösen Unterweisung und Beratung des Partners und für die andere Seite die militärische Beistandspflicht enthielt.** Das Verhältnis basierte auf der Gleichwertigkeit und Gleichberechtigung zweier Länder, es gab somit keine Subordination, und darüber hinaus brachten sich "Priester" und "Patron" gegenseitig grossen Respekt entgegen. Eine solche CHÖ-YÖN-Beziehung bestand nun sehr ausgeprägt zwischen Tibet und der Mongolei, obwohl die Schirmherrschaft des mongolischen "Patron" noch weiter reichte und die Mongolen wahrscheinlich nicht nur religiöse Wissensvermittlung, sondern wohl auch eine moralische Legitimation ihrer Herrschaft über ein riesiges Vielvölkerreich suchten.

Der erwähnte Herrschaftsantritt von SAKYA DROGÖN PHAKPA im Jahr 1253 war gleichzeitig der Beginn der ersten Theokratie in Tibet. Mit mongolischer Unterstützung regierten nun während mehr als 100 Jahren die SAKYA-Lamas, eine Linie von 20 buddhistischen Priesterkönigen. Diese übten gleichermassen die politische und religiöse Herrschaft aus, die trotz der weltlichen Schirmherren im Hintergrund theokratisch legitimiert war. Staat und Religion verschmolzen miteinander in der Person des jeweiligen Lama-Herrschers. KUBILAI KHAN liess sich ebenfalls buddhistisch unterrichten und bekehrte sich 1270 offiziell zum tibetischen Buddhismus. Sein Beispiel löste im mongolischen Volk eine neue Konversionswelle aus. 1279 gründete KUBILAI KHAN die mongolische YÜAN-Dynastie und wurde erster Mongolen-Kaiser von China. Als solcher ernannte er SAKYA DROGÖN PHAKPA zu seinem geistlichen Lehrer.

Die bis nach Osteuropa reichende, hinterher beinahe phantastisch anmutende Macht der Mongolen hatte ihren Zenit überschritten, das Weltreich zerfiel, und 1350 endete die mongolische Schirmherrschaft über Tibet. Damit war Tibet wieder vollständig unabhängig.

Die Linie der SAKYA-Herrscher endete 1358 mit dem Tod von SAKYA KUNGA GYALTSEN TRISHI und wurde durch CHANGCHUB GYALTSEN, den ersten von elf Königen der Adelsfamilie PHAGMO DRUPA, abgelöst, der sich zum Alleinherrscher über ganz Tibet aufschwang. CHANGCHUB GYALTSEN war ein Reformer, reorganisierte die Administration Tibets, teilte das Land in DZONG's *(Distrikte)* ein, baute Strassen, Brücken und Herbergen an den Pilgerwegen und kodifizierte auf Grundlage des Ur-Gesetzes von SONGTSEN GAMPO ein in 13 Regeln zusammengefasstes Prozess- und Strafrecht. Er verteilte das Land gleichmässig unter den Bauern und legte eine Steuer von einem Sechstel der Ernte fest.

Im Nachbarland China wurde die YÜAN-Dynastie erst 18 Jahre später, im Jahr 1368, gestürzt. Ein weiterer und elementarer Unterschied zwischen den beiden Machtkomponenten des Dreiecks bestand darin, dass Tibet trotz der mongolischen Schirmherrschaft stets von den Tibetern regiert, China dagegen völlig von den Mongolen beherrscht worden war. **Somit waren Tibets**

Schirmherren sicher nicht die unterworfenen Chinesen, sondern die militärisch überlegenen Mongolen. Deshalb ist es absurd, dass China aus jener Zeit mongolischer Dominanz über beide Länder heute einen Anspruch auf Tibet ableiten will.

Der Reformator TSONG KHAPA

Gegen Ende des 14. Jahrhunderts trat TSONG KHAPA *(1357 - 1419)*, der "Grosse Reformator", in Erscheinung. Als Nomadensohn in der Nordostprovinz AMDO geboren, war er mit sieben Jahren ins Kloster gekommen und hatte in Zentraltibet bei verschiedenen Lehrern studiert. TSONG KHAPA entwickelte nun seinerseits eine Lehre, welche Buddha wieder ins Zentrum rückte, Götter und Geister verdrängte und eine hohe Geistigkeit verlangte. Mit grosser Strenge trat er der Disziplinlosigkeit und dem Sittenzerfall in den Klöstern entgegen. Bei der Durchsetzung seiner Reformen und Vorschriften spielte die Vervielfältigung und Verbreitung der buddhistischen Standardwerke eine massgebliche Rolle. Ab 1410 wurden nämlich die KANJUR, die 108-bändige Lehre Buddhas, und der TANJUR, der 225-bändige Kommentar indischer Gelehrter, mittels handgeschnitzter Holzblöcke in tibetischer Schrift gedruckt, so dass immer mehr Klöster in den Besitz der heiligen Schriften gelangten. Treu seiner Idee gründete TSONG KHAPA den Orden GELUG *("Tugendhaftigkeit")*. Seine Reformbewegung fand beim Volk und beim Adel grossen Anklang, und so wuchsen die Zahl seiner Mönche und die Macht des GELUG stetig. TSONG KHAPA und seine Anhänger gründeten zahlreiche Klöster, von welchen sich einige zu bedeutenden akademischen Bildungsstätten entwickelten.

Die Linie der PHAGMO DRUPA endete 1436. Dann herrschten vier Generationen der Familie RINGPUNG. Diese wurde 1566 von den TSANG-Königen abgelöst, die während drei Generationen von SHIGATSE aus, der zweitgrössten Stadt Tibets, bis 1642 das Land regierten. Sowohl die RINGPUNG als auch die TSANG genossen die Unterstützung durch den einflussreichen KARMA-Orden und förderten deshalb ihrerseits die KARMAPAS.

Regierung der Dalai Lamas

Ab dem 17. Jahrhundert drangen immer wieder kriegerische Mongolenstämme mit herrschaftlichen und territorialen Begehren nach Tibet ein, wurden aber regelmässig zurückgewiesen. Daneben gab es ein internes Problem: Der letzte TSANG-König KARMA TANKYONG WANGPO unterdrückte die GELUGPAS. Darum bat NGAWANG LOBSANG GYATSO *(1617 - 1682)*, der Fünfte Dalai Lama, den KHOSHOT-Mongolenkönig GUSHRI KHAN um Hilfe, welcher daraufhin mit seiner Armee nach Tibet ritt, in einem siebenjährigen Krieg die Fürsten in Nordosttibet unterwarf, 1642 den TSANG-König besiegte und noch im selben Jahr den Fünften Dalai Lama als neuen Herrscher von Tibet einsetzte. Fortan übernahm König GUSHRI KHAN die Landesverteidigung und den Schutz des Dalai Lama. Der "Grosse Fünfte" erklärte LHASA zur Hauptstadt Tibets, begann 1644 mit dem Bau des POTALA, revidierte den Gesetzeskodex von CHANGCHUB GYALTSEN und festigte die tibetische Nation einschliesslich KHAM und AMDO. 1652 folgte der Dalai Lama der Einladung von SHUN-CHIH, des ersten Mandschu-Kaisers in China, und wurde dort vom Kaiser persönlich mit grosser Verehrung als ebenbürtiges Staatsoberhaupt empfangen.

Motive und Auswirkungen der Intervention der KHOSHOTEN sowie der nachfolgenden Streitigkeiten bleiben kontrovers. Einerseits handelte es sich dabei um einen Krieg zwischen verschiedenen buddhistischen Glaubensrichtungen, aus welchem der zuvor unterdrückte GELUG-Orden gestärkt, ja sogar überlegen hervorging. Geistliche Opponenten des Fünften Dalai Lama wurden gewaltsam bekehrt oder vertrieben. Anderseits erzielte der "Grosse Fünfte" im Effekt ein gewisses Gleichgewicht unter den Orden sowie zwischen geistlicher und weltlicher Macht, indem er dem Oberhaupt der BÖN-Religion und den Führern der vier Hauptorden des MAHAYANA-Buddhismus *(NYINGMA, SAKYA, KAGYÜD, GELUG)* den bis zur heutigen Exil-Regierung gültigen verfassungsmässigen Anspruch auf je einen Regierungssitz verlieh. Ausserdem liess er die meisten Ämter und Staatsstellen doppelt besetzen, nämlich mit einem Mönch und einem Laien.

Der erwähnte Herrschaftsantritt des Fünften Dalai Lama im Jahr 1642 war der Beginn der zweiten Theokratie in Tibet. Das tibetisch-theokratische Regierungssystem wurde vom "Grossen Fünften" unter der Bezeichnung GANDEN PHODRANG *(Name seines Palastes im Kloster DREPUNG)* institutionalisiert und funktionierte mit kurzen Unterbrüchen über 300 Jahre lang bis zur blutigen Niederschlagung des Volksaufstandes im März 1959. Die Dalai Lamas vereinten in ihrer jeweiligen Person die politische und religiöse Macht. Innerhalb der Regierung wurde grundsätzlich wohl zwischen weltlichen und geistlichen Aufgabenkomplexen differenziert, doch in der Praxis waren alle

Tätigkeiten äusserst vielfältig und eng miteinander verflochten, weshalb der politisch-religiöse Dualismus das gesamte tibetische Staatswesen charakterisierte.

Ein Schwachpunkt des GANDEN PHODRANG war, dass während des Kindesalters der Dalai Lamas die effektive Regierungsmacht jeweils längere Zeit in der Hand eines von der tibetischen Nationalversammlung gewählten – aber auch wieder abwählbaren – Regenten lag. Vorteilhaft war dagegen der Umstand, dass die sorgfältige Suche nach der Reinkarnation durch speziell ausgewählte Mönchskommissionen Machtspiele und -konzentrationen von Familien und Herrscherhäusern oder die Einsetzung unfähiger Erben praktisch ausschloss. Interessant ist auch, dass mit Ausnahme des Vierten Dalai Lama, der einer mongolischen Fürstenfamilie entstammte, und des Fünften Dalai Lama, dessen Eltern dem Adel angehörten, alle Dalai Lamas in einfachen und bäuerlichen Familien gefunden wurden. Dadurch blieben die Person und die Institution des Dalai Lama frei von gesellschaftlichen Verstrickungen der Oberschicht.

Nach dem Tod des "Grossen Fünften" im Jahr 1682 brach wieder eine Zeit innerer Unruhe an, und die Mandschus versuchten diese Schwäche auszunützen, um auf Tibet Einfluss zu nehmen. Der Sechste Dalai Lama TSANGYANG GYATSO liebte das Leben, die Frauen und den Alkohol und war ein romantischer Poet. So bekannte er zum Beispiel: "*Ich bemühe mich, den Belehrungen meiner Lamas zu folgen, aber mein Herz entflieht auf geheimen Wegen, um sich mit den Gedanken meiner Liebsten zu treffen*". Damit entsprach er nicht dem herkömmlichen Bild eines Dalai Lama, aber nichtsdestoweniger war er von den Tibetern hoch geachtet. Die KHOSHOT-Mongolen hingegen trachteten dem Sechsten Dalai Lama nach dem Leben. Vermutlich um 1702 misslang ein Attentat gegen ihn, und 1705 kam es zu einer Schlacht zwischen mongolischen und tibetischen Truppen, wobei die KHOSHOTEN unter Führung von LHABTSANG KHAN siegten. 1706 töteten sie in LHASA den Regenten, zwangen den Dalai Lama zum Rücktritt und setzten an seine Stelle einen Mönch ihrer Wahl.

CHÖ-YÖN-Beziehung mit den Mandschus

Die Mandschus, ein mongolischstämmiges kriegerisches Volk aus der nordasiatischen Völkergruppe der TUNGUSEN, hatten mittlerweile China erobert und 1644 die QING-Dynastie begründet. Nun strebten sie die Eroberung von Tibet an. Da sie jedoch eine offene militärische Konfrontation scheuten, warteten sie auf eine günstige Gelegenheit, um Tibet zuerst politisch zu unterwandern und dann ihre Ambitionen mit möglichst geringem Aufwand zu verwirklichen. Eine solche Gelegenheit ergab sich schon bald: 1717 überfielen die westmongolischen DSUNGAREN Tibet, besetzten LHASA, töteten LHABTSANG KHAN und setzten den von ihm ernannten "Dalai Lama" ab. Den Tod von LHABTSANG KHAN bedauerten die Tibeter wohl kaum, denn durch seine eigenmächtige, krass religionswidrige Substitution des Sechsten Dalai Lama hatte er ihren Zorn auf sich gezogen. Allerdings kamen die DSUNGAREN nicht als Befreier, sondern versuchten nun, des jugendlichen Siebten Dalai Lamas KELSANG GYATSO *(1708 - 1757)* habhaft zu werden.

In dieser bedrohlichen Lage begannen die Tibeter unter Führung von MIWANG PHOLHA SONAM TOBGYAL mit dem Aufbau einer grossen Armee. Als 1720 der zwölfjährige Siebte Dalai Lama die Reise von KUMBUM in der Provinz AMDO *(Nordosttibet)* in die Hauptstadt LHASA antrat, sandte ihm der Mandschu-Kaiser K'ANG-HSI zum Schutz 4'000 Soldaten und gewann dadurch die Gunst der Tibeter. Im selben Jahr schlossen der Dalai Lama und der Kaiser einen Vertrag, dessen genauer Inhalt heute nicht mehr bekannt ist. Vermutlich vereinbarten sie eine Oberherrschaft des Mandschu-Kaisers, deren Bedeutung und Tragweite jedoch beschränkt waren. Dass der Kaiser selber möglicherweise seiner Oberherrschaft subjektiv eine grössere Bedeutung zumass, ist objektiv irrelevant. Die aus dem Vertrag von 1720 zwischen dem Siebten Dalai Lama und dem Mandschu-Kaiser resultierende Beziehung war ihrer tatsächlichen Natur nach nicht mehr als eine CHÖ-YÖN-Beziehung *("Priester-Patron-Verhältnis", siehe vorne "Schirmherrschaft der Mongolen")*, die formell schon vorher bestanden hatte, aber bisher bloss ein Ausdruck diplomatischer Höflichkeit und Tradition ohne effektive Bedeutung gewesen war. Mit den Ereignissen von 1720 erhielt nun die CHÖ-YÖN-Beziehung mit den Mandschus eine praktische Dimension.

Währenddessen wurden die DSUNGAREN von der tibetischen Armee aus dem Land vertrieben, wobei aber sicher auch die Kunde von den anrückenden Mandschu-Soldaten die Okkupanten zum Abzug bewog. Nun hatten die Mandschus einen Fuss im Türspalt, und 1728 setzte K'ANG-HSI's Sohn und Nachfolger YUNG-CHENG durch, dass er zwei zivile kaiserliche Repräsentanten, so genannte Ambane, mit einem Kontingent von Soldaten in LHASA stationieren durfte. Glich diese Einrichtung anfänglich einer Botschaft mit blossem Beobachterstatus der Gesandten, so begannen die Mandschus bald, sich unbefugt in die tibetische

Aussenpolitik einzumischen. Ob sie auch daran beteiligt waren, als die nachfolgenden Dalai Lamas alle sehr früh, zum Teil schon im Kindesalter, unter mysteriösen Umständen ums Leben kamen, lässt sich heute kaum mehr feststellen. Mit Unterstützung der Mandschus erlangte MIWANG PHOLHA SONAM TOBGYAL die Regierungsgewalt über Tibet und liess sich 1740 zum König krönen.

Trotz ständiger Beeinflussung und Manipulationen seitens der Ambane war das Verhältnis zwischen den Tibetern und Mandschus viel oberflächlicher und lockerer als das frühere mit den Mongolen, zumal die Oberherrschaft des Mandschu-Kaisers keine über die CHÖ-YÖN-Beziehung hinaus gehende Schirmherrschaft darstellte. **Im Gegensatz zu China, das seit 1644 *(Beginn der QING-Dynastie)* völlig von den Mandschus beherrscht war, regierte sich Tibet nach wie vor selber. Daraus erhellt auch, dass Tibet keineswegs in den Staatsverband der damaligen Mandschurei integriert und noch viel weniger ein Teil Chinas wurde** *(siehe hinten "Tibet – Mandschurei – China")*.

Missionare und Abenteurer aus Europa

In der Zwischenzeit hatten im westtibetischen Königreich GUGE und in SHIGATSE *(Zentraltibet)* die ersten Kontakte mit einem Europäer, dem portugiesischen Missionar Antonio de Andrade, stattgefunden und GUGE in eine Katastrophe gestürzt. 1627 waren noch zwei weitere portugiesische Jesuitenmissionare, Estavão Cacella und João Cabral, nach SHIGATSE gekommen und dort vom König empfangen worden. Am 8. Oktober 1661 gelangten die beiden Jesuiten Johann Grueber *(Österreich)* und Albert d'Orville *(Belgien)* als erste Menschen aus dem Abendland in die "Verbotene Stadt". Der Holländer Samuel van de Putte kam 1735 ebenfalls nach LHASA, und kurz vor seinem Tod verbrannte er seine Tagebücher in der Annahme, dass ihm niemand seine phantastisch anmutenden Erlebnisse in Tibet glauben würde. Bis 1745 unternahmen Jesuiten und Kapuziner weitere katholische Missionierungsversuche in Tibet, die alle ebenso fehlschlugen. Aus heutiger Sicht besteht auch gar kein Grund, in ferne Länder zu reisen, um dort systematisch ganzen Völkern eine andere Religion aufzudrängen, zumal solche Ambitionen oft mit Kolonialismus und Krieg einhergingen.

1775 traf George Bogle, erster Handelsagent der Britischen Ostindischen Kompanie, zusammen mit dem Arzt Dr. Alexander Hamilton in SHIGATSE ein. Bogle, ein Schotte, war von Tibet fasziniert und wurde ein Freund des Sechsten Panchen

Lama. Er nahm die tibetische Lebensweise an und heiratete eine Tibeterin. Ihm verdankt das Land die Einführung der Kartoffel. 1811 besuchte der Engländer Thomas Manning LHASA. Noch einmal wurde Tibet Ziel einer katholischen Mission: Zwischen 1844 und 1846 reisten die französischen Lazaristen Abbé Huc und Joseph Gabet nach LHASA, wo sie vom Dalai Lama empfangen wurden und die Erlaubnis erhielten, eine christliche Kapelle zu errichten. Auf Drängen der Mandschu-Ambane wurden sie aber alsdann des Landes verwiesen.

Der schwedische Forscher und Abenteurer Sven Anders Hedin kam 1896, also vor rund 100 Jahren, zum ersten Mal nach Tibet. Im Herbst und Winter 1906 gelang ihm von LADAKH her die ausserordentlich strapaziöse und riskante Durchquerung der gefürchteten Hochebene CHANG THANG *(siehe hinten "Wind und Wasser")*, und am Abend des 9. Februar 1907 – seine ganze Karawane als Pilger verkleidet – erreichte er tief bewegt die lang ersehnte Stadt SHIGATSE mit dem prächtigen Kloster TASHI LHUNPO, dem Sitz des Panchen Lama. Dort war jedoch Endstation. Sein Traumziel LHASA blieb ihm, der niemals aufgab, versagt. In SHIGATSE war Hedin nämlich erkannt worden, und die Mandschu-Regierung von China hatte zu diesem Zeitpunkt auch im Nachbarland Tibet genügend Macht *(siehe hinten "Überfall und Vertreibung der Mandschus")*, um ihn zur Rückkehr zu zwingen. Hedin brachte dem Westen durch seine Publikationen vielfältige und interessante Kenntnisse über Tibet, aber er fand auch Kritiker, weil er in seinem Forscherdrang Mensch und Tier bis zum Äussersten antrieb und regelmässig grosse Verluste an Pferden und Maultieren hinnahm.

Mit Erlaubnis des Dreizehnten Dalai Lama konnte die französische Orientalistin, Schriftstellerin und Forscherin Alexandra David-Néel 1914 nach Tibet einreisen, wo sie zehn Jahre lang blieb und in verschiedenen Klöstern den Buddhismus studierte. Nach LHASA durfte sie zwar offiziell nicht gehen, doch kam sie in Bettler-Verkleidung als erste westliche Frau gleichwohl in die "Verbotene Stadt". 1923 gelangte der Engländer William Montgomery McGovern als Kuli verkleidet in nur 15 Tagen von der indischen Grenze nach LHASA.

Bedrängung durch Nachbarn

Neben Tibets Problemen mit den Mandschus kam es mehrfach zu bewaffneten Einfällen anderer Nachbarn. 1788 und 1792 drangen aus Nepal massive Streitkräfte der hinduistischen GURKHAS *(wie sie später von den*

Engländern genannt wurden) nach Tibet ein und plünderten zweimal SHIGATSE, worauf jeweils die Mandschus in Erfüllung ihrer dem CHÖ-YÖN-Vertrag entspringenden Beistandspflicht die Eindringlinge zu vertreiben halfen. Daraus wussten sie Kapital zu schlagen, indem sie 1793 die Regierung des Achten Dalai Lama nötigten, die "29 Punkte für die Verwaltung Tibets" zu anerkennen, deren Kern die Zuständigkeit der Mandschus für Tibets Aussenpolitik vorsah. Unklar ist, ob es sich bei diesen "29 Punkten" um einen einseitigen Verwaltungsakt der Mandschus oder um einen bilateralen Staatsvertrag handelte. Wenn die Tibeter in irgendwelcher Form ihre Zustimmung gaben, dann lag jedenfalls eine Vereinbarung vor. In diese Richtung deuten die verfügbaren fragmentarischen Quellen.

Mit der erwähnten Hilfsaktion im Jahr 1792 war der militärische Beistand des Mandschu-Kaisers bereits zu Ende. 1842 fiel die islamische DOGRA-Armee aus KASHMIR in Tibet ein, ohne dass Mandschus oder Chinesen etwas dagegen unternahmen. Das wäre aber zu erwarten gewesen, wenn Tibet zu China gehört hätte. Für die Chinesen wäre es in diesem Fall um die Verteidigung ihres Territoriums gegangen und für die Mandschus *(nebst der Erfüllung ihrer vertraglichen Beistandspflicht)* um die Erhaltung ihrer Macht, die sie während jener Zeit in China effektiv ausübten. So schlugen die Tibeter die DOGRA-Armee – laut Überlieferung dank heftiger Schneestürme, welche die Invasoren dezimierten – allein zurück, doch konnten sie nicht verhindern, dass LADAKH an Indien fiel. Von 1854 bis 1856 brachten die jetzt von den Engländern mit Waffen unterstützten GURKHAS wieder Krieg ins Land, ohne dass Chinesen oder Mandschus eingriffen.

1878 bewilligte die Mandschu-Regierung den Engländern eine Forschungsexpedition nach Tibet. Die tibetische Regierung verbot aber eine solche Expedition, wogegen China und der Mandschu-Kaiser machtlos waren.

Krieg mit England

Schon seit einiger Zeit hatte die in Indien fest installierte britische Kolonialmacht in ihrem ungebremsten Expansionstrieb regelmässig Tibets Grenzen verletzt, und von 1865 bis 1885 liess sie durch speziell ausgebildete Inder, so genannte Pandits, heimlich das Land vermessen. Die Pandits tarnten sich als fromme Pilger, liefen die ihnen vorgeschriebenen Strecken zu Fuss ab, schoben dabei jeweils nach einer bestimmten Anzahl Schritte eine Perle des Rosenkranzes durch die Finger und verwendeten als primitives Höhenmessgerät ein Siedethermometer. 1903 eskalierten die Ereignisse mit dem Einmarsch eines britischen Armeekorps unter Leitung von Oberst Francis Younghusband, welcher die schlecht gerüstete tibetische Armee besiegte und 1904 nach LHASA vorstiess. Auch jetzt erfolgte keine Reaktion seitens der Chinesen oder der Mandschus. Die tibetische Armee war zerschlagen, und der Dreizehnte Dalai Lama THUBTEN GYATSO *(1876 - 1933)* floh in die Mongolei.

Vor ihrem Abzug im Herbst 1904, beziehungsweise als Bedingung desselben, zwangen die Engländer Tibet noch einen Vertrag auf, der ihnen einseitige Privilegien – insbesondere die Errichtung britischer Handelsvertretungen in GYANTSE, GARTOK und YATUNG – einräumte und zynischerweise noch eine hohe finanzielle Entschädigung für ihren Kriegsaufwand gegen Tibet zusprach. Diese so genannte LHASA-Konvention wurde am 7. September 1904 von Tibet und England in der Hauptstadt LHASA unterzeichnet und statuierte in Artikel 9: "**. . .** without the previous consent of the British Government no portion of Tibetan territory shall be ceded, sold, leased, mortgaged or otherwise given for occupation to any Foreign Power, [and] no such Power shall be permitted to intervene in Tibetan affairs **. . .**" *(van Walt, S. 35)*. Der zitierte Passus, dass – etwas einfacher formuliert – ohne vorgängige Zustimmung Englands keine ausländische Macht tibetisches Territorium erwerben oder besetzen oder sich in tibetische Angelegenheiten einmischen dürfe, bezog sich unausgesprochen aber offensichtlich auf China, das als einziges Land Annexionsabsichten gegenüber Tibet hegte. Von irgendwelchen Befugnissen Chinas oder der Mandschu-Regierung war im Vertrag richtigerweise keine Rede. Mit der LHASA-Konvention anerkannte England implizit Tibet als eigenen Staat. **Ferner manifestierte sich die völkerrechtliche und faktische Souveränität des tibetischen Staates zum Beispiel darin, dass China in Tibet keine volle Handelsfreiheit genoss und auf den nach Tibet exportierten Gütern sogar Zölle entrichten musste** *(van Walt, S. 37)*.

Willkürliche Verträge

Keine zwei Jahre später kehrten die Engländer den völkerrechtlich bedeutsamen Kern der LHASA-Konvention über den Kopf der Tibeter hinweg ins Gegenteil. Nachdem bereits erste Mandschu-Truppen in Osttibet einmarschiert waren, unterzeichneten England und die Mandschu-Regierung von China am

27. April 1906 in Peking ein Abkommen, das in Artikel 1 die LHASA-Konvention "unter Vorbehalt folgender Modifikation" formell bestätigte. Materiell beschränkte sich jedoch diese Bestätigung auf die drei britischen Handelsvertretungen in Tibet sowie auf zwei englisch-chinesische Abkommen von 1890 und 1893. Durch den erwähnten Terminus einer blossen "Modifikation" etwas verschleiert, zielte das Abkommen von 1906 in Wirklichkeit darauf ab, die in der LHASA-Konvention implizit verankerte Souveränität Tibets aus den Angeln zu heben oder mindestens zu untergraben, denn in Artikel 2 des neuen Abkommens wurde ganz überraschend die Illusion einer scheinbaren Verfügungskompetenz Chinas über Tibet erweckt: "The Government of Great Britain engages not to annex Tibetan territory or to interfere in the administration of Tibet. The Government of China also undertakes not to permit any other foreign state to interfere with the territory or internal administration of Tibet" *(van Walt, S. 38)*.

Zu dieser falschen Vorspiegelung einer chinesischen Verfügungskompetenz über Tibet bestand allerdings ein gewisser Widerspruch, indem Artikel 3 des Abkommens China ein Exklusivrecht für den Empfang von Eisenbahn-, Strassen-, Telegraph-, Minenschürf- und anderen Konzessionen einräumte. Die Statuierung eines solchen Privilegs der Chinesen wäre nämlich völlig überflüssig, ja sogar unverständlich gewesen, wenn – wie Artikel 2 vortäuschte – China ohnehin über Tibet hätte verfügen können.

Im übrigen brachen die Engländer die LHASA-Konvention schon allein dadurch, dass sie die in jener Konvention mit den Tibetern rechtsgültig getroffenen Vereinbarungen zum Gegenstand des neuen Abkommens mit den Chinesen beziehungsweise Mandschus machten, welche im Nachbarland Tibet de iure und de facto längst nichts mehr zu sagen hatten. Die tibetische Regierung in LHASA protestierte gegen diesen Vertragsbruch und erklärte, das englisch-chinesische Abkommen vom 27. April 1906 binde Tibet nicht und könne auch sonst von niemandem als verbindlich angesehen werden.

Nun glaubten die Russen, sie seien übergangen worden, und auch aus britischer Sicht drängte sich eine Klärung und Absicherung der Position Englands gegenüber Russland im asiatischen Raum auf. Deshalb unterzeichneten diese beiden Grossmächte am 31. August 1907 in St. Petersburg einen Vertrag, welcher die Grenzen ihrer Einflusssphären in Persien *(heute Iran)*, Afghanistan und Tibet festlegte. Soweit der Vertrag Tibet betraf, war er von grossem gegenseitigem Misstrauen gekennzeichnet und glich einem Stillhalteabkommen. England und Russland anerkannten explizit eine Suzeränität Chinas über Tibet, was im wesentlichen die aussenpolitische Zuständigkeit bedeutete. Die Vertragsparteien verpflichteten sich insbesondere, die territoriale Integrität Tibets zu respektieren, sich nicht in dessen innere Verwaltung einzumischen, unter Vorbehalt direkter englischer Handelsbeziehungen nur durch Vermittlung Chinas mit Tibet zu verhandeln, keine Eisenbahn-, Strassen-, Telegraph-, Minenschürf- und andere Konzessionen in Tibet zu erwerben, und sich weder Naturalien noch Geld aus Tibet verpfänden oder zuweisen zu lassen *(van Walt, S. 38 f.)*.

Überfall und Vertreibung der Mandschus

Noch vor Unterzeichnung des Abkommens vom 27. April 1906 mit England enthüllten die Mandschus, die trotz des "Priester-Patron-Verhältnisses" Tibet gegen frühere Invasoren – namentlich auch gegen die Engländer – meistens im Stich gelassen hatten, vollends ihre wahren Absichten und drangen anfangs 1906 ihrerseits mit massiver Waffengewalt, welcher die havarierte tibetische Nation nichts mehr entgegenzusetzen hatte, von Osten her in das Land ein. Damit füllten sie das militärische Vakuum aus, welches die Engländer hinterlassen hatten, indem sie die tibetische Armee zerschlagen, Naturalien requiriert, das Land finanziell erpresst und sich danach wieder zurückgezogen hatten. Im Februar 1910 besetzten die Mandschus LHASA. Der zwischenzeitlich nach Tibet zurückgekehrte Dreizehnte Dalai Lama musste erneut fliehen und ging dieses Mal nach DARJEELING *(Indien)*.

Da entwickelten sich die Ereignisse im Ausland zugunsten der Tibeter: Nach früheren misslungenen Aufständen entfesselte Dr. Sun Yat-sen, Arzt und Gründer der Kuomintang *(Staatsvolkspartei)*, am 10. Oktober 1911 im Süden Chinas eine Revolution, welche faktisch noch im gleichen Jahr zum Sturz der seit 1644 in China etablierten Mandschu-Dynastie *(QING-Dynastie)* durch die Chinesen führte. Nach leicht divergierenden Quellen rief Dr. Sun Yat-sen am 30. Dezember 1911 oder am 1. Januar 1912 die "Republik China" aus. Der letzte, ungefähr sechsjährige Kaiser dankte im Februar 1912 vertraglich-formell ab.

In Tibet verlief die Entwicklung parallel: Ende 1911, als Fernwirkung der Revolution in China, begannen die Tibeter mit der Vertreibung der Mandschus einschliesslich der von diesen kommandierten chinesischen Truppen, die jedoch angesichts der Revolution immer mehr auf eigene Faust in Tibet kämpften. Im Juni 1912 kehrte der Dreizehnte Dalai Lama aus dem indischen Exil nach Tibet zurück, wo er den chinesischen General Zhong Yin und den Mandschu-Amban Lian Yu zum Rückzug ihrer Truppen aus Tibet aufforderte. **Zwei tibetisch-chinesische Staatsverträge vom 12. August 1912 und vom 14. Dezember 1912, bei welchen nepalische Offiziere und Beamte als Zeugen mitwirkten, regelten die Kapitulation, Entwaffnung und Heimkehr sämtlicher Truppen der Mandschus und Chinesen. Auch die beiden kaiserlichen Ambane wurden des Landes verwiesen. Das letzte Truppenkontingent unter General Zhong Yin verliess LHASA am 6. Januar 1913** *(van Walt, S. 48)*. **Damit war die Oberherrschaft der Mandschus offensichtlich und endgültig vorbei. Am 13. Februar 1913 proklamierte der Dreizehnte Dalai Lama die Unabhängigkeit Tibets. Jetzt war Tibet de iure und de facto wieder absolut unabhängig.**

Der britische Vizekonsul Sir Eric Teichman schrieb später dazu: "Seit 1912 hat es keine Spur chinesischer Herrschaft im von LHASA regierten Tibet mehr gegeben." Sir Charles Bell, Englands politischer Beamter in Sikkim und weltbekannte Autorität betreffend Tibet, wies ebenfalls ausdrücklich darauf hin, dass 1912 jegliche chinesische Kontrolle über Tibet endete. Der letzte britische Gesandte in Tibet, Hugh Edward Richardson, hatte acht Jahre im Land verbracht und bestätigte die völlige Unabhängigkeit Tibets bis zur Invasion von 1950. Amaury de Riencourt, der 1947 in LHASA ankam, hielt fest, dass von 1911 bis 1950 "Tibet als eine unabhängige Nation sich in jeder Hinsicht selbst regierte". Und sogar die beiden in LHASA residierenden chinesischen Regierungsvertreter Dr. Tsung Lien-shen und Shen Chi-liu, welche 1947 und 1949 Tibet verlassen mussten, bekannten: "Seit 1911 hat LHASA in allen faktischen Bereichen völlige Unabhängigkeit genossen."

Bemerkenswert ist in diesem Zusammenhang auch, dass sich die Chinesen nicht als Nachfolger der Mandschus sehen, welche China von 1644 - 1911/12 beherrschten, sondern im Gegenteil die Mandschus als fremde Eindringlinge betrachten, gegen deren Herrschaft sie ja erfolgreich revoltiert haben. **Demnach ist sogar aus diesem chinesischen Blickwinkel klar, dass Tibet durch die CHÖ-YÖN-Beziehung mit den Mandschus auf keinen Fall ein Teil Chinas wurde** *(siehe hinten "Tibet – Mandschurei – China")*.

Schon rund einen Monat vor der tibetischen Unabhängigkeitserklärung hatten Tibet und die Mongolei am 11. Januar 1913 in URGA einen Freundschafts- und Beistandsvertrag unterzeichnet, mit welchem sie sich gegenseitig und explizit als unabhängige Staaten anerkannten. China focht diesen Vertrag nie an.

Drei-Länder-Konferenz in SIMLA

Am 13. Oktober 1913 begann in SIMLA *(Nordindien)* die Drei-Länder-Konferenz zwischen Tibet, England und China. Diese drei Länder hatten für die Konferenz und den vorgesehenen Abschluss einer trilateralen Konvention je einen hohen Beamten bevollmächtigt. Für Tibet verhandelte der Premierminister Lönchen Ganden Paljor Dorje Shatra, England hatte Sir Arthur Henry McMahon, Staatssekretär der britisch-indischen Regierung, nach SIMLA gesandt, und für China sprach Yifan Zhen, genannt Ivan Chen. Der Hintergrund dieser Konferenz bestand darin, dass zwischen Tibet und China immer noch Kriegszustand herrschte und England seine militärische Intervention definitiv beenden, gleichzeitig aber seine Handelsposition in Tibet konsolidieren wollte. Zum Konferenzpräsidenten wurde McMahon gewählt.

In der Sache selbst begann die Konferenz mit einem Statement des tibetischen Bevollmächtigten: Im Namen seines Landes wies Lönchen Shatra das englisch-chinesische Abkommen vom 27. April 1906 *(siehe vorne "Willkürliche Verträge")* offiziell zurück und erklärte ausserdem, Tibet werde in Zukunft keine chinesischen Soldaten oder Kolonisten in seinem Territorium dulden. Ivan Chen behauptete dagegen weisungsgemäss, die chinesische Regierung habe 1793 die Souveränität über Tibet erlangt.

Auf Drängen Englands, unter dem Druck chinesischer Angriffe in KHAM und aus Angst vor einer landesweiten chinesischen Invasion akzeptierte Lönchen Shatra dann jedoch den englischen Vorschlag einer Konvention, wonach ein relativ breiter Streifen Osttibets an China gefallen und das verbleibende tibetische Territorium in ein "inneres Tibet", bestehend aus östlichen und nordöstlichen Landesteilen, und ein "äusseres Tibet", bestehend aus Zentral- und Westtibet sowie Gebieten von AMDO und KHAM, aufgeteilt worden wäre. Gemäss diesem Entwurf anerkannten England und China eine chinesische Suzeränität über Tibet und ebenso die Autonomie des "äusseren Tibets". Beide Grossmächte verpflichteten sich, die territoriale Integrität des Landes zu respektieren und sich nicht in die Verwaltung des "äusseren Tibets" einzumischen. China verpflichtete sich ferner, Tibet nicht in eine chinesische Provinz umzuwandeln, keine chinesischen Kolonien in Tibet einzurichten und keine Truppen in das "äussere Tibet" zu entsenden. England verpflichtete sich, Tibet weder ganz noch teilweise zu annektieren, keine Truppen in Tibet zu stationieren und auch keine Kolonien dort einzurichten.

Diesen Konventionsentwurf paraphierten die drei Bevollmächtigten am 27. April 1914. Schon am nächsten Tag desavouierte die chinesische Regierung ihren Bevollmächtigten Ivan Chen und weigerte sich, die Konvention zu anerkennen. Nach zweimaliger Warnung, dass China im Fall anhaltender Verweigerung der Ratifikation selbstverständlich alle in der trilateralen Konvention zugesicherten Rechte und Vorteile einschliesslich der Suzeränität über Tibet verlieren werde, unterzeichneten Lönchen Shatra und McMahon am 3. Juli 1914 eine bilaterale Erklärung, mit welcher sie die Konvention für ihre Regierungen als bindend anerkannten und ausdrücklich festhielten, die chinesische Regierung bleibe vom Genuss aller ihr aus der Konvention zufliessender Rechte ausgeschlossen, solange sie die Konvention nicht ratifiziere. Gleichentags unterzeichneten Lönchen Shatra und McMahon zwei weitere, auf der Konvention basierende bilaterale Abkommen, eines über den Handel zwischen Tibet und England und eines *(in Form einer Landkarte)* über die tibetisch-indische Grenze, die später so genannte "McMahon-Linie" im Süden und Westen Tibets, welche allerdings schon in der Konventionslandkarte enthalten war.

Tibet war somit bei der Drei-Länder-Konferenz in SIMLA knapp an einem Debakel vorbeigegangen. Mangels chinesischer Ratifizierung der Konvention behielt es sein ganzes Territorium einschliesslich des erwähnten Streifens in Osttibet und vor allem auch seine Unabhängigkeit und völkerrechtliche Souveränität. Dass die chinesische Regierung auf die enormen Zugeständnisse von tibetischer Seite letztlich verzichtete, mag zwar erstaunen, lässt aber vermuten, dass sie schon damals die militärische Eroberung und Annexion Tibets ins Auge fasste und sich diese "Option" nicht durch Ratifizierung der SIMLA-Konvention juristisch verbauen wollte, weil die Konvention ausdrücklich verbot, Tibet in eine chinesische Provinz umzuwandeln oder dort chinesische Kolonien einzurichten. Die praktische Bedeutung der Konferenz in SIMLA liegt vor allem darin, dass England durch die Aushandlung und Unterzeichnung der Konvention *(beziehungsweise der darauf bezogenen bilateralen Erklärung)* sowie der beiden anderen bilateralen Abkommen mit Tibet erneut den tibetischen Staat anerkannte.

Krieg und Frieden

Der Dreizehnte Dalai Lama war nicht nur auf geistiger und geistlicher Ebene eine überragende Persönlichkeit, sondern anerkanntermassen auch ein fähiger und dynamischer Politiker. Er begann jetzt unverzüglich mit dem Neuaufbau einer tibetischen Armee. Deren Hauptmangel war und blieb allerdings, dass zu wenige Tibeter Offizier werden wollten. Weiter modernisierte der Dalai Lama die Administration, richtete einen Post- und Telegraphendienst ein, liess erstmals Papiergeld drucken, kontrollierte effizient die Tätigkeit der Beamten, schickte Studenten ins Ausland und schloss diverse Staatsverträge mit England, der Mongolei und China. Unter seiner Herrschaft wurde auch die farbenprächtige tibetische Nationalflagge mit einem Schneeberg, der aufgehenden Sonne und zwei Schneelöwen offiziell eingeführt.

Die Vertreibung der Mandschus und die Rückkehr des Dreizehnten Dalai Lama im Sommer 1912 hatten Tibet vorübergehend Ruhe und Stabilität gebracht. Ein Angriff der Chinesen in Osttibet führte 1917/18 zu monatelangen Kämpfen, die mit der Kapitulation des chinesischen Generals Peng Risheng und der Gefangennahme von 3'000 chinesischen Soldaten endeten *(van Walt, S. 62)*. **Am 19. August 1918 unterzeichneten Tibet und China durch Vermittlung des britischen Vizekonsuls Sir Eric Teichman in CHAMDO *(KHAM)* ein Waffenstillstands- und Grenzabkommen, das in Artikel 7 die gegenseitige Freilassung aller Gefangenen vorschrieb. Dieser bilaterale Staatsvertrag, welcher einmal mehr unwiderlegbar Tibets völkerrechtliche Staatseigenschaft und Souveränität manifestierte, wurde durch das ebenfalls von Teichman vermittelte tibetisch-chinesische Truppenentflechtungsabkommen vom 10. Oktober 1918 ergänzt.**

Somit herrschte bis auf weiteres mehr oder weniger Frieden, auch wenn die Spannungen in Osttibet nie ganz abklangen. Der Dreizehnte Dalai Lama beschrieb diese Zeit in seinem 1931 verfassten Testament wie folgt: "Seit ich aus Indien in unser heiliges Land zurückgekehrt bin, haben wir Tibeter alle, hoch und niedrig, ein goldenes Zeitalter des ungestörten Friedens, der Freiheit und des Wohlstands genossen."

Düstere Vorahnungen

Am 17. Dezember 1933 starb der Dreizehnte Dalai Lama. Die Tibeter empfanden seinen Tod als Katastrophe und hatten Angst vor der unsicheren Zukunft. Sie spürten das drohende Verhängnis. Es war wie eine Vorahnung der kommenden Tragödie. In seinem Testament hatte der Dreizehnte Dalai Lama ausserdem vorausgesagt, dass der Kommunismus, der bereits die mongolische Hauptstadt Ulan Bator im eisernen Griff hatte, auch Tibet mit Gewalt aufgezwungen würde.

1934 kam eine Delegation von Chinesen nach LHASA und kondolierte offiziell zum Tod des Dalai Lama. Dies war allerdings ein leicht durchschaubarer Vorwand. Eigentlicher Besuchszweck war die Eröffnung einer chinesischen Gesandtschaft in Tibet, welche den gleichen Status erhielt wie die Botschaften Nepals, Grossbritanniens und *(später)* Indiens, die sich ebenfalls in LHASA befanden. **Darin liegt ein weiterer unumstösslicher Beweis für die Tatsache, dass es sich bei Tibet und China seit jeher um zwei verschiedene Staaten handelt, denn eine Gesandtschaft wird offensichtlich nicht im eigenen Land, sondern nur im Ausland errichtet.**

Im Februar 1940 schuf die tibetische Regierung das Amt für auswärtige Angelegenheiten. Unter der interimistischen Regentschaft von RETING RINPOCHE, des jungen Abtes des berühmten Klosters bei RETING, bestand Tibet während des Zweiten Weltkriegs auf seiner Neutralität und widersetzte sich erfolgreich der britisch-chinesischen Absicht, Waffen und anderes Kriegsmaterial von Indien durch Tibet nach China zu schaffen. Einmal mehr manifestierte Tibet damit seine Souveränität und speziell seine Unabhängigkeit von China.

1946 ergänzte GONSARTSE RINPOCHE die Voraussage des Dreizehnten Dalai Lama mit einer zeitlichen Eingrenzung: "Diese schrecklichen Ereignisse werden schon innerhalb der nächsten zehn Jahre stattfinden **...**"

Die letzten drei Jahre

Im November 1946 begann in der ostchinesischen Stadt Nanjing *(Nanking)* unter der Kuomintang-Regierung von Chiang Kai-shek die Konstituierende Nationalversammlung Chinas. Eine offizielle tibetische Delegation aus LHASA war mit der Gratulation zum Sieg der Alliierten über Japan und mit der Forderung nach Rückgabe besetzter Grenzgebiete in den tibetischen Ostprovinzen AMDO und KHAM bereits im April 1946 in Nanjing eingetroffen. Nach krankheitsbedingter Verlängerung des dortigen Aufenthalts bereiste die Delegation mehrere chinesische Provinzen und kam dann wieder nach Nanjing zurück, wo sie der nun eröffneten Nationalversammlung – nach widersprüchlichen Quellen freiwillig oder unfreiwillig – einen Besuch abstattete. Als aber die Chinesen versuchten, aus der Anwesenheit der LHASA-Delegation eine Unterwerfung Tibets unter die Kuomintang-Regierung zu konstruieren, protestierten die tibetischen Delegierten in aller Form und verliessen umgehend die Versammlung und Nanjing.

Indessen hatten die Chinesen erfolgreich einzelne Tibeter aus den Grenzgebieten zur Teilnahme an der Nationalversammlung überredet, und diese blieben bis zum Schluss. So deklarierte Peking deren Teilnahme als Zugehörigkeit Tibets zu China. LHASA war darob erzürnt, doch der britische Botschafter in Nanjing, L. H. Lamb, meldete gelassen nach London, diese Angelegenheit werde wohl zu ernst genommen, denn die chinesische Vorliebe für Selbsttäuschung sei gut bekannt. Ausserdem seien auch Delegationen aus England, Kuba, den Philippinen und anderen Staaten nach Nanjing gekommen, ohne dass diese Länder deswegen als Teile Chinas betrachtet würden.

Im März 1947 fand in Delhi die "Asian Relations Conference" aller asiatischen Staaten statt. Dort war Tibet mit einer offiziellen Delegation und mit der tibetischen Nationalflagge vertreten, und niemandem wäre es eingefallen, Tibets Staatseigenschaft, Unabhängigkeit und Souveränität in Frage zu stellen. Im selben Jahr verwies Tibet alle in LHASA wohnenden chinesischen Beamten des Landes. 1947/48 besuchte eine offizielle tibetische Handelsdelegation unter Leitung des Finanzministers TSEPON W. D. SHAKABPA Indien, China, England, Frankreich, die USA, Italien und die Schweiz. Alle diese Länder akzeptierten die von der souveränen tibetischen Regierung in LHASA ausgestellten tibetischen Reisepässe, und die Schweizerische Eidgenossenschaft erteilte am 22. Oktober 1948 – weniger als ein Jahr vor Beginn des chinesischen Truppeneinmarsches – die entsprechenden Visa. Damit anerkannte die Schweiz eindeutig den tibetischen Staat *(siehe hinten "Bis zur Invasion")*.

Als unabhängiger und souveräner Staat verfügte Tibet über eine kleine Armee, die von der Grösse und Bewaffnung her allerdings nur noch eine

Polizeitruppe war, sowie über eine eigene Administration, ein eigenes Zoll-, Post- und Fernmeldewesen und über eine tibetische Währung mit entsprechenden Noten und Münzen.

Teil II: Illegale Besetzung durch China

Die so genannte "Volksbefreiungsarmee"

1948 kam der Regierung in LHASA zu Ohren, dass sich chinesische Spione im Land aufhielten, um die Stärke der tibetischen Truppen zu erkunden und in Erfahrung zu bringen, ob die Tibeter im Fall eines chinesischen Angriffs irgendwelche militärische Unterstützung aus dem Ausland zu erwarten hätten. Am 8. Juli 1949 forderte die tibetische Regierung alle Chinesen, die nicht bereits 1947 gegangen waren, zum unverzüglichen Verlassen des Landes auf und stellte damit klar, dass China keinerlei Rechte über Tibet hat. **Umgekehrt drangen in jenem Sommer 1949 grössere Truppenverbände der chinesischen "Volksbefreiungsarmee" in die tibetische Nordostprovinz AMDO ein.** Sie verzichteten vorerst auf Gewaltanwendung, versuchten sich mit der Bevölkerung anzubiedern, verteilten zu diesem Zweck Geld und Geschenke und fanden deshalb vereinzelt sogar Sympathie. Dann aber gingen sie dazu über, die Kinder offen zur Rebellion gegen ihre Eltern, zur Abkehr von den tibetischen Traditionen und zur Verleugnung ihrer Religion aufzuhetzen.

In China hatten die kommunistischen Truppen anfangs Februar 1949 Peking erobert. Mit der Einnahme von Nanjing *(Nanking)* im April 1949 zwangen sie die Kuomintang-Regierung von Chiang Kai-shek zum Rücktritt, und im Mai fiel ihnen Shanghai in die Hände. Am 1. Oktober 1949 übernahmen die Kommunisten unter ihrem Vorsitzenden Mao Tse-tung und Ministerpräsident Chou En-lai die Macht, und Mao persönlich rief in Peking beim Tienanmen *("Tor des Himmlischen Friedens", wo am 4. Juni 1989 friedlich Demonstrierende erschossen und mit Panzern überfahren wurden)* die "Volksrepublik China" aus. Chiang Kai-shek, der geschlagene General und Staatspräsident, trat mit seinen Anhängern den Rückzug auf Taiwan an.

Die Kommunisten nannten die "Befreiung Tibets" ein wichtiges Ziel. Im Oktober 1949 – wie schon im September – meldete Radio Peking, Tibet sei "ein natürlicher Bestandteil Chinas", und die "Volksbefreiungsarmee" werde in Tibet einmarschieren, "um das Land von allen fremden Imperialisten zu befreien". Zu diesem Zeitpunkt befanden sich sechs Ausländer in Tibet: Die am 29. April 1944 aus einem britischen Internierungslager in DEHRA DUN *(Nordindien, am Südfuss des HIMALAYA)* geflüchteten und am 15. Januar 1946 mit letzter Kraft nach LHASA gelangten Österreicher Heinrich Harrer, welcher den jugendlichen Dalai Lama in Englisch, Mathematik und Geographie unterrichtete, und Peter Aufschnaiter, welcher insbesondere seine Dienste als Agraringenieur zur Verfügung stellte, weiter der ebenfalls aus britischer Kriegsgefangenschaft in Indien entflohene weissrussische Mechaniker Nedbailoff und ausserdem drei Engländer, nämlich der Diplomat Hugh Edward Richardson sowie die zwei Radiofunktechniker Reginald Fox *(diese alle in LHASA)* und Robert Ford, welcher bis Kriegsausbruch in der Radiostation von CHAMDO *(KHAM)* ausharrte und seinen Todesmut mit fünf Jahren chinesischer Haft und Gehirnwäsche bezahlte. **Diese sechs Europäer waren also die "fremden Imperialisten", welche China mit seiner so genannten "Volksbefreiungsarmee" aus Tibet vertreiben wollte!**

Im November 1949 liess Radio Peking verlauten, der *(elfjährige)* Panchen Lama habe Mao Tse-tung zu Hilfe gerufen, "um Tibet zu befreien ..." Das tibetische Aussenministerium protestierte in einem Schreiben an Mao gegen diese Aggression und bat England, die USA, Indien und Nepal um Beistand, aber keine der angerufenen Regierungen wollte etwas mit der Sache zu tun haben.

Erdbeben und Invasion

Am späten Abend des 15. August 1950 liess ein heftiges Erdbeben die Häuser in LHASA erzittern und versetzte die Menschen in Angst und Schrecken. Man hörte etwa 40 ferne, dumpfe Detonationen vom Bersten der Erdschichten, und bei wolkenlosem Himmel zeigte sich im Osten ein riesiger roter Schein. Burgen wurden in der Mitte gespalten, und tagelange Nachbeben liessen die Bevölkerung nicht zur Ruhe kommen. Im benachbarten nordostindischen Unionsterritorium ARUNACHAL PRADESH *(bis 1972 noch Teil des Bundesstaates ASSAM)* wurden ganze Berge und Täler zerrissen, und der dadurch aufgestaute BRAHMAPUTRA richtete grosse Verwüstungen an. Wie hinterher bekannt wurde, lag das Epizentrum in Südtibet, wo beim Einsturz der Felsenklöster Hunderte von Mönchen und Nonnen ums Leben kamen. Für die Tibeter war dieses Erdbeben ein sehr schlechtes Omen.

Am 7. Oktober 1950 griff ein circa 40'000 Mann starkes Heer der chinesischen "Volksbefreiungsarmee" Tibet an sechs bis acht Stellen

gleichzeitig an *(van Walt, S. 142)*. Davon erfuhr man in der Hauptstadt LHASA erst nach zehn Tagen, und so wurden dort noch Feste gefeiert, während im Osten die ersten Tibeter für die Unabhängigkeit ihres Landes starben. Und als dann die Kunde endlich nach LHASA kam, wollte man es einfach nicht wahrhaben. Etwas ironisch hiess es später, dass die Tibeter in ihrer typischen Friedfertigkeit zu jenem Zeitpunkt immer noch einen Krieg vermeiden wollten, der bereits in vollem Gang war.

Dem schonungslosen Angriff der Chinesen, die vom soeben zu Ende gegangenen Bürgerkrieg kampferprobt und völlig verroht und ausserdem mit modernen Schnellfeuergewehren, Maschinengewehren, Granatwerfern, Kanonen und Kampfflugzeugen ausgerüstet waren, konnten die 8'500 schlecht gerüsteten, teilweise noch mit Vorderladern bewaffneten tibetischen Soldaten nicht viel entgegensetzen. Die Armee der Tibeter hatte nämlich nur noch polizeiliche Funktionen wie zum Beispiel die Verhinderung der Einreise unerwünschter Personen und war zur Kriegsführung mittlerweile viel zu klein. So fiel bereits am 19. Oktober 1950 CHAMDO, die strategisch wichtige Provinzhauptstadt von KHAM *(Südosttibet)*, und NGABO NGAWANG JIGME, der erst kürzlich ins Amt eingesetzte Gouverneur und Militärkommandant von KHAM, geriet in chinesische Kriegsgefangenschaft. Allein in den ersten zwei Kriegswochen wurden 4'000 tibetische Soldaten und Offiziere getötet, worauf die restlichen Armeeangehörigen *(nicht zu verwechseln mit den später aufgestellten Guerilla-Truppen)* die Waffen niederlegten.

Mit den bekannten Worten verkündete Radio Peking am 24. Oktober 1950 erneut: "Einheiten der Volksbefreiungsarmee wurden angewiesen, in Tibet einzumarschieren, die **...** Tibeter von imperialistischer Aggression zu befreien und die Verteidigung von Chinas Westgrenzen zu verstärken." Da richtete die tibetische Regierung am 7. November 1950 erstmals einen Hilfsappell an die UNO. Diese war aber gerade mit dem von China angeheizten Korea-Krieg beschäftigt und hatte offenbar auch sonst keine Lust, sich der Sache anzunehmen, denn am 24. November 1950 beschloss sie die Vertagung der Tibet-Diskussion und äusserte lediglich ihre "Hoffnung", dass Tibet und China sich friedlich einigten. Angesichts der Dramatik der Situation erschien eine solche Hoffnung allerdings absurd und zudem als billigster Vorwand, um untätig zu bleiben. Einzig der mittelamerikanische Kleinstaat El Salvador hatte den Mut, den brutalen Angriff Chinas gegen das friedliche Nachbarland Tibet zu verurteilen.

Noch vor jenem UNO-Beschluss übertrugen die tibetische Nationalversammlung und Regierung am 17. November 1950 dem Dalai Lama im Alter von 15 Jahren in einer feierlichen Zeremonie die religiöse und die politische Macht. Dem Rat des Staatsorakels des Klosters NECHUNG und dem Wunsch des Ministerrats folgend, entschloss sich der junge Dalai Lama widerwillig zur Flucht. So ritt er am 20. Dezember 1950 aus LHASA fort und erreichte anfangs Januar 1951 YATUNG *(DROMO)*, ein grenznahes Bergdorf im schmalen Südzipfel Tibets zwischen Sikkim und Bhutan.

Der 17-Punkte-Vertrag

Im Februar 1951 reiste eine tibetische Delegation unter Leitung des inzwischen wieder freigelassenen Ministers NGABO NGAWANG JIGME zur Aufnahme von Friedensgesprächen nach Peking. Sie hatte ausdrücklich keine Vertragsschlussbefugnis. Die Tibeter wurden jedoch auf ihre anfängliche Weigerung hin praktisch als Gefangene behandelt, persönlich bedroht und unverblümt vor die Wahl gestellt: Entweder akzeptierten sie den ihnen vorgelegten Vertrag "für die friedliche Befreiung Tibets", oder die chinesische "Volksbefreiungsarmee" würde LHASA zur bedingungslosen Kapitulation zwingen. **Unter dem Druck dieser infamen Drohung und Erpressung unterzeichneten die tibetischen Delegierten am 23. Mai 1951 den so genannten 17-Punkte-Vertrag und "beglaubigten" ihn mit in Peking von den Chinesen gefälschten tibetischen Staatssiegeln!**

Im aufgeblähten Ingress, der fast so lang wie die nachfolgenden 17 Punkte ist, wurde zunächst mit ausschweifender Phantasie behauptet, die tibetische Nationalität habe eine lange Geschichte innerhalb der Grenzen Chinas, und sie habe ihre glorreiche Pflicht bei der Schaffung und Entwicklung des grossartigen Mutterlandes erfüllt. Die Lokalregierung von Tibet habe sich aber gegen die seit mehr als 100 Jahren eingedrungenen Imperialisten nicht zur Wehr gesetzt, sondern eine unpatriotische Haltung gegenüber dem grossartigen Mutterland eingenommen. 1949 seien die aggressiven imperialistischen Kräfte vertrieben worden. Tibet möge befreit werden und in die grosse Familie der Volksrepublik China zurückkehren. Sowohl im Ingress als auch in den 17 Punkten versicherte die chinesische Regierung mit mehrfachen Wiederholungen, sie werde die tibetische Sprache, Kultur, Religion und Sitten schützen und fördern. China verpflichtete sich auch, das bestehende politische System Tibets sowie den etablierten Status, die Funktionen und Kompetenzen des Dalai Lama und des Panchen Lama nicht zu ändern. Punkt 1 des Vertrags verlangte, das tibetische Volk solle sich vereinigen und die aggressiven imperialistischen Kräfte aus Tibet vertreiben; dies widersprach allerdings der erwähnten Phrase im Ingress, dass die aggressiven Imperialisten schon 1949 vertrieben worden seien. Ferner anerkannte China in Punkt 3 des Vertrags explizit Tibets "nationale regionale Autonomie unter der vereinigten Führung der Zentralen Volksregierung" *(van Walt, S. 339)*, was auch immer das heissen sollte.

Noch am selben Tag, also am 23. Mai 1951, verkündete Peking offiziell "die friedliche Befreiung Tibets von der imperialistischen Aggression und die Rückkehr Tibets in die grosse Familie der Volksrepublik China".

Laut Vertragstext hätte somit das illegal okkupierte Tibet seine Staatseigenschaft verloren. Indessen war der mit Gewalt und Drohungen erzwungene 17-Punkte-Vertrag nach den international anerkannten Regeln des Völkerrechts im vornherein null und nichtig *(siehe hinten "Postinvasorischer Gebietserwerb?")*. Ausserdem wandten die Chinesen die vertraglichen Zugeständnisse nur auf Zentraltibet an und verletzten selbst dort die Vertragsbestimmungen notorisch. Mit ihren als "Reformen" bemäntelten Zwangs- und Einschüchterungsmassnahmen begannen sie in den tibetischen Ostprovinzen KHAM und AMDO. Die "imperialistischen Angreifer" waren unterdessen mit dem Amerikaner Bessac auf sieben Ausländer angewachsen! Am 17. August 1951 kehrte der Dalai Lama von YATUNG in die Hauptstadt zurück.

Ideologischer Wahnsinn – verzweifelter Widerstand

Bald darauf, am 9. September 1951, marschierten 3'000 Mann der chinesischen "Volksbefreiungsarmee" in LHASA ein, und innert drei Monaten stieg ihre Zahl auf über 20'000 *(van Walt, S. 149 und 158)*. Die Invasoren benahmen sich sehr arrogant, machten den schönsten Platz in der nahen Umgebung zum Armeehauptquartier, requirierten die besten Häuser, forderten die Abgabe von 2'000 Tonnen Gerste und erpressten wenig später nochmals dieselbe Menge Gerste, worauf eine Versorgungskrise ausbrach, unter welcher einseitig die Tibeter zu leiden hatten.

1952 erklärte Mao Tse-tung, Peking wolle die chinesische Ansiedlung fördern, bis Tibet eine Bevölkerungszahl von insgesamt zehn Millionen erreicht habe. Heute leben aber in Tibet bereits rund vierzehn Millionen Menschen, nämlich sechs Millionen Tibeter und acht Millionen chinesische Besatzer und Immigranten.

In nationalistischem Grössenwahn und ideologischer Verblendung nahmen die Chinesen viele tausend tibetische Kinder und Jugendliche gewaltsam ihren Eltern weg und verschleppten sie nach China, um sie dort zu Kommunisten zu erziehen. Wie die betroffenen Eltern und Kinder darunter litten, kann man sich wohl denken, aber kaum in Worte fassen. Die meisten dieser Kinder hat man nie wieder gesehen. Nur wenige kehrten nach jahrelanger Gehirnwäsche und Indoktrination nach Tibet zurück.

Im April 1954 unterzeichneten Chou En-lai und der indische Premierminister Jawaharlal Pandit Nehru einen sino-indischen Freundschaftsvertrag, welcher Tibet implizit als Teil Chinas bezeichnete und die Nichteinmischung Indiens garantierte. Der Dalai Lama verliess im Hochsommer 1954 zum ersten Mal seine Heimat und reiste im Auto, zu Pferd, mit dem Jeep, Flugzeug und Zug nach Peking, wo er in der folgenden Zeit oft mit Chou En-lai, Mao Tse-tung und Deng Xiaoping zusammentraf und an vielen offiziellen politischen Anlässen teilnahm.

Als der Dalai Lama im Frühling 1955 nach Tibet heimreiste, erkannte er, dass sich dort die Lage innerhalb eines knappen Jahres erheblich verschlechtert hatte. In den Ostprovinzen KHAM und AMDO schwelte ein Widerstand, der im Sommer 1956 zum totalen Guerilla-Krieg entflammte. Die Chinesen warfen Bomben auf Dörfer und speziell auf Klöster ab, wo die tibetische Zivilbevölkerung Zuflucht suchte. Ganze Talschaften flohen Richtung Zentraltibet, aber nur wenige zehntausend Tibeter erreichten LHASA. Währenddessen nahm der Dalai Lama 1956/57 in Indien an den Feiern zum 2'500. Todestag Buddhas teil und ersuchte bei dieser Gelegenheit Nehru vorsorglich um Asyl, was derselbe mit dem zynischen Rat ablehnte, der Dalai Lama solle sich doch mit den Chinesen einigen ...

Innert eines Jahres griff die Revolte auf Zentraltibet über. Der als gutmütig und grossherzig bekannte GONPO TASHI ANDRUGTSHANG, ein 44-jähriger KHAMPA mit bald legendärem Ruf, gründete die tibetische Freiwilligen-Armee TENSUG DHANGLAG MAGAR, und speziell ausgesuchte Kämpfer derselben bildeten die Untergruppe KHELEN. Im Mai 1958 errangen die zuverlässigen und furchtlosen KHAMPA-Guerillas unter Führung von ANDRUGTSHANG ihren ersten

Sieg in NYEMO *(ca. 90 km südwestlich von LHASA)*, wo sie die chinesischen Truppen überwältigten und aus dem im Kloster versteckten Waffenlager der tibetischen Regierung 500 neue Gewehre samt Munition erbeuteten. Mit diesen Waffen und weiteren Kämpfern intensivierte die TENSUG DHANGLAG MAGAR den Widerstand gegen die Invasoren, und im Herbst 1958 erzielte sie ihren grössten militärischen Erfolg bei TSETHANG *(flussabwärts am TSANGPO, südöstlich von LHASA)*, wo sie die gesamte chinesische Besatzung der zur Garnison ausgebauten Stadt tötete oder in die Flucht schlug. Darauf erhielten die Guerillas in den unwegsamen Bergen noch weiteren Zulauf, vergrösserten ihre Reihen auf mehrere zehntausend Mann und verstärkten den Widerstand im Norden, Osten und Süden des Landes. Die TENSUG DHANGLAG MAGAR kontrollierte nun das ganze Gebiet im Sektor südlich des TSANGPO und östlich von GYANTSE.

Dann aber wendete sich das Blatt, und eine neue Eskalation des chinesischen Terrors bahnte sich an. Als Reaktion auf die tibetischen Guerilla-Erfolge in Osttibet hatte Peking 1957 zusätzliche Divisionen von mehr als 150'000 Mann aufgestellt *(van Walt, S. 162 f.; nach Beendigung des Korea-Kriegs durch den Waffenstillstand vom Juli 1953 standen die dort involvierten chinesischen Truppen wieder für andere Kriegsaktionen zur Verfügung)*, und nach dem eindrücklichen Sieg von ANDRUGTSHANG bei TSETHANG griffen diese neuen Divisionen auch in Zentraltibet ein. Die chinesische Führung war entschlossen, den landesweiten Aufstand in Tibet rücksichtslos zu zerschlagen, und die nun massiv aufgestockte "Volksbefreiungsarmee" setzte schwere Artillerie und Kampfbomber ein, machte Hunderte von Klöstern dem Erdboden gleich und ermordete Mönche in Massenexekutionen. Ganze Dörfer wurden bis zur Unkenntlichkeit zerstört. Dabei sollen allein in Osttibet 40'000 Tibeter getötet worden sein. Die Überlebenden wurden zum Strassenbau für die chinesische Armee gezwungen, und Tausende von Flüchtlingen strömten ins LHASA-Tal, um beim Dalai Lama Schutz zu suchen.

Zu den Kämpfern von GONPO TASHI ANDRUGTSHANG gehörte auch der chinesische Artillerie-Oberst Cheng Ho-ching alias LOBSANG TASHI, welcher im April 1958 seinem Gewissen folgend zu den Tibetern übergelaufen war und fortan auf ihrer Seite für die Befreiung Tibets von der chinesischen Fremdherrschaft kämpfte! Nicht zuletzt wegen seiner grossen militärischen Erfolge als "tibetischer" Guerilla-Kämpfer setzten die Chinesen eine hohe Prämie auf seinen Kopf aus.

Nach einem Jahr unablässigen Kampfes gegen die Invasoren musste LOBSANG TASHI nach Indien fliehen, wo er sich später im Süden des Landes in einer tibetischen Flüchtlingssiedlung niederliess.

Der Volksaufstand vom 10. März 1959

Anlässlich der Neujahrsfeiern und wegen seiner unmittelbar bevorstehenden religiösen Abschlussprüfungen war der Dalai Lama am 1. März 1959 im JOKHANG. Da erschienen zwei chinesische Offiziere niederen Ranges und forderten ihn im Namen des Generals auf, einer geplanten Theateraufführung mitten im Hauptquartier der chinesischen "Volksbefreiungsarmee" in LHASA beizuwohnen und einen Termin dafür anzugeben. Dieses Vorgehen – das respektlose Hereinplatzen in den heiligen JOKHANG, die Umgehung der für solche Angelegenheiten zuständigen tibetischen Beamten und die Übermittlung durch rangniedrige Offiziere – war ganz aussergewöhnlich. Auf erneute Anfrage hin liess der Dalai Lama am 7. März ausrichten, als Termin sei ihm der 10. März genehm. Die Angelegenheit wurde noch dubioser, als am 9. März ein chinesischer Brigadier den Oberkämmerer des Dalai Lama zu sich zitierte und ihm kategorisch befahl, der Dalai Lama habe am nächsten Tag ohne seine übliche Begleitung, ohne Leibwache und unter strengster Geheimhaltung zum vereinbarten Besuch der Theatervorführung zu erscheinen, und ausser dem Dalai Lama sowie höchstens zwei oder drei unbewaffneten Begleitern dürfe kein Tibeter die Steinbrücke zum chinesischen Militärlager überschreiten.

Die rasch durchgesickerte Kunde von dieser seltsamen Einladung oder eher Nötigung und das von tibetischen Beamten publizierte Verbot, die Steinbrücke zu überqueren, riefen im Volk Besorgnis und Argwohn hervor. Zudem hatten die Chinesen eine Woche vorher in Peking angekündigt, der Dalai Lama werde dorthin kommen, obwohl dieser dem chinesischen Drängen widerstanden und keine derartige Zusage erteilt hatte. So entstand bald der Verdacht, der Dalai Lama solle entführt werden. Aber das Volk befürchtete noch Schlimmeres, denn man wusste, was kürzlich in Osttibet passiert war, als vier hohe Lamas ähnlichen Einladungen chinesischer Kommandanten gefolgt waren: Drei wurden ermordet und einer landete im Gefängnis.

Deshalb versammelte sich am Morgen des 10. März 1959 eine unüberschaubare Menschenmenge um den NORBULINGKA, die Sommerresidenz des Dalai Lama, um ihn vom Besuch der Theateraufführung abzuhalten.

Nun ging es jedoch nicht mehr allein um den Dalai Lama, sondern gleichzeitig begann der lang unterdrückte Unmut gegen die chinesische Besetzung durchzubrechen. Vom erwachenden Widerstandsgeist des Volkes angesteckt, erklärte die tibetische Regierung am 11. März 1959, dass sie den 17-Punkte-Vertrag von 1951 als ungültig betrachte und darum ablehne. Beim NORBULINGKA steigerte sich die explosive Stimmung zum offenen Aufstand, das Volk forderte jetzt unverhohlen den Abzug der Chinesen aus Tibet! Mehr als eine Woche harrten dort rund 30'000 Menschen im Freien aus.

Unterdessen hatte die chinesische Armee aus weitem Umkreis ihre Truppen in LHASA zusammengezogen und die gesamte verfügbare Artillerie sowie schwere Maschinengewehre auf den NORBULINGKA und die darum versammelte Menschenmenge gerichtet, wo die Stimmung brodelte und angesichts der massiven Bedrohung jeden Augenblick in kollektive Panik umschlagen konnte. Am 17. März 1959 feuerten die Chinesen gegen vier Uhr nachmittags die beiden ersten Granaten ab, welche in einen Sumpf nördlich des NORBULINGKA einschlugen. Jeder war überzeugt, dies sei der Auftakt zu einem riesigen Massaker.

Da entschloss sich der Dalai Lama in der Erkenntnis, dass die versammelten Menschen ihn unter allen Umständen und unter Einsatz ihres Lebens schützen wollten, dass sie ihn deshalb daran hindern würden, den NORBULINGKA zu verlassen und der chinesischen Einladung Folge zu leisten, dass sie dadurch aber wehrlose Opfer der chinesischen Vernichtungsmaschinerie würden, und dass das Überleben des tibetischen Volkes vorerst von seinem eigenen Überleben abhing, schweren Herzens zur Flucht aus LHASA. Er wusste allerdings noch nicht, wohin er sich wenden sollte, und hoffte zu diesem Zeitpunkt noch, in Tibet bleiben zu können. So verliess der Dalai Lama am 17. März 1959 gegen zehn Uhr nachts, als Soldat verkleidet und mit umgehängtem Gewehr, den NORBULINGKA im Schutz der Dunkelheit und im tobenden Sandsturm durch ein Nebentor, setzte in einem traditionellen tibetischen Lederboot über den KYI CHU und ritt zunächst 18 Stunden lang praktisch ohne Pause nach Süden.

Chinesischer Terrorismus

Am 20. März 1959 um zwei Uhr nachts eröffneten die Chinesen das Feuer auf den NORBULINGKA, wo sie immer noch den Dalai Lama vermuteten, und schossen während des ganzen Tages. Dann richteten sie ihre Geschütze gegen den POTALA, die Stadt, den JOKHANG und gegen die nahegelegenen Klöster DREPUNG und SERA. Tausende von Menschen starben im gnadenlosen Feuerhagel, und am Abend war der NORBULINGKA eine rauchende Ruine voller Toter und der Westflügel des POTALA praktisch dem Erdboden gleich. Die Chinesen sammelten die Körper der ermordeten Tibeter ein, warfen sie zu grossen Haufen auf und zündeten sie pietätlos an. Genau wie Hitler. Tagelang brannten diese Leichenhaufen unschuldiger Menschen. Es war eine Apokalypse!

Fast alle noch lebenden Männer in LHASA wurden festgenommen und in Zwangsarbeitslager nach China deportiert oder ins Gefängnis geworfen. Chinesische Patrouillen durchsuchten jedes Haus, und wenn sie Waffen fanden, erschossen sie die ganze Familie. Mönche wurden zu Tausenden zusammengetrieben und zu härtester Arbeit unter unmenschlichen Bedingungen gezwungen, Nonnen wurden gewaltsam in die Militärbordelle der Chinesen verschleppt, und täglich wurden Hunderte von Menschen öffentlich ausgepeitscht *(TIBET-Forum Nr. 1/84)*. In der Folge war LHASA nach authentischen Augenzeugenberichten Überlebender jahrelang eine Stadt von eingeschüchterten und hungernden Frauen.

Erstmals war es nun einer fremden Besatzungsmacht gelungen, sich dauerhaft in Tibet festzusetzen. Das Land verschwand für rund 20 Jahre hinter dem "Bambus-Vorhang", und das meiste, was während dieser Zeit passierte, erfuhr die übrige Welt erst hinterher, ungefähr ab 1979/80.

Am 28. März 1959 wurde die in LHASA verbliebene tibetische Rest-Regierung von den Chinesen formell aufgelöst und die tibetische Währung per sofort für ungültig erklärt. Peking verkündete am 17. Juli 1959 die "kommunistische Revolution in Tibet". Laut einem Dokument der "Volksbefreiungsarmee", das in den Sechzigerjahren den Tibetern in die Hände fiel, wurden vom März 1959 bis im September 1960 durch militärische Aktionen der Chinesen 87'000 Tibeter getötet. Mindestens 25'000 wurden verhaftet und viele von ihnen zu extrem langen Gefängnisstrafen verurteilt.

Zahllose Tibeterinnen und Tibeter starben in der Haft durch unbeschreiblich grausame, lang dauernde und zum Teil öffentliche Folterungen oder an Hunger und Entkräftung. Kinder wurden sogar gezwungen, ihre Eltern zu töten. Tibet wurde von den chinesischen Besatzern in einen rechtlosen Sklavenstaat, in einen riesigen Gulag beziehungsweise Laogai verwandelt *(siehe hinten "Schweigen oder Laogai")*. In dieser ausweglosen Situation nahmen sich Tausende von Menschen das Leben.

Flucht des Dalai Lama

Die Flucht des Dalai Lama gestaltete sich sehr beschwerlich. Mit ihm ritten seine Mutter, seine älteste Schwester, sein jüngster Bruder, vier Kabinettsmitglieder, ein paar wenige Betreuer und eine Truppe der ebenso tapferen wie zuverlässigen KHAMPA-Soldaten. Der Dalai Lama führte sein Pferd auf den steilen Bergpfaden über weite Strecken zu Fuss und überschritt fast 6000 Meter hohe sturmgepeitschte Pässe. Die chinesische Armee suchte fieberhaft nach ihm, aber dank eines selbstlosen Ablenkungsmanövers von 30 todesmutigen KHAMPAS, die ihren Einsatz alle mit dem Leben bezahlten, fanden die Häscher keine Spur der Flüchtenden.

In einer alten Bergfestung von LHUNTSE DZONG, der indischen Grenze nicht mehr fern, erklärte der Dalai Lama den unter Zwang abgeschlossenen 17-Punkte-Vertrag nochmals für ungültig und konstituierte zusammen mit den ihn begleitenden Kabinettsmitgliedern die neue tibetische Exil-Regierung. Eine entsprechende Proklamation wurde an alle Orte Tibets gesandt, so dass nun die Tibeter offiziell über die Flucht des Dalai Lama und über die Bildung einer neuen Regierung orientiert waren.

Fast zwei Wochen nach dem nächtlichen Aufbruch, am 30. März 1959, erreichte der Dalai Lama mit seiner Gruppe die tibetisch-indische Grenze. Von den langen, harten Märschen und der widrigen Witterung krank und geschwächt musste er jedoch in MANGMANG, der letzten tibetischen Siedlung, einen Ruhetag einlegen. Dann nahm er Abschied von den treuen KHAMPA-Soldaten und verliess sein Heimatland Tibet auf dem Rücken einer DZOMO, einer Kreuzung zwischen Yak und Kuh. Am 18. April 1959 kam der Dalai Lama mit den wenigen verbliebenen Begleitern in das indische Dorf TEZPUR *(Bundesstaat ASSAM, Nordostindien)*, wo er eine ausführliche Erklärung zur gesamten Lage abgab und danach seine Reise mit der Eisenbahn fortsetzte.

Exodus aus Tibet – Reaktion der Welt

Die Ereignisse in LHASA und die Flucht des Dalai Lama lösten einen gewaltigen Flüchtlingsstrom von mehr als 100’000 Menschen aus. Unter unvorstellbaren Entbehrungen und Strapazen, nur mit sehr einfacher Ausrüstung und oft barfuss, überquerten die familien- und gruppenweise geflohenen Männer,

Frauen und Kinder den HIMALAYA. In manchen Fällen erforderte die Flucht wegen des Risikos, von den Chinesen entdeckt und verhaftet oder getötet zu werden, lange Umwege und konnte dadurch bis zu einem Jahr dauern. Viele Menschen starben unterwegs an Hunger, Erschöpfung, Kälte oder Krankheit. Diese grosse Fluchtwelle erschien auch im Ausland derart markant, dass heute vielfach irrtümlich angenommen wird, die Besetzung Tibets durch die Chinesen habe erst 1959 begonnen. Der grösste Teil der tibetischen Flüchtlinge zog nach Indien; andere liessen sich in Nepal, Sikkim und Bhutan nieder, wo schon seit Jahrhunderten Tibeter leben.

Im Juli 1959 bestätigte die Internationale Juristenkommission in einem Gutachten, dass die chinesische Besatzungsmacht in Tibet den so genannten 17-Punkte-Vertrag vom 23. Mai 1951, die "Allgemeine Erklärung der Menschenrechte" der Vereinten Nationen vom 10. Dezember 1948 sowie die UNO-Konvention vom 9. Dezember 1948 über Verhütung und Bestrafung von Völkermord vielfach und gravierend verletzte. **Weiter bezeichnete die Kommission die Vorgänge in Tibet als "schlimmste Art von Imperialismus und Kolonialismus, ausgerechnet von denjenigen verübt, welche dagegen anzukämpfen vorgeben". Zudem warnte die Internationale Juristenkommission: "What happened in Tibet yesterday may happen in our own countries tomorrow".**

Ein Jahr später, im Juli 1960, folgte ein Bericht des von der Internationalen Juristenkommission eingesetzten Legal Inquiry Committee on Tibet *(Untersuchungsausschuss)*, worin festgestellt wird, dass die Chinesen in Tibet Genozid begehen in der Absicht, den Buddhismus in Tibet auszumerzen und die Tibeter als religiöse Gruppe zu vernichten. Sodann wurde China für schuldig befunden, in Tibet 16 Bestimmungen der UNO-Menschenrechtserklärung von 1948 notorisch zu verletzen. **Die Internationale Juristenkommission und deren Untersuchungsausschuss kamen ausserdem zum Schluss, dass Tibet im Zeitpunkt der Invasion de iure und de facto ein souveräner Staat und insbesondere völlig unabhängig von China war.**

Drei UNO-Resolutionen verlangen im wesentlichen die Beendigung der Menschenrechtsverletzungen durch die chinesische Besatzungsmacht in Tibet und die Wiederherstellung des Selbstbestimmungsrechts des tibetischen Volkes *(Resolution 1353 [XIV] vom 21. 10. 59, 1723 [XVI] vom 20. 12. 61 und 2079 [XX] vom 18. 12. 65)*. Dabei ist die Resolution 1723 aus dem Jahr 1961 am aussagekräftigsten, weil sie zum Ausdruck bringt, dass es im Fall der chinesischen Aggression gegen Tibet nicht allein um anhaltende und gravierendste Verletzungen der fundamentalen Menschenrechte und Freiheiten der Tibeter geht, sondern auch um das Selbstbestimmungsrecht des tibetischen Staates: "**. . .** these events violate fundamental human rights and freedoms set out in the Charter of the United Nations and the Universal Declaration of Human Rights, including the *principle of self-determination of peoples and nations* **. . .**"

Im indischen Exil

In Indien wurden die tibetischen Flüchtlinge zunächst recht freundlich aufgenommen. Der Dalai Lama konzentrierte seine Anstrengungen sofort auf die gewaltlose Befreiung seines besetzten Heimatlandes. Am 20. Juni 1959 gab er in MUSSOORIE eine Pressekonferenz, anlässlich welcher er den schon vorher für ungültig erklärten 17-Punkte-Vertrag in aller Form aufkündigte. Dort verbrachte er auch sein erstes Exiljahr. Danach begann er im April 1960 in DHARAMSALA *(weiter nordwestlich, ebenfalls am Südhang des HIMALAYA)* mit dem Aufbau eines Exil-Parlaments und einer Exil-Regierung nach demokratischen Grundsätzen.

Am 2. September 1960 *(seither der tibetische Nationalfeiertag)* wählten die Exil-Tibeter ihre erste Volksvertreterversammlung *(Nationalversammlung)*, 1961 entstand die erste demokratische Verfassung, und am 10. März 1963 verkündete der Dalai Lama die neue demokratische Verfassung für ein zukünftiges freies Tibet, basierend auf buddhistischen Prinzipien und auf der Allgemeinen Menschenrechtserklärung der UNO von 1948. Schon heute steht zum Beispiel fest, dass für das Parlament im freien Tibet eine Frauen-Mindestquote von einem Drittel gelten wird. Dr. Michael C. van Walt van Praag bezeichnete in seinem Referat bei der internationalen überparteilichen Tibet-Anhörung vom 20. und 21. April 1989 in Bonn die Exil-Tibeter als "bestorganisierte Exil-Nation der Welt" und hielt weiter fest: "Politisch ist die [tibetische] Exil-Regierung eine funktionierende demokratische Regierung *(Tibet klagt an, S. 53)*.

Während DHARAMSALA das politische Zentrum der Exil-Tibeter bildet, entstanden die grössten Siedlungen – aus Angst der Inder vor Verwicklungen mit China – in ehemaligen Dschungelgebieten Südindiens *(namentlich BYLAKUPPE und MUNDGOD im Bundesstaat KARNATAKA)* und kleinere Siedlungen im Urwald des Ostens. Fast überall hatten die Tibeter anfänglich mit enormen klimatischen und gesundheitlichen Problemen zu kämpfen, denn ihr Körper und ihre Lebensweise waren nicht an die Tropen angepasst. Allein in den zwei grossen Durchgangslagern im Tiefland des BRAHMAPUTRA *(Bundesstaat ASSAM)* starben Tausende von tibetischen Flüchtlingen, und auch die im Süden und Osten angesiedelten Tibeter wurden in den ersten Jahren vielfach Opfer der neuen Umgebung und ihnen bisher unbekannter Krankheiten.

In der Folge erwiesen sich aber die Tibeter als sehr anpassungsfähig und überwanden diese Probleme mit viel Optimismus und durch Änderung bestimmter Lebensgewohnheiten. So mussten sie beispielsweise auf die Lufttrocknung von Fleisch fortan verzichten, weil in der feuchtheissen indischen Luft Würmer und andere Krankheitserreger das Fleisch verdarben. Im Exil begannen die Tibeter auch mit der Errichtung von Klöstern, welche oft nach denjenigen in Tibet benannt sind. Vor allem im südindischen Raum entwickelten sich die zahlreichen und zum Teil recht grossen tibetischen Klöster zum Refugium und Hauptträger der in Tibet von den Chinesen zerstörten Kultur und Religion.

Hunger und Thamzings

Umso schwieriger gestaltete sich das Überleben in der okkupierten Heimat. Die regelmässige, obligatorische Abgabe der Ernteerträge an die Besatzungsarmee löste 1959 die erste Hungersnot in der Geschichte Tibets aus, durch welche in einem Zeitraum von ungefähr drei Jahren weit über 100'000 Tibeterinnen und Tibeter ums Leben kamen. Verschärft wurde der landesweite Hunger durch die Sturheit und Ignoranz der Kolonisten, welche die Tibeter zum Anbau von Weizen zwangen, weil sie dieses Getreide bevorzugen. Nach anfänglichen Rekordernten, die heute noch Gegenstand chinesischer Propaganda bilden, war nämlich der ökologisch empfindliche Hochlandboden Tibets vom Winterweizen und ungeeigneten Chemikalien völlig ausgelaugt, warf keinen Ertrag mehr ab und erodierte weitflächig. Auf derart zerstörter Erde kann auch die bewährte einheimische Gerste nicht mehr rekultiviert werden.

In der Südostprovinz KHAM grassierte die allgemeine Hungersnot bis 1965 und in Teilen Zentraltibets bis anfangs der Achtzigerjahre. Auch heute sind die meisten Tibeter bezüglich Nahrungsmenge, Vitaminen und Mineralstoffen chronisch untererernährt. Dessen ungeachtet wurde und wird jeweils ein grosser Teil der Ernte nach China exportiert, und allein aus AMDO führen die chinesischen Kolonisatoren jährlich 55'000 Tonnen erstklassiges Yakfleisch nach Hongkong aus. Ein hoher tibetischer Mönch bemerkte deshalb zu der von den Chinesen verursachten Hungersnot zutreffend: "Es war nicht nur ein wirtschaftliches Fiasko, sondern Völkermord" *(Tibet – ein vergewaltigtes Land, S. 157)*.

Die Hungersnot in Tibet war somit keine Auswirkung von Naturkatastrophen, sondern eine direkte Folge chinesischer Massnahmen! Zu diesen gehörte vor allem in Osttibet während Jahren auch der Zwang, ausschliesslich in Gemeinschaftsküchen zu essen, wo der tibetischen Bevölkerung winzige Rationen zugestanden wurden, die angesichts der harten Arbeit nicht zum Überleben ausreichten. Gleichzeitig wurde den Tibetern unter Androhung drakonischer Strafen verboten, zuhause zu essen oder Lebensmittel – ausser im Auftrag der Chinesen – zu transportieren, und die persönlichen Tsampa-Vorratstaschen *(siehe hinten "Bauern, Nomaden und Händler")* wurden von den Besatzern kurzerhand konfisziert. Die Tibeter waren vor Hunger derart geschwächt, dass sie simplen Erkältungen reihenweise erlagen.

Zwischen 1959 und 1963 verhungerten in *China* gegen 30 Millionen Menschen. Der grosse Hunger führte sogar zu Fällen von Kannibalismus *(NZZ 20. 05. 97)*. Auch hier waren keine Klimalaunen oder Unwetter im Spiel, sondern die Chinesen wurden Opfer ihrer eigenen kommunistischen Planwirtschaft, wobei aber die verantwortlichen Politiker und Funktionäre wohl kaum Hunger leiden mussten. Als Peking den Fehler endlich einsah, wurden in China die Restriktionen wieder gelockert und die Bauern in gewissem Umfang aus der Kollektivierung entlassen.

In Tibet dagegen ging der Hunger weiter. Und nicht nur der Hunger. Nach dem harten Tageswerk, das oft nichts anderes als Zwangsarbeit unter chinesischer Aufsicht mit Gewehr und Peitsche war, wurden die Tibeter seit Herbst 1959 in allabendlichen, bis Mitternacht dauernden Thamzings *("Kampfsitzungen")* gezwungen, Eltern, Verwandte und Freunde als "Reaktionäre" und "Ausbeuter" zu beschimpfen und derart schwer zu schlagen, dass viele von ihnen bleibende Schäden namentlich der Sinnesorgane davontrugen. Tausende nahmen sich das Leben, um diesen schrecklichen Thamzings zu entgehen.

Chinesisch-indische Konflikte

1962 griff die chinesische "Volksbefreiungsarmee" an den tibetischen Grenzabschnitten zu LADAKH und zum nordostindischen Unionsterritorium ARUNACHAL PRADESH *(bis 1972 noch Teil des Bundesstaates ASSAM)* Indien an, fügte den indischen Truppen schwere Verluste zu und eroberte AKSAI CHIN, die östliche Hälfte von LADAKH. Eigentlich wäre zu erwarten, dass diese Aggression den Indern die Augen dafür geöffnet hätte, welch brutaler und skrupelloser "neuer Nachbar" die friedfertigen Tibeter "abgelöst" hatte, aber offenbar bewog die erneute, nunmehr gegen Indien gerichtete Demonstration des chinesischen Hegemoniestrebens die indische Regierung nicht zur Unterstützung Tibets, sondern vergrösserte vermutlich deren Angst vor China.

Der Grenzkonflikt zwischen China und Indien, der allerdings gerade nicht die chinesische, sondern die tibetische Grenze betrifft, schwelte danach rund 30 Jahre lang weiter, denn auf die erwähnten Zwischenfälle von 1962 folgte eine ganze Reihe weiterer bewaffneter Übergriffe der "Volksbefreiungsarmee" auf indisches Territorium, die jedoch im Westen weniger publik wurden. 1993 schlossen China und Indien einen Vertrag zur Aufrechterhaltung von Ruhe und Frieden entlang den umstrittenen Grenzen, und Ende November 1996 unterzeichneten der chinesische Staatspräsident Jiang Zemin und der indische Premierminister H. D. Deve Gowda ein Grenzabkommen zwecks Verminderung der militärischen Spannungen zwischen den beiden Staaten. Nach Einschätzung des *Tages-Anzeigers* hat China mit diesem Abkommen seine Eroberungen von 1962 festgeschrieben, ohne seine Ansprüche auf weitere indische Gebiete aufzugeben. Der Korrespondent wies in diesem Zusammenhang auch darauf hin, es sei sicher kein Zufall, dass die drei grössten Abnehmer von chinesischen Waffen Indiens Nachbarstaaten Bangladesh, Myanmar *(Burma)* und Pakistan sind *(TA 02. 12. 96)*.

Rolle des Zehnten Panchen Lama

Der Zehnte Panchen Lama wurde von den Chinesen immer gedrängt, den Dalai Lama zu konkurrenzieren – was in milder Form bereits der herkömmlichen Realität entsprach – und dessen politische, soziale und religiöse Stellung an sich zu reissen, um dann seine Funktionen nach chinesischen Anweisungen auszuüben. Mit demselben Hintergedanken setzten ihn die Invasoren pro forma an die Spitze des Vorbereitungskomitees für eine "Autonome Region Tibet". Sein erzwungener Dialog mit den Chinesen wurde deshalb von den Tibetern manchmal als Kollaboration missverstanden.

Dann aber kam das grosse Show Down, als der Panchen Lama im März 1964 in LHASA folgende Worte an die herbeigeströmte Öffentlichkeit richtete: "Heute, da wir alle hier versammelt sind, kann ich nicht umhin, meinem festen Glauben an die baldige Wiederherstellung der tibetischen Unabhängigkeit und meiner Hoffnung auf die Rückkehr Seiner Heiligkeit des Dalai Lama ... Ausdruck zu verleihen" *(CSI, S. 10)*. Für diese nunmehr unmissverständliche Akklamation Tibets und dessen legitimen Staatsoberhauptes musste sich der Panchen Lama erwartungsgemäss vor einem chinesischen Gericht verantworten. Aufgrund einer ganzen Serie absurder Verleumdungen seiner Person und mittels gefälschter "Beweise" wurde er schuldig gesprochen und verbrachte die nächsten 15 Jahre in Gefängnissen, Arbeitslagern, Umerziehungslagern und schliesslich in Peking unter Hausarrest, bis er 1979 von der neuen Führung Chinas *(Deng Xiaoping)* teilweise und 1988 vollständig rehabilitiert wurde.

Auch aus jüngster Sicht kann an der Loyalität des Zehnten Panchen Lama zu seinem Land und seinem Volk kein Zweifel bestehen. 1996, also rund sieben Jahre nach seinem Tod *(siehe hinten "Giftattentat und blutige Massaker")*, gelangten die Exil-Tibeter in den Besitz einer Kopie eines hochbrisanten Dokuments, das die Kommunistische Partei Chinas seit 34 Jahren unter strengstem Verschluss hielt. Es handelt sich um einen 120-seitigen Bericht des damals 24-jährigen Panchen Lama, den er nach monatelangen Reisen durch Tibet verfasst und am 18. Mai 1962 dem chinesischen Ministerpräsidenten Chou En-lai übermittelt hatte. Darin stellte er klar, dass die Hungersnöte in Tibet nicht die Folge irgendwelcher Naturkatastrophen waren, sondern von Peking gezielt verursacht wurden, und dass die Zerstörung der tibetischen Kultur nicht erst mit der chinesischen Kulturrevolution von 1966, sondern schon Jahre vorher begonnen hatte. Er äusserte seine Befürchtungen, Peking wolle die Religion in Tibet eliminieren, und das bereits ernsthaft reduzierte tibetische Volk sei von der Auslöschung durch die Chinesen bedroht. Sodann kritisierte er die chinesischen Strategien, Tibeter hinzurichten, nur weil Angehörige von ihnen am Volksaufstand teilgenommen hatten, und politische Gefangene derart harten Haftbedingungen zu unterwerfen, dass sie daran starben.

Weiter schrieb der junge Panchen Lama in seinem Bericht: "Wir wissen nicht, wieviele Menschen festgenommen wurden. In jedem Gebiet sind 10'000 oder mehr verhaftet worden ... und alle entgegen jeglichem Rechtssystem, das irgendwo auf der Welt existiert ... In manchen Gegenden ist die Mehrheit der Männer verhaftet und eingesperrt worden, so dass die meiste Arbeit von Frauen, alten Leuten und Kindern erledigt werden muss ... In vielen Teilen Tibets sind die Menschen verhungert ... An einigen Orten wurden ganze Familien ausgelöscht, und die Todesrate ist sehr hoch ... Alte und Junge verhungerten oder waren so geschwächt, dass sie keine Widerstandskraft mehr hatten und deshalb an irgendwelchen Krankheiten starben ..."

Kern dieses Berichts des Panchen Lama war sein Bemühen, die chinesische Führung zur Beendigung der künstlich verursachten Hungersnot in Tibet zu bewegen. Peking war über den Inhalt des Berichts keineswegs erstaunt, doch empörte man sich heftig über den Mut des Panchen Lama, China derart offen zu kritisieren. Mao Tse-tung war wütend und verlangte im August 1962 die Wiederaufnahme des Klassenkampfes in Tibet. Dem Panchen Lama befahl er im Oktober 1962, Selbstkritik zu üben. Im folgenden Jahr musste der Zehnte Panchen Lama für seinen beherzten Rettungsversuch eine 50-tägige öffentliche "Kritiksitzung" in LHASA erdulden.

Aufteilung Tibets

Am 9. September 1965, fast genau 15 Jahre nach der Invasion, proklamierten die Chinesen die so genannte "Autonome Region Tibet" ("ART"). Diese umfasst aber nur knapp die Hälfte des tibetischen Staatsgebietes, nämlich die Zentral- und Westprovinz Ü-TSANG und den westlichen *(kleineren)* **Teil der Südostprovinz KHAM. Deren östlicher** *(grösserer)* **Teil, d.h. östlich des DRI CHU, wurde an die chinesischen Nachbarprovinzen Sichuan und Yünnan angeschlossen, während die Nordostprovinz AMDO teils in Qinghai umbenannt und teils den chinesischen Nachbarprovinzen Gansu und Sichuan angegliedert wurde.**

Ü-TSANG hat im allgemeinen ein kälteres, rauheres und trockeneres Klima und ist deshalb im Durchschnitt spärlicher besiedelt als Osttibet. Nach der von den Besatzern arglistig verfälschten Geographie würde dies bedeuten, dass die Mehrheit des tibetischen Volkes – ohne dass jemand den Wohnsitz verlegt hat –

seit 1965 plötzlich ausserhalb von Tibet lebt und der Dalai Lama in China *(Qinghai)* geboren wäre, weil "offiziell" nur noch die "ART" als Tibet gilt! Auch unter diesem Aspekt ist es einfach unfassbar, mit welcher Gedankenlosigkeit oder Gleichgültigkeit die Weltöffentlichkeit die illegale Besetzung und die ebenso völkerrechtswidrige Aufteilung Tibets durch die chinesische Kolonialmacht bis heute akzeptiert.

Bei den tibetischen Ostprovinzen KHAM und AMDO handelt es sich nicht etwa um jene chinesischen Gebiete, welche die Tibeter vor allem im ersten Jahrtausend mehrfach erobert und wieder freigegeben haben. Vielmehr sind diese beiden Provinzen historisch und völkerrechtlich unbestreitbar integrierende Teile Tibets – was bis 1965 niemand, weder China selber noch der Westen, bezweifelte! Das chinesische Motiv des kartographisch-terminologischen Gewaltaktes ist jedoch leicht zu erraten und wird von Volkmar Klein so formuliert: "Zudem hat Peking die tibetischen Landesteile AMDO und KHAM abgetrennt, um das Problem, sollte es denn einmal diskutiert werden, gleich verkleinert zu haben" *(Tibet klagt an, S. 185)*.

Diesen Effekt gilt es zu verhindern! Wir dürfen uns weder von den Chinesen noch von westlichen Regierungen auf eine Diskussion über die Hälfte Tibets – die "ART" – einschränken lassen, sondern wir müssen stets über ganz Tibet – Ü-TSANG, KHAM und AMDO – sprechen. Leider scheinen die wenigsten Medien sowie Herausgeber von Karten und Atlanten den elementaren Unterschied zwischen Tibet und der "ART" zu kennen oder kennen zu wollen. Umso erfreulicher ist deshalb, dass die belgische Repräsentantenkammer in ihrer Resolution vom 27. Juni 1996 ausdrücklich und korrekt festhält, Tibet bestehe aus den Provinzen Ü-TSANG, KHAM und AMDO, umfasse 2,5 Millionen Quadratkilometer und sei zur Zeit von rund sechs Millionen Tibetern *(und 8 Mio. Chinesen)* bewohnt.

Neben der politisch-völkerrechtlichen Seite der Aufteilung Tibets wies der Dalai Lama in seiner Botschaft vom 10. März 1995 namentlich auf folgenden Aspekt hin: **"Es kann keine Lösung in der Tibet-Frage geben, ohne dass alle diese Teile Tibets wieder eine Einheit bilden. Dies ist eine wesentliche Voraussetzung für das Überleben der tibetischen Kultur".**

Zerstörung der Natur

Mittlerweile waren Tibets Bauern und Nomaden mit Waffengewalt enteignet und in Kommunen zusammengefasst worden. Die Chinesen planten alles am grünen Tisch und trafen unsinnigste Anordnungen, aufgrund welcher zum Beispiel in einer einzigen Kommune 30'000 Tiere praktisch auf einen Schlag verhungerten und erfroren. In historisch wohl einmaliger Ignoranz töteten die Besatzer Hunde und Katzen sowie alle Wildtiere, die nicht rechtzeitig vor ihren Gewehrläufen fliehen konnten, weil nach ihrer limitierten Weltanschauung diese Tiere dem chinesischen Volk Platz und Nahrung wegnehmen und deshalb keine Existenzberechtigung haben. Auch die grossen DHO-KHYIS, welche die Schafherden bewachten *(siehe hinten "Haustiere")*, wurden als "nutzlose Esser" getötet, bis die Invasoren endlich erkannten, dass dadurch die Herden schutzlos den Wölfen ausgeliefert waren. Mönche und Kinder wurden gezwungen, auf dem Weg zur Feldarbeit Kleintiere, Vögel und Insekten zu töten, und wer die vorgegebene "Norm" nicht erfüllte, wurde am Abend bestraft.

Das Agrarland wurde massiv übernutzt und mit Dünger und Pestiziden vergiftet, das Grasland durch zu hohe Viehbestände überweidet, der Wald in Osttibet in blinder Profitgier abgeholzt, und schon begann – nach jahrtausendelanger nachhaltiger und schonender Bewirtschaftung durch die Tibeter – die nur noch schwer zu stoppende Bodenerosion. Auch der ohne die elementarsten geologischen Kenntnisse projektierte und ausgeführte Bau von Strassen den steilen Hängen entlang bringt vielerorts ganze Bergflanken ins Rutschen, führt somit zu einer unnatürlich beschleunigten Erosion mit all ihren verheerenden Auswirkungen und stellt ausserdem für Reisende eine nicht zu unterschätzende Gefahr dar. Um sich von diesen gewaltsamen Eingriffen zu erholen, braucht das empfindliche tibetische Ökosystem Jahrzehnte und Jahrhunderte. Dies ist sicher ein Grund mehr, um von den Kolonisatoren die Heimkehr nach China zu verlangen.

Gewalt gegen Mensch und Kultur

Von 1966 bis 1969 brachte die von Mao Tse-tung entfachte "Grosse Proletarische Kulturrevolution" *(die in China offiziell erst 1976 mit dem Tod Maos und der Verhaftung der Viererbande endete)* eine neue Welle sinnloser Gewalt und Verwüstung über Tibet. Allerdings waren die rund 6'000 Klöster mit ihren unermesslichen künstlerischen und religiösen Schätzen mehrheitlich schon vorher, zum Teil kurz nach der Invasion zerstört worden, weshalb die heutige chinesische Standarderklärung, "während der Kulturrevolution sei halt viel passiert", betreffend Tibet eine historisch unkorrekte oder mindestens unvollständige Ausrede darstellt.

Soweit bekannt blieben die Tibeter wenigstens vom Kannibalismus der Chinesen verschont. In China dagegen fiel dem Kannibalismus eine unbekannte Anzahl von "Klassenfeinden" zum Opfer: "Der revolutionäre Mob schnitt ihnen bei lebendigem Leib Herz und Leber heraus ..." *(NZZ 20. 05. 97)*.

Es verging kaum ein Jahr, ohne dass die chinesische Besatzungsmacht einen Volksaufstand der Tibeter mit unvorstellbarer Brutalität und Skrupellosigkeit niederschlug. Dabei zeichneten sich Nonnen und Mönche jeweils durch besonderen Mut aus. NYEMO ANI-LA *(Nonne aus NYEMO)* führte Ende der Sechzigerjahre eine Rebellion an, welche die Chinesen nur durch massivsten militärischen Einsatz beenden konnten. 1969 wurde NYEMO ANI-LA nach langer Folterung mit ihren Gefolgsleuten öffentlich hingerichtet. Hunderttausende von Menschen verschwanden in Arbeitslagern, aus welchen praktisch niemand zurückkehrte. 1972 erfasste eine Revolte etwa zwei Drittel von Ü-TSANG und führte zum Tod von rund 12'000 Tibetern *(van Walt, S. 174 f.)*.

Das Drama von MUSTANG

In der nepalischen Grenzregion MUSTANG, einem ehemaligen tibetischen Königreich, hatte die KHAMPA-Widerstandsorganisation CHUSHI GANGDRUG ihr Hauptquartier, Versorgungs- und Rückzugsgebiet. Von dort aus überfielen die Guerillas regelmässig chinesische Militärbasen und Konvois. Während Jahren erhielt CHUSHI GANGDRUG Unterstützung durch den amerikanischen CIA, bis diese Hilfe im Zug der Annäherung der USA *(unter Präsident Richard Nixon)* an die Volksrepublik China sukzessive reduziert und schliesslich eingestellt wurde. Aber es kam noch schlimmer. Die Chinesen übten immer stärkeren Druck auf den Dalai Lama aus, CHUSHI GANGDRUG zur Aufgabe zu bewegen, und ebenfalls auf Drängen der chinesischen Regierung sperrte Nepal die gesamte innernepalische Grenze von MUSTANG, so dass von Nepal her kein Nachschub mehr möglich war.

Jetzt wies der Dalai Lama die Guerillas von CHUSHI GANGDRUG an, ihre Waffen niederzulegen! Die Gründe dafür sind nicht mit Sicherheit bekannt, doch wird vermutet, dass einerseits die notorischen Racheaktionen der Chinesen – Folterung und Ermordung von Angehörigen der Widerstandskämpfer, Zerstörung ihrer Häuser, Beschlagnahme von Vieh und Ernte – gestoppt werden sollten, und dass anderseits ernsthafte Schwierigkeiten für die zum Teil schon seit

Jahrhunderten in Nepal ansässigen Tibeter befürchtet wurden. So übergaben 1974 die meisten Kämpfer von CHUSHI GANGDRUG ihre Waffen dem nepalischen Militär. In dieser Situation beging die nepalische Armee, die es bisher nicht gewagt hatte, der mächtigen CHUSHI GANGDRUG nahe zu treten, eine ganze Serie unbegreiflicher, feiger Schandtaten. Kaum lagen nämlich die freiwillig abgegebenen Schwerter und Gewehre am Boden, erschossen die Nepali skrupellos die Anführer der nunmehr unbewaffneten Tibeter! Manche Kämpfer von CHUSHI GANGDRUG nahmen sich das Leben, um die Anweisung des Dalai Lama weder befolgen noch missachten zu müssen.

Nach diesem Debakel, das Parallelen zum sowjetischen Massenmord an polnischen Offizieren in Katyn um 1940 aufweist, existierte CHUSHI GANGDRUG erstaunlicherweise immer noch. Anfangs 1977 überfielen die Guerillas einen Konvoi von 100 chinesischen Armeefahrzeugen und vernichteten ihn. Eine Rückkehr zur alten Stärke war aber ohne das Refugium von MUSTANG nicht mehr möglich, und in der Folge kam der bewaffnete tibetische Widerstand gegen die chinesische Besetzung vollends zum Erliegen.

Die Ereignisse in und um MUSTANG können ohne Übertreibung als Drama auf einem Nebenschauplatz bezeichnet werden. Mit dem Untergang von CHUSHI GANGDRUG schwand die Hoffnung auf baldige Befreiung Tibets. Natürlich bleibt es eine Spekulation, ob die legendäre KHAMPA-Organisation – besonders im Fall weiterer Unterstützung durch Amerika – eine Chance gehabt hätte, die chinesischen Invasoren längerfristig derart zu zermürben, dass sie sich schliesslich aus Tibet zurückgezogen hätten, aber man darf in diesem Zusammenhang nicht vergessen, dass Motivation und Durchhaltewille der tibetischen Widerstandskämpfer ausserordentlich gross waren, denn im Gegensatz zu den mehrheitlich sehr jungen und ungebildeten chinesischen Soldaten, welchen damals wie heute der Militärdienst in Tibet eher lästig war und ist, ging es für die Guerillas von CHUSHI GANGDRUG konkret darum, ihre Frauen und Kinder vor Verhaftung, Folter, Vergewaltigung und Mord durch die fremden Besatzer zu bewahren. Dass ihnen das leider nicht gelang, weil die wenigen Jahre ihrer vollen Stärke zur Vertreibung der Besatzungsmacht aus Tibet nicht ausreichten, und dass die in den Dörfern bleibenden wehrlosen Familienangehörigen der versteckt in den Bergen lebenden Guerillas vielfach Opfer grausamer chinesischer Racheakte wurden, ist die andere Seite des Dramas.

Zögernde Öffnung

Nun gab es kein Land mehr, das die Tibeter effektiv unterstützte. 1978 wurde die Zahl der tibetischen politischen Gefangenen auf rund 100'000 geschätzt. Aufgrund vielfältiger, hauptsächlich finanzieller Anreize Pekings strömten mehr oder weniger laufend chinesische Migranten nach Tibet, ohne zu realisieren, dass sie nach völkerrechtlichen Kriterien illegal in ein ebenso illegal besetztes Nachbarland reisten. Laut Pressemitteilungen vom März 1994 waren nach Angaben eines chinesischen Parteifunktionärs in den vergangenen Jahren mehr als 700'000 Chinesen emigriert und leben seither illegal im Ausland. In dieser Zahl sind aber die rund acht Millionen Chinesen in Tibet offensichtlich nicht enthalten.

Im Herbst 1979 durfte *(vielleicht um vom Überfall der chinesischen "Volksbefreiungsarmee" auf Vietnam im Februar 1979 abzulenken)* erstmals eine offizielle Delegation des Dalai Lama nach Tibet reisen. Dieses Ereignis entfesselte die Emotionen der grausam unterdrückten tibetischen Bevölkerung: Endlose Menschenmengen jubelten den Delegierten ungestüm zu, liessen den Dalai Lama hochleben und forderten Freiheit für Tibet. Nun merkten selbst die einfältigsten Ideologen und Nationalisten der Besatzungsmacht, dass sie keineswegs ihre tibetischen Nachbarn "vom klerikalen Feudalismus befreit und ins Mutterland heimgeführt" hatten, denn hier meldete sich nach 30 Jahren chinesischer Terrorherrschaft das einfache Volk zu Wort und verlangte unüberhörbar den Abzug der Chinesen und die Rückkehr des Dalai Lama nach Tibet. Wieder in DHARAMSALA, erstattete die Delegation dem Dalai Lama und der Exil-Regierung umfassenden Bericht, und in der Folge erfuhr die Weltöffentlichkeit endlich vom unerwartet riesigen Ausmass der von den Invasoren angerichteten Zerstörung und Verelendung Tibets.

Sogar Peking schien davon überrascht zu sein und entsandte deshalb im Mai 1980 Hu Yao-bang, den späteren Generalsekretär der Kommunistischen Partei Chinas, nach Tibet. Dieser war schockiert über die katastrophalen Lebensbedingungen der Tibeter, stellte in LHASA vor dem Parteikader fest, dass 30 Jahre kommunistischer Herrschaft in Tibet keinen erkennbaren wirtschaftlichen Fortschritt gebracht hätten und fragte die Funktionäre, ob sie die Hilfsgelder aus Peking in den TSANGPO geworfen hätten. Damit gestand Hu Yao-bang in ungewohnter Offenheit den Misserfolg der kommunistischen Planwirtschaft in Tibet ein. Er versprach die Wiederherstellung des Lebensstandards, der vor 1949 geherrscht hatte. Aus heutiger Sicht ist allerdings klar, dass es sich dabei – wie stets, wenn die Chinesen den Tibetern etwas versprachen – um ein leeres Versprechen handelte.

Ab 1979/80 wurde Tibet zögernd für Reisegruppen und Journalisten, und ungefähr ab 1984 auch für Einzeltouristen geöffnet. Am Anfang gab es nur die von der chinesischen Regierung streng limitierten Reiseprogramme, welche in die zentraltibetischen Städte LHASA, SHIGATSE und GYANTSE führten. Bergsteiger konnten jedoch kostspielige Sonderbewilligungen erstehen. Der Südtiroler Reinhold Messner durfte 1980 für 50'000 US-Dollars den CHOMO LANGMA *(Mt. Everest)* von Norden her besteigen *(siehe hinten "CHOMO LANGMA")*. 1985 fuhr er zum GHANG RINPOCHE *(Mt. Kailash)*, ohne ihn zu besteigen, und beim Verlassen Tibets musste er seine teuren Geländeautos der chinesischen Regierung "schenken".

Sinisierung von LHASA

Der so genannte LHASA Development Plan wurde ohne jegliche Mitsprache der Tibeter 1980 von den chinesischen Behörden erstellt, 1984 von Peking verabschiedet und 1989 durch Renovationspläne ergänzt. Gemäss diesen Plänen wurden in der Folge ganze tibetische Wohnquartiere abgerissen und durch geschmacklose Neukonstruktionen ersetzt, welche der tibetischen Hauptstadt ein chinesisches Gesicht aufzwingen. Die Neubauten sind in vielfacher Hinsicht mangelhaft, unzweckmässig und insbesondere nicht an das harte Klima des tibetischen Hochlandes angepasst. So sieht man zum Beispiel grosse, billige Fenster, die im Winter zuwenig Schutz vor der Kälte bieten, und die sanitären Einrichtungen sind oft schlechter als bei den abgerissenen alten Häusern. Ausserdem fehlt den chinesischen Neubauten die relative Erdbebensicherheit der traditionellen tibetischen Häuser, was weniger eine Frage des Alters ist, sondern primär vom Baustil und von der Bauweise abhängt.

Diese weitflächigen und radikalen Veränderungen führten dazu, dass die ursprüngliche tibetische Altstadt bis Mitte 1994 auf weniger als einen einzigen Quadratkilometer reduziert war und heute nur noch zwei Prozent der überbauten Fläche von LHASA ausmacht. Neben dem Sinisierungsmotiv liegt ein massgeblicher Grund dieser planmässigen Zerstörung auch darin, dass die engen Gassen zwischen den alten tibetischen Häusern keine Panzer durchliessen! Den aus ihren angestammten Häusern vertriebenen Tibetern werden in der Regel Wohnungen offeriert, die nur etwa halb so gross aber bis zu zehnmal teurer sind, weshalb viele Tibeter sich solche Wohnungen nicht leisten können und daher gezwungen sind, am Stadtrand behelfsmässige Unterkünfte einzurichten.

Nach diesen Erfahrungen lässt auch der Modernisierungsplan "LHASA 2000" nichts Gutes ahnen. Dieser Plan sieht offenbar vor, "die Altstadt LHASA's abzutragen und eine moderne Stadt mit sozialistischem Antlitz aufzubauen" *(NZZ 07./08. 09. 96)*. Bereits wurden in Ausführung des neuen Projekts jahrhundertealte buddhistische Tempel dem Erdboden gleichgemacht. Im Sommer 1997 rissen die Chinesen den Palast TROMSIKHANG am BARKHOR *(Rundweg um den Bezirk des JOKHANG)* ab, obwohl dieser Palast noch eine sehr gute Bauqualität aufwies und von der UNESCO unter Schutz gestellt worden war. Das traditionsreiche Quartier SHÖL – früher ein Dorf – am Fuss des POTALA wurde grossenteils abgerissen, und vor dem kläglichen Rest führt jetzt eine Strasse so breit wie eine Flugpiste vorbei. Es versteht sich fast von selbst, dass Peking all diese gewaltsamen Veränderungen als grosszügige "Entwicklung und Förderung des rückständigen tibetischen Volkes" propagiert. Weniger verständlich ist dagegen, dass es auch Europäer gibt, die hier von "Zivilisation" und "Fortschritt" sprechen.

Nicht minder eklatant ist die Verdrängung der Tibeter auf wirtschaftlicher Ebene. Von den knapp 13'000 Geschäften ausserhalb des nunmehr winzigen Stadtkerns von LHASA gehören gerade noch 300 den Tibetern *(CSI, S. 11)*. Aber auch im Stadtkern sinkt der Anteil der tibetischen Händler laufend, weil sie mit ihrer charakteristischen Sanftmut und Zurückhaltung stets im Schatten der Chinesen stehen, die mit ihren aggressiven Werbe- und Verkaufsmethoden zunehmend den Markt beherrschen.

Jubiläum einer historischen Lüge

Am 9. September 1985 waren es genau 20 Jahre seit der Aufteilung Tibets durch die chinesische Kolonialmacht. Damals waren die Zentral- und Westprovinz Ü-TSANG und das westliche Gebiet der Südostprovinz KHAM als so genannte "Autonome Region Tibet" deklariert worden, während die übrigen Landesteile – laut Peking – angeblich gar nie zu Tibet gehört hatten *(siehe vorne "Aufteilung Tibets")*. Dieses "Jubiläum" musste gefeiert werden! Um Störungen zu vermeiden, traten die

"Sicherheitskräfte" schon frühzeitig durch vermehrte Überwachung, Bespitzelung, Hausdurchsuchungen, Strassenkontrollen und Verhaftungen in Aktion.

Am Tag vor dem "Jubiläum" exerzierte die Invasionsarmee eine Truppenparade durch die Hauptstrasse von LHASA. Aus den umliegenden Dörfern waren Hunderte von tibetischen Familien in ihren schönen traditionellen Kleidern auf Lastwagen zusammengepfercht und zwangsweise hierher verfrachtet worden, wo sie stundenlang "üben" mussten, am Strassenrand zu stehen und mit einem chinesischen Fähnlein in der einen Hand und einer Blume in der anderen Hand den vorbeifahrenden Lastwagen der Besatzungsmacht fröhlich zuzuwinken. Die Stadt war mit chinesischen Soldaten vollgestopft. Eine junge tibetische Mutter hielt ihr zweijähriges Kind an der Hand und wurde von den "Sicherheitskräften" gezwungen, es loszulassen und mit beiden Händen zu winken. Da lief das Kind auf die Strasse, und ein langsam fahrender Militärlastwagen, der noch viel Zeit zum Bremsen oder Ausweichen gehabt hätte, setzte seine Fahrt stur fort und überfuhr vor den Augen der fassungslosen Mutter und aller Anwesender das Kind! Der nächstfolgende Lastwagen hielt kurz an, ein Soldat stieg aus, packte den toten Körper an einem Fuss und warf ihn auf die Ladebrücke. Zurück blieben eine Blutlache und ein kleiner Schuh. Als die schwer schockierte Mutter auf die Strasse eilte, um den Schuh zu holen, wurde sie mit einem elektrischen Schlagstock brutal zusammengeschlagen. Ein hoher chinesischer Offizier schaute einfach zu ...

Was soll man noch mehr darüber berichten? Die Schweizer Bergsteiger, welche der Tragödie als Augenzeugen beiwohnten, waren tief erschüttert, aber unsere Politiker und Wirtschaftsbosse, die es in ihrer chinaorientierten Geschäftstüchtigkeit nicht einmal wagen, Tibet ein besetztes Land zu nennen, nehmen derartige Vorfälle gar nicht zur Kenntnis. Wir leben in einer Zeit, wo die universalen Menschenrechte vor allem im abendländischen Strafverfahren zu Gunsten der Täter gelten und für die zahlreichen Opfer in aller Welt je länger desto weniger eine effektive Bedeutung haben.

Darlegung der Fakten

Unter Bezugnahme auf die drei UNO-Resolutionen von 1959, 1961 und 1965 *(siehe vorne "Exodus aus Tibet – Reaktion der Welt")* stellte der amerikanische Kongress in der Resolution des Repräsentantenhauses vom 18. Juni 1987 unter anderem fest:

→ "Die Volksrepublik China unterjochte 1949 Tibet mit militärischer Gewalt und übt durch die Anwesenheit einer grossen Besatzungsmacht weiterhin die Herrschaft über das tibetische Volk aus."

→ "Seit 1949 sind als unmittelbare Folge politischer Instabilität mehr als eine Million Tibeter im Gefängnis und durch weitverbreitete Hungersnöte ums Leben gekommen."

→ "Mehr als 6'000 Klöster, welche die Schätze der 1'300-jährigen Kultur Tibets bargen, wurden zerstört, und das unersetzliche künstlerische und literarische Erbe Tibets wurde gestohlen oder ausser Landes gebracht."

→ "Tibeter und andere sind besorgt über die politischen, kulturellen und wirtschaftlichen Auswirkungen der Politik Chinas, eine grosse Zahl Chinesen zur Übersiedlung nach Tibet zu ermutigen."

→ "Es gibt glaubwürdige, von Amnesty International bestätigte Berichte, dass Tibeter wegen des gewaltfreien Ausdrucks ihrer religiösen und politischen Überzeugungen eingesperrt und getötet werden."

→ "Am 24. Juli 1985 forderten 91 Kongressmitglieder China dringend auf, den durchaus vernünftigen und gerechtfertigten Bestrebungen Seiner Heiligkeit des Dalai Lama und seines Volkes gebührende Beachtung zu schenken."

Diese Resolution wurde am 22. Dezember 1987 von US-Präsident Ronald Reagan unterzeichnet und damit Gesetz.

Jetzt trat der Wissenschaftliche Fachdienst des Deutschen Bundestages in Aktion mit seiner historisch und juristisch kompetenten Expertise vom 12. August 1987 über den völkerrechtlichen Status von Tibet, welche unmissverständlich festhält: "Nach der chinesischen Revolution von 1911, spätestens seit den Zwanzigerjahren, hat Tibet alle völkerrechtlichen Merkmale eines unabhängigen Staates erfüllt. **...** Zum Zeitpunkt der gewaltsamen Einverleibung Tibets in den chinesischen Staatsverband war es ein unabhängiger Staat. **...** China hat aber keinen völkerrechtlich wirksamen Titel für die Staatsgebietsaneignung erworben, **...** weil dem das Grundprinzip des aus dem Gewaltverbot hervorgehenden Annexionsverbots entgegensteht. **...** Alle möglichen Gebietstitel scheiden aus" *(Tibet klagt an, S. 71 ff.)*.

Der 5-Punkte-Friedensplan

Am 21. September 1987 präsentierte der Dalai Lama in Washington D. C. dem Menschenrechtsausschuss des amerikanischen Kongresses auf Einladung hin den folgenden

5-Punkte-Friedensplan:

1) Umwandlung von ganz Tibet *(Ü-TSANG, KHAM und AMDO)* in eine Friedenszone

2) Beendigung der systematischen Umsiedlung von Chinesen nach Tibet, welche die Existenz der Tibeter als Volk bedroht

3) Respektierung der fundamentalen Menschenrechte und der demokratischen Freiheiten des tibetischen Volkes

4) Wiederherstellung und Schutz von Tibets natürlicher Umwelt und Beendigung der Atomwaffenproduktion und der Deponierung radioaktiver Abfälle in Tibet

5) Aufnahme ernsthafter Verhandlungen über den künftigen Status Tibets und über die Beziehungen zwischen den Völkern Tibets und Chinas

Punkt 5 dieses Friedensplans impliziert die Bereitschaft des Dalai Lama, auf die Wiederherstellung der rechtmässigen staatlichen Unabhängigkeit und Souveränität von Tibet allenfalls zu verzichten. Angesichts der 2’000-jährigen Eigenstaatlichkeit Tibets, welche auch der Dalai Lama stets betont, mag sein grosszügiges Angebot erstaunen. Dahinter steht zweifellos der grosse Wunsch des tibetischen Volkes nach Frieden. Natürlich wollen alle Tibeter, dass ihr Land wieder frei wird, aber einige glauben oder hoffen, durch Verzicht auf Unabhängigkeit lasse sich die Kolonialmacht China wenigstens zur Respektierung der elementarsten Menschenrechte in Tibet bewegen.

Teil III: Tibet, China und die Welt

Demonstrationen in LHASA und Genf

Nachdem die Chinesen am 24. und 25. September 1987 in LHASA rund 15'000 Menschen zusammengetrieben und vor derart versammelter Menge zwei tibetische politische Gefangene unter falscher Mordanklage erschossen hatten, fand dort am 27. September 1987 die erste einer ganzen Reihe von Kundgebungen *(hauptsächlich bis 1989)* statt, die in vielen Fällen nach dem gleichen Schema verliefen: Zuerst demonstrierten die Tibeter jeweils friedlich, ein Teil der chinesischen "Sicherheitskräfte" reagierte mit unverhältnismässiger physischer Gewalt, die derart provozierten Tibeter antworteten mit Steinwürfen, und dies wiederum war für die stets schwer bewaffneten Chinesen das Signal, um mit – oftmals auf Hausdächern installierten – Maschinengewehren in die wehrlose Menschenmenge zu schiessen und anschliessend jeweils Hunderte von Personen zu verhaften. Den anwesenden Ausländern wurden und werden bei Demonstrationen mit Brachialgewalt Filme und Kameras entrissen.

Am frühen Morgen des 1. Oktober 1987 demonstrierte wieder eine Gruppe von Mönchen und Laien am BARKHOR. Viele von ihnen wurden festgenommen, geschlagen und an den auf dem Rücken zusammengebundenen Handgelenken aufgehängt, wogegen neu hinzuströmende 2'000 - 3'000 Tibeter protestierten. Als die chinesische Polizei versuchte, weitere Menschen festzunehmen, schritten die Tibeter zur Offensive. **Jetzt flogen Steine durch die Luft, Polizeiautos wurden umgekippt und angezündet, und ein paar besonders mutige Frauen schlugen die Fenster des Polizeipostens ein und setzten das Gebäude in Brand. Da stürmten mehrere Mönche selbstlos durch die Flammen in den Polizeiposten und befreiten sieben eingesperrte Kollegen.** Bei dieser Rettungsaktion erlitten einige Mönche schwere Brandwunden, namentlich JAMPA TENZING, der nach seiner Rückkehr in den JOKHANG verhaftet wurde.

Der Erfolg war von kurzer Dauer, und die Tibeter zahlten einen hohen Preis dafür: Nach Augenzeugenberichten wurden am 5. Oktober 1987 mehrere hundert tibetische Gefangene in Polizeiwagen durch LHASA gefahren. Selbentags baten tibetische Mönche die UNO um Unterstützung bei der Befreiung Tibets von der chinesischen Fremdherrschaft, und die Exil-Regierung in DHARAMSALA richtete einen ähnlichen Appell an "alle freien und demokratischen Staaten", doch liessen die Angerufenen eine Reaktion vermissen. Am 6. Oktober 1987 wurden vor dem Kloster in DREPUNG circa 60 Demonstrierende – hauptsächlich Mönche – verhaftet, misshandelt und zum Teil schwer verletzt. Mit den entsprechenden Filmaufnahmen strahlten westliche Fernsehsender erstmals Bilder der tibetischen Proteste gegen die chinesische Besetzung aus. In diesem Zusammenhang erlangte auch der 5-Punkte-Friedensplan des Dalai Lama eine gewisse Publizität in Amerika und Europa.

Seit September 1987 waren in LHASA rund 2'000 Tibeter verhaftet worden. Ebenfalls etwa 2'000 Menschen, je zur Hälfte Tibeter und Schweizer, demonstrierten am 9. November 1987 in Genf für den Abzug der chinesischen Besatzer aus Tibet.

Aus der öffentlichen Forderung nach Freilassung eines inhaftierten Mönchs des Klosters GANDEN entwickelte sich in LHASA am 5. März 1988 eine erbitterte Demonstration, wobei unbewaffnete Tibeter gegen schwer bewaffnete chinesische "Sicherheitskräfte" kämpften. Todesmutige Tibeter stürmten den Ersatz-Polizeiposten neben dem JOKHANG und steckten chinesische Fernsehwagen in Brand. Dabei fanden vermutlich mehr als 20 Tibeter sowie drei chinesische Polizisten den Tod.

Am 15. Juni 1988 offerierte der Dalai Lama in Strassburg vor Mitgliedern des Europäischen Parlaments enorme Konzessionen gegenüber China, die sich auf Punkt 5 seines Friedensplans bezogen *(Aufnahme ernsthafter Verhandlungen über den künftigen Status Tibets und über die Beziehungen zwischen den Völkern Tibets und Chinas)*, über diesen aber weit hinaus gingen. Sein äusserst grosszügiger "Strassburger-Vorschlag" lautete folgendermassen: *Tibet wird in eine sich selbst demokratisch regierende politische Einheit umgewandelt, die mit der Volksrepublik China assoziiert ist. Die demokratisch gewählte tibetische Regierung entscheidet in allen Tibet und die Tibeter betreffenden Angelegenheiten. China ist dagegen für die Aussenpolitik zuständig und darf so lange eine beschränkte Anzahl Soldaten zur Verteidigung auf tibetischem Territorium stationieren, bis Tibet eine neutrale Friedenszone geworden ist.*

Eine substantielle Antwort der Chinesen blieb aus. Hingegen wurden ungefähr zur selben Zeit in LHASA demonstrierende Nonnen, Mönche und Laien von der chinesischen Polizei verhaftet und grausam gefoltert. Am 10. Dezember 1988, dem 40. Jahrestag der Verkündung der "Allgemeinen Erklärung der Menschenrechte", erschoss der chinesische Polizeikommandant in LHASA einen Mönch, dessen einziges "Verbrechen" darin bestand, dass er eine tibetische Flagge trug! Dann feuerten die "Sicherheitskräfte" skrupellos auf kürzeste Distanz in die friedliche und wehrlose Menschenmenge, welche keine Möglichkeit zur Flucht hatte. Einmal mehr kamen viele unschuldige Männer, Frauen und Kinder durch den kriminellen Terror der Besatzer ums Leben.

Giftattentat und blutige Massaker

Im Januar 1989 stattete der zwangsweise in Peking residierende Zehnte Panchen Lama dem Kloster TASHI LHUNPO in SHIGATSE, dem traditionellen Sitz der Panchen Lamas, einen Besuch ab und kritisierte dabei heftig Chinas Tibet-Politik. Wenige Tage später, am 28. Januar 1989, starb er im Alter von erst 50 Jahren. Verschiedene Umstände deuten darauf hin, dass die chinesische Kolonialmacht als Reaktion auf seine erneute Kritik ein Giftattentat gegen ihn verübt hatte.

Am 5. und 6. März 1989 richteten die Chinesen in LHASA schon wieder blutige Massaker unter der tibetischen Bevölkerung an, welchen mehr als 450 Menschen – darunter viele Mönche, Nonnen und Kinder – zum Opfer fielen. Über 1'000 Menschen wurden verhaftet. Augenzeuge war auch der chinesische Journalist Tang Daxian, der sich als offizieller Berichterstatter in LHASA aufhielt und später im englischen "*Observer*" die Hintergründe des Massenmordes enthüllte: In den ersten Märztagen 1989 hatten Tausende von Tibetern vor dem JOHKANG für die Unabhängigkeit Tibets demonstriert, weshalb die Parteileitung in Peking befahl, ein Exempel zu statuieren. So verkleideten sich 300 chinesische Polizeiagenten als Tibeter *(als Mönche oder Laien)* und zettelten raffiniert jene Demonstrationen an, die zu den eiskalt und minuziös vorbereiteten schrecklichen Massakern durch die "Sicherheitskräfte" führten, nachdem sich die chinesischen Agenten rechtzeitig wieder zurückgezogen hatten. Tang Daxian war darob tief erschüttert, floh in den Westen und legte von den Ereignissen in LHASA Zeugnis ab.

Am 7. März 1989 verhängte die "Volksbefreiungsarmee" das Kriegsrecht über LHASA und Umgebung, und in der Folge verhaftete sie nach Angabe von *Amnesty International* über 1'000 Tibeterinnen und Tibeter *(BaZ 04. 06. 91)*. Die

Sinologiestudentin Susanne Fabian – gewiss keine chinafeindliche Frau – wurde unfreiwillig Augenzeugin der chinesischen Verbrechen vom März 1989 und schrieb dazu: "So stelle ich mir die Angst der politisch Verfolgten unter dem Naziregime damals vor ..." *(Tibet klagt an, S. 85)*. Am 15. März 1989 verabschiedete der Senat der USA einstimmig eine Resolution, worin er die Aufhebung des Kriegsrechts in und um LHASA forderte.

Die Resolution des Europäischen Parlaments in Strassburg vom 16. März 1989 "verurteilt entschieden die gewaltsamen Repressionen und insbesondere den Einsatz von Waffen in der tibetischen Hauptstadt und forderte die Aufhebung des Kriegsrechts". Ebenfalls vom 16. März 1989 datiert die Resolution 82 des amerikanischen Senats, welche die brutalen Massnahmen gegen die tibetischen Demonstranten verurteilte, Verhandlungen zwischen China und Vertretern des Dalai Lama forderte und ausserdem verlangte, dass die Behandlung des tibetischen Volkes zu einem wichtigen Faktor in den Beziehungen zu China gemacht wird.

Internationale Konferenzen in Bonn und Delhi

Am 20. und 21. April 1989 fand in Bonn eine internationale überparteiliche Tibet-Anhörung statt. Deren Teilnehmer verabschiedeten am Abend des 21. April 1989 einstimmig die Resolution "Bonner Erklärung zur Lage in Tibet", die folgende Schwerpunkte enthält:

→ **"Wir verurteilen die anhaltende illegale Besetzung Tibets sowie die umfassende und systematische Verletzung der Menschenrechte, die Zerstörung der Umwelt und übermächtige Militärpräsenz in Tibet."**

→ "Wir fordern die Volksrepublik China auf, sofort das Kriegsrecht aufzuheben und alle Tibeter freizulassen, die wegen ihres Einsatzes für Freiheit und Menschenrechte eingekerkert wurden."

→ "Wir bekräftigen erneut das unabänderliche Recht des tibetischen Volkes auf Freiheit. Wir rufen die Volksrepublik China auf, die Rechte des tibetischen Volkes zu respektieren, seine Zukunft selbst zu bestimmen und frei von ausländischer Einflussnahme in Übereinstimmung mit der UN-Resolution 1723 von 1961 zu leben, und den Tibetern freien Zugang zu unabhängigen, internationalen Menschenrechtsorganisationen und zur Presse zuzugestehen."

Als Reaktion auf die "Bonner Erklärung zur Lage in Tibet" folgte vom 12. - 14. August 1989 in Delhi die Internationale Konferenz über Tibet und Frieden in Südasien, die in ihrer Schlussresolution unverkennbar an die Bonner Erklärung anlehnt: "Die Konferenz **...**

→ vertritt die Auffassung, dass Tibet historisch und rechtlich ein freies Land mit eigener Kultur, Sprache und Geschichte war."

→ **verurteilt die andauernde rechtswidrige Besetzung Tibets durch China ...**"

→ bringt ihre Empörung über die von der chinesischen Regierung am tibetischen Volk begangenen Grausamkeiten und die systematischen Bemühungen zur Zerstörung der tibetischen Kultur durch Kindesmord und die Umsiedlung von Teilen der Bevölkerung zum Ausdruck."

→ stellt mit Sorge fest, dass die andauernde Besetzung Tibets eine einzigartige Zivilisation zu zerstören droht, die das gemeinsame kulturelle Erbe der gesamten Menschheit darstellt."

→ ruft die Volksrepublik China zur Anerkennung des Rechts des tibetischen Volkes auf, über sein Schicksal selbst und frei von jeglicher ausländischer Einmischung in Übereinstimmung mit der Resolution 1723 der UNO-Vollversammlung von 1961 zu entscheiden."

→ fordert die Volksrepublik China zur sofortigen Aufhebung des im März 1989 über Tibet verhängten Kriegsrechts und zur Freilassung aller Gefangenen auf, die im Verlauf ihres Kampfes für Menschenrechte und -freiheiten mit oder ohne Prozess inhaftiert worden sind."

→ appelliert an die freien Völker der Welt, die Sache des tibetischen Volkes sowohl hinsichtlich seiner Menschenrechte als auch seines Rechts, als freies Volk eines freien Landes zu leben, zu unterstützen."

Auf Einladung von Staatspräsident Vaclav Havel *(heute Staatspräsident von Tschechien)* besuchte der Dalai Lama vom 2. - 6. Februar 1990 die damals noch ungeteilte Tschechoslowakei. Zweifellos bewies Havel damit Zivilcourage und

Unbestechlichkeit, was im europäischen Umfeld – zumindest auf Regierungsebene – bemerkenswert ist.

Das Kriegsrecht in und um LHASA wurde am 1. Mai 1990 formell aufgehoben. Seither machen umso mehr zivil gekleidete chinesische Spitzel die Stadt unsicher, und Polizeiposten gibt es in erdrückender Anzahl, auf den wichtigen Strassen alle 500 Meter, an den meisten grösseren Kreuzungen sowie vor Klöstern, Tempeln und öffentlichen Gebäuden.

Der Mittlere Weg

Im August 1991 zog der Dalai Lama mit einer entsprechenden öffentlichen Erklärung seinen "Strassburger-Vorschlag" *(siehe vorne "Demonstrationen in LHASA und Genf")* infolge Ausbleibens einer substantiellen Antwort aus Peking offiziell zurück. Somit ist dieses Szenarium, das in der tibetischen Gemeinschaft zu heftigen Kontroversen geführt hatte, ausgeräumt.

Seither hat der Dalai Lama mehrfach erklärt, er halte an seiner Idee eines "Mittleren Weges" fest und verlange nicht mehr die vollständige Wiederherstellung der historischen Unabhängigkeit Tibets. Der Terminus des "Mittleren Weges" könnte bei oberflächlicher Betrachtung das Missverständnis hervorrufen, es existiere eine Lösungsmöglichkeit, die irgendwo zwischen der Unabhängigkeit Tibets und dem Anschluss an China liegen würde. In diesem Punkt ist jedoch eine Zwischenlösung faktisch so unmöglich wie gleichzeitiger Rechts- und Linksverkehr im selben Land. Das zukünftige Tibet wird entweder wie in der mehr als 2'000-jährigen Geschichte der tibetischen Nation wieder ein souveräner Staat oder – wenn es sich aus dem immer enger werdenden Würgegriff der chinesischen Besatzer nicht mehr befreien kann – ein Teil Chinas sein.

Sollte die tibetische Exil-Regierung je einen Staatsvertrag über den Anschluss Tibets an die Kolonialmacht China unterzeichnen, dann *und erst dann* würde Tibet völkerrechtlich ein Teil von China. Auch ein Staatsvertrag der beiden Länder über Autonomie für Tibet implizierte als logische Voraussetzung den Anschluss Tibets an China. Indessen könnte Peking selbst im Fall einer wirklichen Autonomie aller drei tibetischen Provinzen diese Autonomie jederzeit wieder aufheben und Tibet vollends sinisieren, ohne ernsthaften Einspruch oder gar Widerstand der Weltöffentlichkeit

befürchten zu müssen, denn besagte Weltöffentlichkeit, welche mehrheitlich nicht einmal den heutigen völkerrechtlichen Status Tibets als eigenes aber illegal besetztes Land anerkennt, würde noch viel weniger eine blosse Autonomie Tibets verteidigen.

In der Frage, ob das zukünftige Tibet ein eigenes Land oder ein Teil von China sei, gibt es also keinen "Mittleren Weg". Was der Dalai Lama unter dem "Mittleren Weg" konkret versteht, wird sich deshalb erst zeigen, wenn die chinesische Regierung bereit ist, mit ihm und der tibetischen Exil-Regierung offizielle Verhandlungen aufzunehmen. Zu diesem Zweck muss Peking endlich die historischen Fakten anerkennen und seine bisherige stereotype Vorbedingung und Fiktion der "Einheit des chinesischen Mutterlandes" fallen lassen, denn auf der Grundlage einer massiven Geschichtsverfälschung wächst kein dauerhafter Frieden.

Die anhaltende Verhandlungsbereitschaft des Dalai Lama ist im übrigen nicht selbstverständlich. In einem Interview zeigte sich die französische Zeitung *Le Monde* fast erstaunt, dass der Dalai Lama überhaupt noch Verhandlungen mit China anstrebe, obwohl die Repression in Tibet weitergehe und der "Mittlere Weg" aufgrund der chinesischen Dialogverweigerung zu keinem Ergebnis geführt habe. Der Dalai Lama seinerseits bekräftigte in diesem Interview seine absolute Ablehnung jeder Gewalt, sprach aber auch von der Möglichkeit, dass die Tibeter ihr Vertrauen in ihn einmal verlieren und sich für einen gewaltsamen Befreiungskampf entscheiden könnten *(Le Monde 30. 10. 96)*.

Tibet ist ein besetztes Land

Nachdem der Dalai Lama am 16. April 1991 zum ersten Mal in Washington D. C. im Weissen Haus empfangen worden war, erklärte der amerikanische Senat in seiner Resolution 107 vom 18. April 1991, dass die Vereinigten Staaten "das tibetische Volk und Seine Heiligkeit den Dalai Lama auf ihrem Weg zur Freiheit unterstützen werden". Rund einen Monat später äusserten sich der Senat und das Repräsentantenhaus der Vereinigten Staaten von Amerika in ihrer gemeinsamen Resolution 41 vom 21./23. Mai 1991 unter Bezugnahme auf unbestreitbare historische Tatsachen mit ungewohnt klaren Worten zur Tibet-Frage:

→ "Tibet hat in seiner ganzen Geschichte eine eigene *nationale*, kulturelle und religiöse Identität bewahrt, die sich von derjenigen Chinas unterscheidet."

→ "Es gibt in chinesischen Urkunden und in der traditionellen Geschichte der Dynastien einschliesslich jener der Mandschus und der Mongolen keinerlei Hinweise darauf, dass Tibet zu einem 'Bestandteil Chinas' gemacht worden wäre."

→ "Mehrere Länder, darunter die Mongolei, Bhutan, Nepal, Britisch-Indien und das zaristische Russland, anerkannten Tibet als unabhängige Nation oder unterhielten ohne jegliche Einmischung der chinesischen Regierung Beziehungen zu Tibet."

→ "1949/50 marschierte China unter Verletzung des Völkerrechts mit Waffengewalt in Tibet ein."

→ "Tibet wies zur Zeit der chinesischen Besetzung alle völkerrechtlichen Merkmale der Souveränität auf, nämlich ein klar definiertes Staatsgebiet, eine eigene Bevölkerung, eine unabhängige Regierung sowie die Fähigkeit zur Abwicklung der inneren Angelegenheiten und zur Pflege unabhängiger internationaler Beziehungen."

→ "Die Vereinigten Staaten **...** unterstützten die Vereinten Nationen aktiv sowohl bei der Verurteilung Chinas als auch bei der Forderung nach dem Selbstbestimmungsrecht für Tibet in den Resolutionen 1353 (1959), 1723 (1961) und 2079 (1965) der Vollversammlung."

→ "Die widerrechtliche Besetzung Tibets durch China dauert bis zum heutigen Tag fort."

→ "Die Vereinigten Staaten sollten Aggression nicht hinnehmen, indem sie den Anspruch Chinas auf Souveränität über Tibet akzeptieren **...**"

→ **"... nach den bestehenden Grundsätzen des Völkerrechts ist Tibet einschliesslich der in die chinesischen Provinzen Sichuan, Yünnan, Gansu und Qinghai eingegliederten Gebiete, die historisch zu Tibet gehört haben, ein besetztes Land, dessen legitime Vertreter der Dalai Lama und die tibetische Exil-Regierung sind, wie sie vom tibetischen Volk anerkannt werden."**

Diese Resolution wurde zum Gesetz, indem US-Präsident George Bush am 28. Oktober 1991 den State Department Authorization Act 1991 unterzeichnete, welcher auch die Resolution 41 umfasst.

Long live the Tibetan nation !

Am 6. Dezember 1991 besuchte eine offizielle Menschenrechtsdelegation aus der Schweiz das Drapchi-Gefängnis in LHASA. Da rief der gewaltlose politische Gefangene TANAK JIGME SANGPO "*Long live the Tibetan nation!*" und bat die Delegierten um Unterstützung zur Befreiung Tibets. Der heute 70-jährige Lehrer wird seit 1964 ununterbrochen in chinesischen Gefängnissen und Arbeitslagern festgehalten und hätte gemäss dem letzten "Gerichtsurteil" noch bis 1999 im Gefängnis bleiben müssen. Folter und unmenschliche Haftbedingungen haben seine Gesundheit ruiniert und namentlich zum weitgehenden Verlust seines Augenlichts geführt. Jetzt musste er für seinen mutigen Appell an die Schweizer Delegation teuer bezahlen, indem er erneut schwere Folter erlitt, in Isolationshaft kam und zu einer zusätzlichen Gefängnisstrafe von acht Jahren verurteilt wurde. --- Warum setzt sich die Schweiz nicht ernsthaft für die umgehende und bedingungslose Freilassung von TANAK JIGME SANGPO ein?

China wird schuldig gesprochen

Amnesty International legte in ihrem Tibet-Bericht vom 20. Mai 1992 dar, dass "staatlicher Mord, politische Haft und Folter" feste Bestandteile der alltäglichen chinesischen Repression in Tibet sind. Eines der Opfer heisst PALDEN GYATSO, ein hoher Mönch, der als gewaltloser politischer Gefangener 33 Jahre lang in Gefängnissen und Arbeitslagern der Besatzungsmacht eingesperrt war, dabei immer wieder brutale Foltern verschiedener Art erlitt, oft dem Hungertod nahe war und deshalb einmal sogar seine Stiefel essen musste. Dass er diese jahrzehntelange Hölle überlebte, grenzt an ein Wunder. Mit 61 Jahren wurde PALDEN GYATSO am 25. August 1992 aus der Haft entlassen. 13 Tage später ergriff er die Flucht und gelangte via Nepal nach Indien. Dabei nahm er heimlich diverse Folterinstrumente mit, um der Weltöffentlichkeit die grausamen Folterpraktiken der chinesischen Kolonialmacht in Tibet dokumentieren zu können. So legte er unter anderem im Februar 1995 vor der Menschenrechtskommission der UNO offiziell Zeugnis ab.

Am 19. November 1992, also noch im Fluchtjahr von PALDEN GYATSO, verabschiedete das Europäische Parlament eine Tibet-Resolution, in welcher es die sofortige Freilassung aller tibetischen politischen Gefangenen fordert. Tags darauf, am 20. November 1992, sprach das Ständige Tribunal der Völker *(Sitz in*

Rom) in Strassburg die Volksrepublik China schuldig, seit 1950 unter Verletzung zahlreicher anderer fundamentaler Völker- und Menschenrechte das tibetische Volk seines Selbstbestimmungsrechts zu berauben, durch Umsiedlung von "Nicht-Tibetern" aus China auf tibetisches Gebiet die ethnische und kulturelle Einheit Tibets zu zerstören und durch die Teilung Tibets in zwei Teile *(1965)*, nämlich in die "Autonome Region Tibet" und ein den chinesischen Provinzen zugeschlagenes Gebiet, ebenfalls die Einheit und Identität des tibetischen Volkes zu zerstören. Das Urteil hält ausserdem fest, das tibetische Volk habe über Jahrhunderte hinweg eine unabhängige Regierung und nach 1911 einen eigenen tibetischen Staat gehabt, und die grundlegenden tibetischen Staatsorgane würden jetzt durch die tibetische Exil-Regierung in DHARAMSALA vertreten. Schliesslich wird Peking mit dem Urteil aufgefordert, die Menschenrechtsverletzungen in Tibet – namentlich Folter und Zwangssterilisation – unverzüglich einzustellen und dem tibetischen Volk die Ausübung seines Selbstbestimmungsrechts zu ermöglichen.

Vom 6. - 10. Januar 1993 fand in London eine internationale Juristenkonferenz zur Tibet-Frage statt. Die Konferenzteilnehmer kamen ebenfalls zum Schluss, dass Tibet vor der Okkupation durch China ein souveräner Staat war und dass das tibetische Volk ein Recht auf Selbstbestimmung hat. Auch hier wurde kritisiert, dass die Chinesen Tibet 1965 aufteilten, indem sie eine "Autonome Region Tibet" proklamierten und das übrige tibetische Staatsgebiet verschiedenen chinesischen Nachbarprovinzen einverleibten. Weiter stellte die Juristenkonferenz fest, der massive Bevölkerungstransfer habe die Tibeter im eigenen Land zur Minderheit gemacht und drohe ihre kulturelle und religiöse Identität auszulöschen, die fundamentalen Menschenrechte würden in eklatanter Weise verletzt, und ausserdem würden die Tibeter in jeder Hinsicht systematisch diskriminiert.

Das chinesische Geheimdokument

Am 12. Mai 1993, im Anschluss an Geheimkonferenzen in Peking und LHASA, verabschiedete eine geheime chinesische Tibet-Konferenz in der Nähe von Chengdu *(Provinzhauptstadt von Sichuan / China)* ein Geheimdokument mit dem Decknamen "512", das im November 1993 durch einen Bericht der *International Campaign for Tibet (Sitz in Washington D. C.)* aufgedeckt wurde. Mit diesem Geheimdokument manifestierte und besiegelte die chinesische Regierung ihren Willen, die Welt über den Anspruch Chinas auf Tibet "aufzuklären", die

Invasion Tibets und die anhaltende Unterdrückung des tibetischen Volkes zu rechtfertigen, die Migration von Chinesen nach Tibet noch mehr zu fördern, unter den Tibetern Zwietracht zu stiften und die tibetische Opposition im Exil durch intensivierte Propaganda – auch unter dem Deckmantel von Wissenschaft und Kultur – sowie durch Mobilisierung ausländischer Chinafreunde schrittweise zu unterwandern, zu spalten und zu zerschlagen. Zielobjekte der chinesischen Propagandaoffensive sind laut Geheimdokument hauptsächlich "die Länder Westeuropas, benachbarte Länder und Tibeter im Ausland" ... "Wir sollten unsere Propaganda in jedem Land starten, in das der Dalai Lama geht". Neben dem Erzfeind USA werden in dem Dokument auch Organisationen wie *Amnesty International*, *Asia Watch* und die *International Human Rights Law Group* zu den "ausländischen feindlichen Kräften" gezählt.

Gemäss einer Analyse der *International Campaign for Tibet* enthält das chinesische Geheimdokument folgende drei Schwerpunkte beschlossener Massnahmen: Über Tibet soll möglichst wenig und nur noch streng zensuriert berichtet werden, wobei dann jeweils der Anschein einer heilen Lage zu erwecken ist. Weiter ist die Berichterstattung ausländischer Korrespondenten zu überwachen und zu manipulieren, und schliesslich müssen tibetisch-kulturelle Darbietungen im Ausland von der chinesischen Regierung arrangiert und zu versteckter politischer Propaganda verwendet werden. Zeng Jianhui, stellvertretender Direktor der Propagandaabteilung des Pekinger KP-Zentralkomitees, entwirft im Geheimdokument folgende Leitlinien: **"Wir sollten unseren Einflussbereich ausdehnen, insbesondere sollte unsere Propaganda den Lebensmittelpunkt des Westens infiltrieren ... sollten wir weiterhin tibetische Gelehrte und tibetische Gesangs- und Tanzgruppen zu Vorträgen und Vorstellungen ins Ausland schicken ... Chinesische Botschaften und Konsulate ... sollten Reden, Photoausstellungen, spezielle Artikel und andere Formen nutzen, um Propagandaarbeit auszuführen ..."**

Wenn man in Betracht zieht, dass hier im Westen vermeintlich gebildete Menschen inklusive Juristen behaupten, Tibet sei völkerrechtlich ein Teil Chinas, dann muss man sich ernsthaft fragen, ob die seit jenen geheimen Beschlüssen forcierte Desinformation durch Peking bei unkritischen Leuten Früchte trägt.

Am 24. und 25. Mai 1993 – noch ohne Kenntnis vom chinesischen Geheimdokument – fanden in LHASA mit rund 4'000 Teilnehmern die grössten

Demonstrationen seit den blutigen Massakern vom März 1989 statt. Dabei tötete die chinesische Polizei ein zwölfjähriges Kind und einen Erwachsenen und verhaftete über 200 Tibeter. 88 Menschen wurden verletzt. Die "Ordnungshüter" rissen den West-Touristen mit Brachialgewalt ihre Filme aus den Kameras und nahmen 15 Personen vorübergehend fest. Alle ausländischen Touristen in LHASA wurden zwangsweise in ihre Hotels zurückgebracht und mit einer Ausgangssperre belegt. Diejenigen, welche photographiert hatten, mussten zudem hohe Bussen bezahlen *(BaZ, Bund, BZ, NZZ, TA 25. und 26. 05. 93; Le Monde 07. 08. 93)*.

Unter Bezugnahme auf eine Interpellation von Henri Simons sowie auf eine von diesem selbst und vier weiteren Personen unterzeichnete Motion betreffend Tibet erklärte die belgische Repräsentantenkammer in einem Pressecommuniqué vom 16. Juni 1993 unmissverständlich: "La Chambre rappelle que le Tibet est occupé par la Chine."

Zwischen dem 9. und 14. Dezember 1993 führten Nonnen in LHASA mehrere kleine Kundgebungen durch. Sie riefen, "Tibet ist unabhängig", worauf mindestens 22 Nonnen sofort durch zivil getarnte Polizisten verhaftet wurden *(NZZ 13. 01. 94)*.

Europa und China

Am 9. Februar 1994 verabschiedete das Europäische Parlament in Strassburg die "Entschliessung zu den Beziehungen zwischen der Europäischen Union und der Volksrepublik China", deren Inhalt für sich selbst spricht. "Das Europäische Parlament ...

→ weist die Volksrepublik China auf die universelle Gültigkeit des Begriffs der Grundrechte hin, der in der Erklärung der Menschenrechte, die sie auch unterzeichnet und durch ihre Unterzeichnung der Erklärung der Weltmenschenrechtskonferenz bekräftigt hat, verankert ist."

→ bekräftigt seine Ablehnung der Todesstrafe und der Folter, wo immer sie praktiziert werden."

→ fordert von der chinesischen Regierung die Freilassung aller Personen, deren einziges Verbrechen darin besteht, dass sie ihre Religion ausüben."

→ verurteilt den auf Frauen ausgeübten konkreten und moralischen Abtreibungsdruck und die bekannt gewordene Praxis der Kindestötung, insbesondere von Neugeborenen weiblichen Geschlechts."

→ bekundet seine Besorgnis über die Haftbedingungen, insbesondere die Isolationshaft und die mangelnde medizinische Versorgung."

→ bekräftigt insbesondere den Inhalt seiner Entschliessungen zur Lage in Tibet und wiederholt seine umfassende Verurteilung der Menschenrechtsverletzungen in Tibet durch die chinesischen Behörden; gibt ferner seiner Bestürzung über die Umweltzerstörung und die Ausbeutung der natürlichen Ressourcen in Tibet Ausdruck."

→ verlangt die Freilassung aller politischen Gefangenen."

→ verurteilt mit Besorgnis die Tendenz zur Politik der Wiederaufrüstung ..."

→ bekräftigt erneut nachdrücklich, dass die Einfügung einer Klausel über die Einhaltung der Menschenrechte in die Handelsabkommen mit Drittländern unerlässlich ist ..."

Laut Entschliessung will das Europäische Parlament "eine weitere Vertiefung der Beziehungen zwischen der Volksrepublik China und der Europäischen Union" an folgende Bedingungen knüpfen:

→ "Abschaffung des Systems der 'Laogai' oder Zwangsarbeitslager sowie Freilassung der politischen Gefangenen"

→ "Achtung der Menschenrechte und der Grundfreiheiten des tibetischen Volkes und die Einleitung von Verhandlungen mit dem Dalai Lama und der tibetischen Exil-Regierung"

Schliesslich fordert das Europäische Parlament

→ **"Massnahmen, um den Zugang von in Zwangsarbeit hergestellten Gütern zum europäischen Markt zu verbieten."**

Kurz darauf, vom 18. - 20. März 1994, fand in Delhi das Erste Weltparlamentariertreffen zu Tibet statt. Die Parlamentarier verurteilten nicht nur die andauernden gravierenden Menschenrechtsverletzungen durch die chinesischen Behörden, sondern sie anerkannten ausdrücklich Tibets historische Unabhängigkeit und das unveräusserliche Recht des tibetischen Volkes auf Selbstbestimmung.

Probleme in Indien

Die Situation der Tibeter in Indien verschärfte sich unerwartetet und drastisch, als in der Nacht vom 22. auf den 23. April 1994 eine grosse Schar vorwiegend jüngerer Inder das Tibetan Children's Village in DHARAMSALA angriff und einige Gebäudeteile desselben zerstörte. Am folgenden Tag, also am 23. April 1994, zogen die Inder durch McLeod Ganj *(oberer Teil von DHARAMSALA)*, plünderten und brandschatzten die tibetischen Wohnhäuser, Läden, Restaurants, Schulen und Klöster und verletzten mehrere Tibeter erheblich. Auf den telephonischen Hilferuf des Vorstehers der tibetischen Gemeinde reagierte die indische Polizei, deren nächster Posten nur etwa zehn Autominuten vom Ort des Geschehens lag, erst nach anderthalb Stunden. Zwei Wochen später wurden in McLeod Ganj auf Hindi gedruckte Flugblätter verstreut, welche die tibetische Bevölkerung unter Bombendrohung aufforderten, DHARAMSALA bis zum 25. Juli 1994 zu verlassen.

Was war der Grund dieser eskalierenden Aggression? Vermutlich wird man dies nie mit völliger Sicherheit wissen. Vordergründiger Anlass war der Tod eines jungen Inders, den laut ersten Behauptungen, welche während längerer Zeit auch die tibetische Gemeinde glaubte, angeblich ein junger Tibeter erstochen hatte. Gemäss neueren Informationen *(die hier ohne Gewähr für absolute Richtigkeit wiedergegeben werden)* spielte sich der Vorfall jedoch folgendermassen ab: Am Abend des 22. April 1994 hatte ein junger Tibeter Streit mit fünf Indern, die ihn mit dem Messer tödlich verletzten. Bei diesem gewalttätigen Streit wurde aber auch einer der beteiligten Inder von einem Landsmann erstochen, worauf die restlichen Inder übereinkamen, die zweite Tat dem jungen Tibeter anzulasten. Derselbe wäre nämlich rein theoretisch insofern noch als Täter in Frage gekommen, als er seinen schweren Verletzungen nicht sofort, sondern erst nach ein paar Tagen erlag.

Der eigentliche, tiefere Grund für die wüsten Ausschreitungen und Zerstörungen in DHARAMSALA liegt vermutlich im Neid und der Missgunst mancher Inder gegenüber den Tibetern, welche sich mit enormer Tatkraft im Exil eine bescheidene Existenz aufgebaut und damit wirtschaftlich viele Inder "überholt" haben. Unter diesen Umständen erscheint ungewiss, wie lange die Tibeter als Volksgruppe noch in Indien leben können.

Renovation des POTALA ?

Anfangs August 1994 fand eine fünfjährige Renovation des POTALA ihren Abschluss. Die Pekinger Volkszeitung meldete, "die tibetischen Massen" hätten die Renovation einhellig als "Freundschaftsdienst der Kommunistischen Partei" begrüsst *(NZZ 10. 08. 94)*. In Wirklichkeit wurde jedoch mit der unfachmännisch ausgeführten Arbeit von der alten Bausubstanz mehr zerstört als konserviert, und dass der Zweck der vom atheistischen China inszenierten Übung darin bestanden haben soll, eines der wichtigsten religiösen Bauwerke Tibets, das architektonische Gleichnis der tibetisch-buddhistischen Kultur und das Monument des tibetischen Freiheitswillens zu pflegen und für die Tibeter zu erhalten, glaubt sowieso niemand. Es liegt deshalb auf der Hand, dass die im Westen medienwirksame Renovation des POTALA vor allem der touristischen Devisenbeschaffung und daneben der Propagierung der in Tibet angeblich gewährten Religionsfreiheit dient. Überdies wurde die Gelegenheit pietätlos dazu missbraucht, um in allen öffentlich zugänglichen Räumen Überwachungskameras zu installieren, so dass sich seither kein Mönch vertraulich mit Besuchern unterhalten und dabei eventuell die chinesische Besetzung Tibets kritisieren kann.

Von Verteidigern der chinesischen Tibet-Politik wird argumentiert, es handle sich trotz negativer Kehrseiten um eine Renovation, in welche die Chinesen viel Geld *(CHF 8,5 Mio.)* investiert hätten, um den Tibetern eine Freude zu bereiten. Eine solche Optik ist aber auch ungeachtet der erwähnten fachlichen Mängel und der wirklichen chinesischen Beweggründe völlig verzerrt. Auch aus rein finanzieller Sicht kann nämlich die Renovation des POTALA keineswegs als grosszügiges Geschenk der Besatzungsmacht interpretiert werden, denn die Chinesen haben ihr Nachbarland Tibet grenzenlos ausgebeutet und fahren mit diesem institutionalisierten, von der Weltöffentlichkeit stillschweigend tolerierten Raub unbeirrt fort. So haben sie zum Beispiel in Tibet Holz im Wert von bisher rund 60 Milliarden US-Dollars geschlagen und nach China gebracht, und bei den geraubten und später an ausländische Sammler und Museen *verkauften*

Kunstschätzen – ohne Berücksichtigung der *zerstörten* – beläuft sich der geschätzte Wert auf über 80 Milliarden US-Dollars.

Immense Gewinne in unbekannter Höhe erzielt Peking ausserdem durch Schürfung von Uran, Gold und anderen Metallen auf tibetischem Territorium und durch Erdölförderung in Nordosttibet *(AMDO)*. Wenn Tibet nicht zum rechtlosen Sklavenstaat gemacht worden wäre, dann benötigte es keinen einzigen chinesischen Yuan für den Unterhalt des POTALA oder anderer Bauten, sondern es könnte wie zuvor während Jahrhunderten alle erforderlichen Renovationen aus eigener Kraft, d.h. ohne ausländische Unterstützung durchführen. Sollte einmal das Gewissen der Welt erwachen und der Aggressor China – analog der Situation nach dem Zweiten Weltkrieg – zur Zahlung von Kriegsreparationen an Tibet verpflichtet werden, dann besteht kein Grund, von der Bruttorechnung den Aufwand für die so genannte Renovation des POTALA abzuziehen.

Das PANAM-Projekt und die EU

Ende 1994 rief das chinesische PANAM-Projekt bei Tibetern und Tibetfreunden erhebliche Verwirrung und Besorgnis hervor. Peking plant in der Region PANAM zwischen SHIGATSE und GYANTSE *(südwestlich von LHASA)* die Errichtung von zehn gigantischen Bewässerungssystemen sowie den Einsatz riesiger Mengen von Kunstdünger und Pestiziden, um dort den Anbau des von den Chinesen bevorzugten Weizens zu vervielfachen. Dadurch würde aber nach Ansicht von Experten die Region PANAM, eines der fruchtbarsten Gebiete Tibets, innert zehn Jahren zur Wüste! Seit Jahrtausenden wird in Tibet mit nachhaltigem Erfolg die anspruchslose und umweltschonende Hochgebirgsgerste angebaut, die vom Boden auch langfristig sehr gut vertragen wird und im brennstoffarmen Hochland aus dem weiteren Grund ökologisch sinnvoller ist, weil ihre Zubereitung weniger Energie braucht. Demgegenüber wurden mit dem von Peking verordneten Anbau von Winterweizen vor allem in den Sechzigerjahren ausgesprochen schlechte Erfahrungen gemacht *(siehe vorne "Hunger und Thamzings")*.

Ferner würde die Realisierung des PANAM-Projekts eine Flut von rund 300'000 weiteren chinesischen Siedlern ins Land bringen, welche die lokale tibetische Bevölkerung vollends marginalisierten. Diese Befürchtung ist wohl begründet. Rund ein Jahr vorher war nämlich ein UNO-Projekt im LHASA-Tal vorzeitig abgebrochen worden, weil das zur Verfügung gestellte Salärgeld vereinbarungswidrig dazu missbraucht worden war, um 130’000 Chinesen zur Migration nach Tibet zu bewegen. Die Tibeter opponieren deshalb dagegen, dass die EU die chinesische Kolonisation Tibets mitfinanziert, indem sie das in jeder Hinsicht verfehlte PANAM-Projekt mit einem Beitrag von mehr als 7,6 Millionen ECU *(CHF 11,4 Mio.)* unterstützt.

Ob und in welcher Form das PANAM-Projekt von China selbst und von der EU fortgeführt wird, erscheint zur Zeit ungewiss. Das Europäische Parlament erkannte in seiner Tibet-Resolution vom 18. Mai 1995 zutreffend, dass dieses Projekt der Ansiedlung weiterer Chinesen in Tibet dient "und somit dem Interesse des tibetischen Volkes zuwiderläuft". Ausserdem betonte das Europäische Parlament erneut das Recht der Tibeter auf Selbstbestimmung. Dann aber schickte die EU-Kommission ein dreiköpfiges Untersuchungsteam nach PANAM, das unverständlicherweise nur von einem chinesischsprachigen und von keinem tibetisch sprechenden Dolmetscher begleitet war. Unter dieser zynisch anmutenden Rahmenbedingung erstaunt es nicht, dass sich das Untersuchungsteam in seinem Bericht vom September 1995 geradezu euphorisch zu den Auswirkungen des PANAM-Projekts für die tibetische Bevölkerung äusserte, alle politischen und ökologischen Einwände ignorierte und gar behauptete, die lokale Bevölkerung warte auf dieses Projekt! Schon allein der Umstand, dass der exakte Reiseplan des Untersuchungsteams mit den chinesischen Behörden im voraus abgesprochen war und dieselben an Ort sämtliche Gesprächspartner "organisiert" hatten und kontrollierten, spricht gegen die Ernsthaftigkeit und Glaubwürdigkeit dieser EU-Untersuchung.

Selbst das Europäische Parlament kritisiert in seiner erwähnten Tibet-Resolution vom 18. Mai 1995, "dass die Kommission bei der Prüfung des PANAM-Projekts die Lokalbevölkerung ... nicht angemessen konsultiert hat", und zieht daraus den Schluss, Entwicklungshilfe müsse sich auf kleine, lokale Projekte richten. Letztlich geht es China doch nur darum, das besetzte Nachbarland Tibet mit westlicher Hilfe noch mehr auszubeuten. So bauen die Chinesen gegenwärtig in der Nähe von GORMO *(Nordostprovinz AMDO)* eine grosse Schwefelsäure-Fabrik, welche chemische und petrochemische Anlagen beliefern soll. Wie bisher werden jedoch die Tibeter weder Arbeitsplätze noch die hergestellten Endprodukte erhalten. *Christian Solidarity International* spricht von 62 wirtschaftlichen Grossprojekten, die als Vorwand dienen, um erneut Hunderttausende von Chinesen nach Tibet umzusiedeln *(CSI, S. 11)*.

Kredit für Imperialismus und Folter

Überhaupt stellt sich die Frage nach dem Sinn von Krediten und "Entwicklungshilfe" zu Gunsten einer Regierung, welche den Fiskus hauptsächlich dazu verwendet, eine riesige Armee mit mehreren Flugzeugträgern und ein paar hundert Kontinental- und Interkontinental- Atomraketen zu unterhalten, obwohl ringsum kein Aggressor in Sicht ist. Chinas alter Hegemonieanspruch in Asien ist ungebrochen *("Gross-China" beansprucht sogar die vor Malaysia und den Philippinen liegenden Spratly-Inseln; vgl. NZZ 02. 05. 97)*, was auch erklärt, warum die Chinesen das tibetische Hochland ausserhalb des Blickfeldes von Touristen zu einer atomwaffenstarrenden Festung mit zahlreichen Militärflughäfen ausgebaut haben. Nach Schätzungen westlicher Geheimdienste sind etwa 90 Atomsprengköpfe auf dem tibetischen Plateau stationiert.

China ist die einzige Grossmacht, die ihr Militärbudget Jahr für Jahr massiv aufstockt, und je mehr ausländisches Geld in irgendwelche Entwicklungsprojekte fliesst, desto mehr eigenes Geld steht China für seine gigantische Armee und seine – besonders in Tibet – krass überdimensionierten Polizeikräfte zur Verfügung. Dies dürfte aber kaum der Zweck internationaler Entwicklungshilfe sein. Noch stossender ist, dass laut der chinesischen Nachrichtenagentur Xinhua ausländische Firmen in den letzten fünf Jahren umgerechnet 137 Millionen Franken in chinesische Rüstungsfirmen investiert haben *(TA 03. 06. 96; vgl. zu diesem Thema auch "Who pays China's army?", The New York Times 05. 08. 94)*.

Um die Mitte der Neunzigerjahre erhielt China die grössten Kredite der Weltbank *(Der Monat, Zeitschrift des Schweizerischen Bankvereins, Nr. 12/1996, S. 37)*, und im April 1997 gab die Weltbank bekannt, sie werde China in den kommenden drei Jahren mit Krediten von insgesamt 10,5 Milliarden US-Dollars unterstützen. Anlässlich dieser Verkündigung verlor der für China zuständige Weltbank-Direktor Nicholas Hope in Peking den Boden unter den Füssen und schwärmte naiv, "die Volksrepublik diene weltweit als Modell für erfolgreiche Weltbank-Projekte" *(NZZ 15. 04. 97)*. Dabei verschwieg er geflissentlich, dass der chinesische Wirtschaftsaufschwung nicht allein auf den immensen Krediten, sondern massgeblich auch auf den in Tibet geraubten Kunst- und Bodenschätzen beruht *(siehe vorne "Renovation des POTALA?")* und zudem auf kriminelle Weise mit Blut und Tränen des tibetischen Volkes vermischt ist.

Helfen ist zwar Tradition und liegt unvermindert im Trend, auch wenn Hilfeempfänger wie China – das als ständiges Mitglied des UNO-Sicherheitsrates stets den Ton angeben aber in finanziellen Belangen nach wie vor als armes Entwicklungsland gelten will – bei jeder Gelegenheit ihre "kapitalistischen Sponsoren" desavouieren, doch unabhängig davon sollten sich die Spenderstaaten einmal überlegen, ob sie wirklich das chinesische Volk oder mittelbar vielmehr die chinesische Armee und damit auch die brutale Repression im illegal besetzten Nachbarland Tibet unterstützen *(siehe hinten "Die Macht des Geldes")*.

Unter ethischen Aspekten sollten Kreditgewährung und andere Entwicklungshilfe die Respektierung der Völker- und Menschenrechte bedingen, und das Europäische Parlament verlangt in seiner Tibet-Resolution vom 18. Mai 1995 ausdrücklich, "die Gewährung von Hilfe für China [sei] von der Achtung der grundlegenden Menschenrechte und Grundfreiheiten, vor allem in Tibet, abhängig zu machen". Dieses Postulat ist allerdings noch nicht in die Praxis umgesetzt worden. **Für die Regierungen in aller Welt enden die elementaren Menschenrechte der Tibeterinnen und Tibeter immer noch dort, wo der Handel mit China anfängt!** Im selben Sinn stellte die französische Zeitung *Le Monde* nüchtern fest, das wirtschaftliche Interesse des Westens an China habe vor der Menschenrechtsfrage in Tibet offenbar immer Vorrang *(Le Monde 30. 10. 96)*.

Auch der Tod der erst 15-jährigen tibetischen Nonne SHERAB NGAWANG vermochte die Welt nicht aufzurütteln. Anfangs 1992 war das damals 12-jährige Mädchen wegen Teilnahme an einer Demonstration für die Unabhängigkeit Tibets festgenommen und zu drei Jahren Gefängnis verurteilt worden. Ohne Rücksicht auf ihr Kindesalter wurde sie schwer geschlagen und gefoltert. Im Februar 1995 wurde SHERAB NGAWANG aus der Haft entlassen, und Mitte Mai 1995 starb sie an den im Gefängnis erlittenen inneren Verletzungen. Aber dieses individuelle Kapitalverbrechen der chinesischen Kolonialmacht fand wie auch der Holocaust an 1,2 Millionen Tibetern keine Beachtung in der "Realpolitik" der freien Welt, obschon das Europäische Parlament in seiner Tibet-Resolution vom 18. Mai 1995 auf andere Fälle hinwies, wo tibetische politische Gefangene – namentlich die 21-jährige Nonne GYALTSEN KELSANG – ebenfalls kurz nach ihrer Entlassung an den in der Haft erlittenen Misshandlungen gestorben waren.

Weltparlamentariertreffen in Litauen

Vom 26. - 28. Mai 1995 fand in der litauischen Hauptstadt Wilna das Zweite Weltparlamentariertreffen zu Tibet statt, an welchem 80 Personen aus 21 Ländern teilnahmen. **Diese Parlamentarier aus der ganzen Welt kamen in ihrer Resolution zum Schluss, dass Tibet heute nach internationalem Recht ein unabhängiger Staat unter illegaler Besetzung ist.** Die Volksrepublik China habe rechtlich keine Souveränität über Tibet gewonnen. Tibet sei 1949 ein unabhängiger Staat gewesen, als die "Volksbefreiungsarmee" in das Land einzumarschieren begann. Die Invasion und Besetzung Tibets seien illegal. Sodann verurteilte die Resolution die grobe Verletzung internationalen Rechts durch den massiven Bevölkerungstransfer von Chinesen nach Tibet und die Diskriminierung der Tibeter durch die chinesischen Behörden in der Ausbildung: Tibetischen Kindern fehlten angemessene Ausbildungseinrichtungen, und Tibeter, die ihre Muttersprache lernen wollten, würden ebenfalls diskriminiert.

Weiter verurteilten die Parlamentarier die schweren und systematischen Menschenrechtsverletzungen in Tibet und nannten als Beispiele willkürliche Haft und Folter bei politischen Vergehen, erzwungene Sterilisation und Abtreibung und das Verbot freier Religionsausübung. Zusammen mit der Zerstörung der reichen tibetischen Kultur sowie dem Bevölkerungstransfer gefährde dies die weitere Existenz des tibetischen Volkes und gleiche daher Völkermord. Schliesslich wurde China in der Resolution unmissverständlich aufgefordert, die Verletzung der Menschenrechte und der fundamentalen Freiheiten der Tibeter und insbesondere den Bevölkerungstransfer nach Tibet sofort zu stoppen.

In Kanada wurde am 15. Juni 1995 erstmals in der Geschichte des Landes eine Tibet-Resolution in beiden Häusern des kanadischen Parlaments angenommen. Mit derselben wird die kanadische Regierung aufgefordert, "die Unterstützung des tibetischen Volkes in seinem Kampf um die Wiedererlangung seiner Freiheit und um die Erhaltung seiner Kultur auszuweiten".

Entführung des Elften Panchen Lama

Bald nach dem Tod des Zehnten Panchen Lama im Januar 1989 *(siehe vorne "Giftattentat und blutige Massaker")* begann die Suche nach seiner Wiedergeburt. Die Regierungen Tibets *(in DHARAMSALA)* und Chinas waren bestrebt, die

Reinkarnation zuerst zu finden und somit die Person des neuen zweithöchsten Würdenträgers in Tibet bestimmen zu können. Am 14. Mai 1995 anerkannte der Dalai Lama in einer öffentlichen Erklärung den sechsjährigen Hirtensohn GEDHUN CHÖKYI NYIMA, der in einem Nomadengebiet in der Nähe von LHARI *(ca. 250 km ostnordöstlich von LHASA)* gefunden worden war, als Elften Panchen Lama. Dieser erhielt den Mönchsnamen TENZING GEDHUN YESHE TRINLEY PHUNTSOG PAL SANGPO.

Nur drei Wochen später, in der ersten Juniwoche 1995, entführten die Chinesen den jungen Panchen Lama samt seiner Familie und verschleppten ihn nach China *(CSI, S. 10; vermutlich nach Peking)*. Dagegen wurden am traditionellen Sitz des Panchen Lama, im Kloster TASHI LHUNPO in SHIGATSE, Proteste laut, weshalb die chinesische Polizei am 11. Juli 1995 das Kloster stürmte, 80 Tibeter – davon 60 Mönche – festnahm und diese den üblichen Folterverhören unterzog. Kurz darauf, d.h. am 13. Juli 1995, wurden alle Touristen und übrigen Ausländer aus dem Stadtzentrum von SHIGATSE weggewiesen, denn die Chinesen wünschen keine Augenzeugen ihrer brutalen Repression.

Bemerkenswert ist, dass CHADREL RINPOCHE, Abt des Klosters TASHI LHUNPO und Leiter der von China eingesetzten "offiziellen" Suchkommission, bisher als chinatreu galt, zumal er nebenamtlich ein höherer Funktionär war. Als aber diese Suchkommission im Mai 1995 die Wiedergeburt des Zehnten Panchen Lama entdeckte, informierte er nicht die chinesische Regierung, sondern den Dalai Lama. Offenbar war seine Loyalität zu Tibet wieder erwacht. Deshalb wurde CHADREL RINPOCHE am 17. Mai 1995 von den wütenden Chinesen verhaftet, und danach herrschte längere Zeit Ungewissheit über sein weiteres Schicksal. Im Mai 1997 wurde bekannt, er sei am 21. April 1997 vom "Volksgerichtshof" in SHIGATSE zu sechs Jahren Gefängnis verurteilt worden, weil er "insgeheim mit separatistischen Kräften im Ausland zusammengearbeitet habe, dadurch den ethnischen Zusammenhalt und die nationale Einheit Chinas gefährdet, der Stabilität und der Entwicklung Tibets geschadet und das Verbrechen der Spaltung des Vaterlandes sowie Staatsgeheimnisverrat" begangen habe *(NZZ 09. und 10./11. 05. 97)*. Nach letzten Meldungen ist CHADREL RINPOCHE in der südwestchinesischen Provinz Sichuan in einer Anstalt für politische Gefangene eingesperrt und wird dort unter besonders rigiden Bedingungen in einem Hochsicherheitstrakt in Einzelhaft gehalten *(NZZ 11. 09. 97)*.

Als Reaktion auf die skrupellose Kindesentführung durch die Volksrepublik China wurde das Europäische Parlament in Strassburg wieder aktiv und verabschiedete am 13. Juli 1995 mit überwältigender Mehrheit die Resolution zur Lage in Tibet und zum Verschwinden des sechs Jahre alten Panchen Lama. **Das Europäische Parlament konstatierte die Illegalität der Invasion und Besetzung Tibets durch China** und verurteilte den Versuch der chinesischen Behörden, insbesondere durch massenhafte Ansiedlung von Chinesen in Tibet, durch gewaltsame Sterilisation und Abtreibung, durch politische, religiöse und kulturelle Verfolgung sowie durch Sinisierung der Administration Tibets die tibetische Identität zu zerstören. Weiter forderte das Europäische Parlament von China die sofortige Freilassung und Rückkehr des Panchen Lama und seiner Familie, die Beendigung der Menschenrechtsverletzungen in Tibet durch die chinesische Regierung, die Beachtung der fundamentalen Völker- und Menschenrechte in Tibet sowie den Stopp des staatlich geförderten Transfers von Chinesen nach Tibet. Ausserdem beschloss das Europäische Parlament die Aufnahme dauernder Beziehungen zum tibetischen Exil-Parlament.

Originalzitate aus der Resolution:

→ "**...** throughout its history Tibet succeeded in maintaining a national, cultural and religious identity distinct from China until this began to be eroded following the Chinese invasion."

→ "**...** illegal nature of the invasion and occupation of Tibet by the People's Republic of China; whereas, before the invasion by China in 1950, Tibet was recognized de facto by many countries and whereas it is an occupied territory according to the principles laid down by international law and the resolutions of the United Nations."

Ernennung eines "chinesischen" Panchen Lama

Während Wochen blieb das Kloster TASHI LHUNPO von der chinesischen Armee umstellt, welche Ende Oktober 1995 die Klosterverwaltung "restrukturierte", indem sie die verhafteten Mönche durch Verräter, Kollaborateure, Opportunisten und Mitglieder der Kommunistischen Partei Chinas ersetzte. Schliesslich ernannte Peking am 29. November 1995 einen anderen Tibeter

Jungen, den Sohn einer Parteifunktionärin und eines Parteifunktionärs, zum Panchen Lama und masste sich damit an, besser als der Dalai Lama zu wissen, welches Kind die Reinkarnation des Zehnten Panchen Lama ist. Diese erneute Arroganz der atheistischen Kolonialmacht führte zu Demonstrationen in LHASA, SHIGATSE, CHAMDO, DHARAMSALA, Delhi und Zürich.

Die Absurdität des chinesischen Vorgehens ist schon allein daraus ersichtlich, dass die Besatzungsmacht den zweiten Jungen durch das Los bestimmte, obwohl es bei der Ermittlung des Panchen Lama *(wie auch des Dalai Lama und anderer Reinkarnationen)* gerade nicht um eine Wahl oder Auslosung, sondern darum geht, die betreffende Wiedergeburt zu finden, wobei zum Beispiel schriftliche Hinweise des Vorgängers, Visionen hoher Lamas und Tests der in Frage kommenden Kinder helfen. *Christian Solidarity International* kommentierte das Geschehen folgendermassen: "Mit der Wahl des Panchen Lama wollen die Chinesen die tibetische Religion von innen zerstören, die tibetischen Buddhisten spalten ..." *(CSI, S. 10)*.

Am 30. November 1995 gab ein Sprecher des chinesischen Aussenministeriums anlässlich einer Pressekonferenz in Peking den hartnäckig nach dem Aufenthaltsort des wirklichen Elften Panchen Lamas fragenden Journalisten eine nichtssagende Antwort, mit welcher er die Entführung des Jungen und seiner Familie durch die chinesische Regierung wenigstens nicht abstritt. Selbentags verabschiedete der Senat Australiens eine Resolution, in welcher GEDHUN CHÖKYI NYIMA als "einziger rechtmässiger Panchen Lama" bezeichnet und China aufgefordert wird, "die Wünsche des tibetischen Volkes zu respektieren und den vom Dalai Lama anerkannten Panchen Lama zu unterstützen". Später sprachen 209 französische Parlamentarier offen vom einem "Kidnapping durch einen Mitgliedstaat der UNO" *(Le Monde 11. 04. 96; siehe hinten "Für Tibet zu kämpfen ...")*. GEDHUN CHÖKYI NYIMA ist vermutlich der jüngste politische Gefangene der Welt.

Der "chinesische" Elfte Panchen Lama wurde von den Chinesen am 8. Dezember 1995 im Kloster TASHI LHUNPO offiziell in sein Amt eingesetzt. Dabei war die von den Kolonialherren veranstaltete Zeremonie ein Spiegelbild der gesamten Situation in Tibet, denn Hauptakteure waren weder Tibeter noch Geistliche, sondern 500 bewaffnete Soldaten der so genannten "Volksbefreiungsarmee".

Das Europäische Parlament verurteilte in seiner Resolution vom 14. Dezember 1995 die Unterdrückung des Buddhismus in Tibet durch die chinesischen Behörden, verlangte von der Regierung Chinas eine Verpflichtung, dass sie auf GEDHUN CHÖKYI NYIMA und seine Familie keinerlei Druck oder Einschüchterung ausübe, und forderte schliesslich "starken diplomatischen oder anderweitigen Druck auf die chinesischen Behörden, **...** damit sie ihre unannehmbaren Machenschaften gegen das tibetische Volk einstellen".

Anfangs Januar 1996 wurde der "chinesische" Panchen Lama heimlich von TASHI LHUNPO nach Peking deportiert, dort am 12. Januar 1996 vom chinesischen Parteichef und Staatspräsidenten Jiang Zemin pompös empfangen und in der Folge von politischen Funktionären ideologisch "geschult". Unklar ist, warum er am 31. Mai 1996 ein zweites Mal im Kloster TASHI LHUNPO inthronisiert wurde. Dieses Mal nahmen laut Berichten der staatlichen Medien in Peking etwa 700 tibetische Mönche an der Zeremonie teil, und entsprechende Pressemeldungen gingen um die ganze Welt. Denselben Zeitungsberichten war auch zu entnehmen, der chinesische UNO-Botschafter in Genf, Wu Jiamin, habe erstmals zugegeben, dass die chinesischen Behörden den wirklichen Elften Panchen Lama festhalten *(NZZ, TA 03. 06. 96)*. Ob GEDHUN CHÖKYI NYIMA und seine Familie überhaupt noch leben, weiss man zur Zeit allerdings nicht.

Weltfrauenkonferenz in Peking

Vom 4. - 15. September 1995 fand in Peking die Vierte UNO-Weltfrauenkonferenz statt. Deren Sekretariat hatte vorgängig empfohlen, es seien keine tibetischen oder tibetnahen Organisationen zur Konferenz zuzulassen. Ebenso wehrte sich das Sekretariat gegen die Akkreditierung tibetischer Organisationen für die Parallel-Veranstaltung der Nichtregierungsorganisationen *(NGO's)*. Dieser unverhohlene Versuch vollständiger Verhinderung der Konferenzteilnahme von Exil-Tibeterinnen durch ein Sekretariat der UNO ist ein Skandal! Auf den energischen Protest des offiziellen Vorbereitungsgremiums *(EU, Australien, Kanada, USA, Schweiz, Sudan, Tunesien und Algerien)* hin "wollte" zwar das UNO-Sekretariat wenigstens drei tibetische beziehungsweise tibetfreundliche NGO's zulassen, doch scheiterte deren Konferenzteilnahme am Widerstand Chinas und an der China-Servilität des über die Zulassung entscheidenden ECOSOC *(Economic and Social Council, Wirtschafts- und Sozialrat der UNO)*, welcher am 29. Juni 1995 das endgültige "Nein" sprach. **So verhinderte die**

chinesische Besatzungsmacht, dass sie in Peking ihrer auf vielfache Weise gegen die Tibeterinnen gerichteten Verbrechen angeklagt werden konnte. Ausserdem wurden die Dolmetscher bei der Weltfrauenkonferenz strikte angewiesen, nichts zu übersetzen, was auf Tibet Bezug nahm *(The Observer, London, 27. 08. 95)*, und schliesslich manipulierte China die Aussagen zu Tibet, indem es seinerseits 500 ideologisch indoktrinierte und unter Druck gesetzte Tibeterinnen aus der "ART" an die Konferenz aufbot, welche insbesondere die Aufgabe hatten, rund um die Veranstaltung den Medien "die offizielle Situation" in Tibet darzulegen.

Ganz überraschend erhielten dann im letzten Moment neun Exil-Tibeterinnen *(aus den USA, Kanada, Australien und Norwegen)* eine Akkreditierung, allerdings bloss für die NGO-Veranstaltung, welche in den 50 Kilometer von Peking entfernten Vorort Huairou verbannt worden war. Diese Tibeterinnen wurden pausenlos von chinesischen Funktionären verfolgt, bespitzelt, gefilmt und belästigt. Als "Ausstellungsraum" wurde ihnen ein kleines Kiosk-Zelt zugewiesen, das völlig abseits lag und den Regen hereinliess! Chinesinnen und kollaborierende "ART"-Tibeterinnen erzwangen den Abbruch eines Workshops, indem sie den Raum zu drei Vierteln ausfüllten und durch unablässiges Schimpfen und Schreien jede Diskussion verunmöglichten. Die Chinesen hatten sogar die unglaubliche Frechheit, mit Brachialgewalt einen Videofilm der Tibeterinnen zu konfiszieren, der ihnen jedoch mit Unterstützung vieler mutiger Frauen aus anderen Ländern wieder abgenommen wurde. Auch einer Kanadierin vom International Committee of Lawyers for Tibet versuchten chinesische Polizisten Dokumente zu entreissen. Trotz aller Behinderungen und Schikanen gelang es den neun Exil-Tibeterinnen am 1. September 1995 *(die NGO-Veranstaltung begann schon Ende August)*, mit einer viertelstündigen Schweigekundgebung die Aufmerksamkeit der Journalisten auf das Tibet-Problem zu lenken.

Wichtigstes Ergebnis der Vierten UNO-Weltfrauenkonferenz war das Bekenntnis, dass die freie Entscheidung über Sexualität und Fortpflanzung ein Menschenrecht der Frauen ist. Dazu heisst es in dem "Aktionsplattform" genannten Schlussdokument, jede Frau solle "frei von Zwang, Diskriminierung und Gewalt" entscheiden dürfen, ob, wann und wieviele Kinder sie bekommen wolle. – Ob die chinesische Regierung und die skrupellosen Abtreibungs- und Sterilisationsteams in Tibet, welche ihre verbrecherische Arbeit oft unter gewalttätiger Mitwirkung der "Volksbefreiungsarmee" verrichten, diese "Aktionsplattform" wohl je einmal lesen und verstehen werden? Im übrigen sind die institutionalisierten Dauerverbrechen der chinesischen Besatzungsmacht, die sich mit dem Ziel der Auslöschung des tibetischen Volkes spezifisch gegen die Tibeterinnen und ihre ungeborenen oder neugeborenen Kinder richten, nach rechtlichen Gesichtspunkten analog der Vergewaltigung im Krieg als Kriegsverbrechen und Verbrechen gegen die Menschlichkeit zu qualifizieren und zu bestrafen.

Und was war die Rolle der Schweiz bei der Weltfrauenkonferenz? Bundesrätin Ruth Dreifuss ignorierte die mehrfachen Bitten der hier lebenden tibetischen Frauen und weigerte sich hartnäckig, auch nur eine einzige Tibeterin *(mit Schweizer Pass)* in die offizielle Schweizer Delegation aufzunehmen. Via das Eidgenössische Büro für die Gleichstellung von Frau und Mann liess sie die Tibeterinnen wissen: "**...** Trotzdem wurde nach eingehender Prüfung entschieden, dass in Anbetracht wichtiger aussenpolitischer Gründe keine Vertreterin aus Tibet in der offiziellen schweizerischen Delegation an der Weltfrauenkonferenz in Peking teilnehmen wird." In Peking selbst sprach Dreifuss kein Wort über Tibet oder die Tibeterinnen, denn das hätte die Wirtschaftsbeziehungen mit China beeinträchtigen können *(der Schweizerische Bankverein erwartet bis Ende des Jahrtausends eine Verdreifachung der schweizerischen Direktinvestitionen in China; Der Monat Nr. 12 / 1996, S. 38)*.

Amerika engagiert sich

Jesse Helms, Vorsitzender des Auswärtigen Ausschusses des US-Senats, erklärte am 7. September 1995, also während der Weltfrauenkonferenz in Peking, die Besetzung Tibets durch China sei inakzeptabel, und die amerikanische Regierung solle die Tibeter unterstützen. Tags darauf, am 8. September 1995, verabschiedete der US-Senat die Resolution 169 zu Tibet und stellte darin insbesondere folgendes fest:

→ **"Tibet wies früher diejenigen Merkmale auf, welche nach Völkerrecht die Staatseigenschaft begründen, nämlich ein abgegrenztes Territorium, eine ständige Bevölkerung und eine Regierung, welche nach innen die Kontrolle ausübte und nach aussen formelle Beziehungen zu anderen Staaten unterhielt."**

→ "1949 drang die Volksrepublik China gewaltsam in Tibet ein und besetzte es."

→ "Nach den Grundsätzen des Völkerrechts ist Tibet ein besetztes Land, dessen wahre Vertreter nach wie vor Seine Heiligkeit der Dalai Lama und die tibetische Exil-Regierung sind, was der Kongress bei mehreren Gelegenheiten festgestellt hat."

→ "Die Tibeter haben das Recht auf Selbstbestimmung gemäss UNO-Resolution 1723 (XVI) von 1961."

→ "Dieses Recht wird aber den Tibetern vorenthalten, und die Repression der chinesischen Regierung hat zum Tod zahlloser Tibeter, zur Zerstörung von mehr als 6'000 Tempeln und Klöstern sowie zur Flucht des Dalai Lama und über 100'000 Tibetern aus ihrem Heimatland geführt. Andauernd und erwiesenermassen verletzen die Chinesen die Menschenrechte der Tibeter einschliesslich zahlreicher in der UNO-Menschenrechtserklärung statuierter Rechte, und Tausende von Chinesen werden in Tibet angesiedelt, um die Tibeter im eigenen Land zur Minderheit zu machen."

→ "Der Senat ... fordert Seine Heiligkeit den Dalai Lama auf, das tibetische Volk daran zu erinnern, dass bei seinem Kampf um Erhaltung seiner Kultur und Wiedererlangung seiner Freiheit der Kongress und das amerikanische Volk zu ihm stehen."

Fünf Tage später, am 13. September 1995, wurde der Dalai Lama in Washington D. C. im Weissen Haus offiziell von Vizepräsident Al Gore empfangen, und ausser Protokoll kam dann wie in den zwei Vorjahren Präsident Bill Clinton dazu. Schon am nächsten Tag – es war nicht anders zu erwarten – kritisierte China das Treffen der beiden Staatsoberhäupter als "grobe Einmischung in die *inneren* Angelegenheiten Chinas", obwohl die illegale Besetzung des Nachbarlandes Tibet offensichtlich eine *äussere* Angelegenheit Chinas ist.

Damit war das amerikanische Engagement für Tibet im Jahr 1995 noch nicht zu Ende. Am 13. Dezember 1995 verabschiedeten Senat und Repräsentantenhaus der Vereinigten Staaten die gemeinsame Resolution 43 mit folgendem Inhalt:

→ "Die Anerkennung des Nachfolgers des Panchen Lama in Tibet lag immer in der Kompetenz des Dalai Lama."

→ "GEDHUN CHÖKYI NYIMA und seine Familie werden seit sechs Monaten vermisst und offenbar von Regierungsbehörden der Volksrepublik China festgehalten."

→ "Wiederholt haben chinesische Amtspersonen behauptet, die Autonome Region Tibet sei ermächtigt, ihre kulturellen und religiösen Angelegenheiten selber zu regeln, und die Einmischung chinesischer Regierungsbehörden in die Bestimmung des nächsten Panchen Lama ist eine klare Verletzung dieses Prinzips."

→ "Es ist wichtig, weiterhin internationalen Druck auf die Regierung der Volksrepublik China auszuüben, damit sie die international anerkannten Menschenrechte respektiert."

→ "Die Regierung der Vereinigten Staaten soll ... darauf hinarbeiten, dass die Sicherheit des neuen, vom Dalai Lama bestimmten Panchen Lama gewährleistet wird."

Wann wird China zur Rechenschaft gezogen ?

Seit Verabschiedung der dritten Tibet-Resolution vom 18. Dezember 1965 *(siehe vorne "Exodus aus Tibet – Reaktion der Welt")* hat die UNO eine langjährige Tradition entwickelt, die räuberische Besetzung Tibets durch die chinesische "Volksbefreiungsarmee" wenn immer möglich zu ignorieren oder – wenn sie sich zu einer Stellungnahme gezwungen sieht – zu bagatellisieren und auf den politisch einfacheren Aspekt der Menschenrechte zu reduzieren, wobei aber nicht einmal der Schutz dieser völkerrechtlich garantierten, universal gültigen Minimalrechte Gegenstand ernsthafter Bemühungen bildet. Es ist unbegreiflich, dass die UNO ihre personellen und finanziellen Mittel zum Beispiel mit einer offiziellen Intervention bei den Schweizer Behörden wegen der geplanten *(inzwischen verworfenen)* Wiedereinführung von Schulgeld an den Zürcher Mittelschulen verschwendete *(NZZ 19. 03. 97)*, statt endlich bei den Herren in Peking vorstellig zu werden und mit allem Nachdruck den bedingungslosen Abzug aus dem illegal besetzten Nachbarland Tibet zu verlangen, was angesichts des ernsthaft bedrohten Überlebens des tibetischen Volkes wesentlich dringender ist.

Am 7. Mai 1996 begann in Den Haag der bereits als "historisch" bezeichnete erste UNO-Kriegsverbrecherprozess seit dem Ende des Zweiten Weltkriegs. Auf der Anklagebank sass ein Mann aus dem ehemaligen Jugoslawien, wo offenbar keine grossen wirtschaftlichen Interessen der übrigen Welt im Spiel sind. Am 29. November 1996 fällte das Haager Tribunal sein erstes Urteil, das einen anderen Jugoslawen betraf. Zwei Monate vorher, am 26. September 1996, hatte in Arusha *(Tansania)* der erste UNO-Prozess gegen Ruander wegen vermuteter Beteiligung am Genozid vom Frühling 1994 in Ruanda begonnen.

Am Abend des 15. April 1997 entging China zum siebten Mal nacheinander einer Verurteilung durch die UNO-Menschenrechtskommission in Genf. Der Resolutionsentwurf, mit welchem Dänemark trotz massiver Drohungen aus Peking die Freilassung der politischen Gefangenen, die Gewährung der Religionsfreiheit und die Respektierung der kulturellen Identität Tibets forderte, gelangte nämlich auf den Nichteintretensantrag Chinas hin gar nicht erst zur Abstimmung. Anders als in den Vorjahren beruhte das jüngste Debakel nicht mehr allein auf den Stimmen der wirtschaftlich erpressten Staaten aus der Dritten Welt, sondern ebenso auf dem Umstand, dass es Peking rechtzeitig gelungen war, Europa in zwei Lager zu spalten. Angeführt wurden diese Lager von Dänemark, das mutig gegen die chinesischen Menschenverächter kämpfte, und von Frankreich, das zugunsten eines prosperierenden Chinahandels die völkerrechtlich anerkannten Menschenrechte der Tibeter wie auch der Chinesen praktisch leugnete. Peking triumphierte unverhohlen und feierte den "Genfer Sieg" *(NZZ 17. 04. 97)*. Während die *Neue Zürcher Zeitung* im Vorfeld jener UNO-Session moderat von "neuen Prioritäten Frankreichs im Umgang mit den Chinesen" gesprochen und auf den geplanten Verkauf von 75 Airbus-Flugzeugen an China sowie auf vorgesehene Waffengeschäfte von drei Milliarden US-Dollars hingewiesen hatte *(NZZ 10. 04. 97)*, kommentierte *Die Weltwoche* das Debakel von Genf dezidierter: "Deutsche und Franzosen, die sich sonst so gerne als Leithammel der Europäischen Union sehen, üben sich in Feigheit ... Sie exportieren lieber Airbusse als Freiheitsideale. Das ist einträglicher. Zumindest auf kurze Sicht" *(Die Weltwoche 17. 04. 97)*.

Im selben Sinn konstatiert die amerikanische Rechtsanwältin Eva Herzer, dass die Länder der Welt bis jetzt nicht bereit sind, "gemeinsam auf rechtsstaatlichen Grundsätzen zu bestehen. Im Gegenteil, sobald eine Nation an China appelliert, das Völkerrecht zu respektieren, ergreifen andere diese

Gelegenheit, um schnell ihre Geschäfte mit Peking unter Dach und Fach zu bringen" *(TIBET-Forum Nr. 1/97)*.

Während deutsche Kriegsverbrecher bis heute, mehr als 50 Jahre nach dem Ende des Zweiten Weltkriegs, noch verfolgt und bestraft werden, bleiben die zeitgenössischen chinesischen Kriegsverbrecher, welche im okkupierten Nachbarland Tibet den Holocaust am tibetischen Volk fortführen, immer noch unangetastet. Im Fall der kürzlichen Verurteilungen wegen Geiselerschiessungen in den Ardeatinischen Gräben hatte das Militärstrafgericht in Rom seine Verantwortung wahrgenommen *(NZZ 23. 07. 97)*, doch für den anhaltenden Genozid und Ethnozid in Tibet scheint sich niemand ernsthaft zu interessieren. Auch die UNO brachte es bis jetzt nicht zustande, China für die krass völkerrechtswidrige Besetzung Tibets, die Betreibung von 2'000 Zwangsarbeitslagern und die übrigen systemimmanenten Menschenrechtsverletzungen zu verurteilen. **Sicher hat die UNO zum Beispiel mitgeholfen, den blutigen Konflikt in Jugoslawien zu beenden, aber wo bleiben Recht und Gerechtigkeit, wenn dieselbe UNO aus wirtschaftspolitischen Gründen noch kein Tribunal für die bald 50 Jahre dauernden chinesischen Kriegsverbrechen im besetzten Tibet geschaffen hat und auch sonst nichts unternimmt, um das einzigartige Volk der Tibeter vor der endgültigen Auslöschung durch die chinesischen Besatzer zu bewahren!**

Tibet und die Schweiz

Auch die Schweiz verkennt offenbar die spezielle völkerrechtliche Dimension des Tibet-Problems. In seinem Brief an Edgar M. Bronfman, den Präsidenten des World Jewish Congress, betonte Bundesrat Jean-Pascal Delamuraz, sein Land fühle sich der Wahrheit und der Gerechtigkeit tief verpflichtet *("truth and justice, to which my country has a profound commitment", NZZ 16. 01. 97)*. Betreffend Tibet scheint dies jedoch nicht zu gelten, denn die Schweiz hält bis jetzt offiziell am Irrtum fest, Tibet sei völkerrechtlich ein Teil von China, obwohl namhafte Völkerrechtsexperten wie Dr. Michael C. van Walt van Praag und Professor Stephan Breitenmoser nachgewiesen haben, dass die illegale Besetzung Tibets durch China zwar eine militärische, aber keine rechtliche Tatsache ist *(siehe vorne "Im indischen Exil" und hinten "Überblick" sowie "Gerechtigkeit für Tibet!")*, und obwohl die Schweiz – was dokumentarisch belegt ist – am 22. Oktober 1948, also noch vor der chinesischen Invasion, den Staat

Tibet eindeutig anerkannt hat *(siehe vorne "Die letzten drei Jahre" und hinten "Bis zur Invasion")*.

Bezüglich anderer Länder besinnt sich die Schweiz durchaus auf Völkerrecht. Am 21. Dezember 1995 verabschiedeten National- und Ständerat einen auf acht Jahre befristeten dringlichen Bundesbeschluss über die autonome Anwendung der Resolutionen 827 und 955 des UNO-Sicherheitsrates, womit sich die Schweiz völkerrechtlich verpflichtete, Tatverdächtige an die internationalen Gerichtshöfe für in Ruanda und Ex-Jugoslawien begangene Kriegsverbrechen auszuliefern. Im Februar 1995, also schon vor diesem Bundesbeschluss, und im August 1996 wurden in der Schweiz zwei mutmassliche ruandische Kriegsverbrecher verhaftet, und am 14. April 1997 begann in Lausanne der erste Kriegsverbrecherprozess in der Schweiz gegen einen Mann aus dem ehemaligen Jugoslawien, welcher am 18. April 1997 mangels Beweisen mit einem Freispruch endete.

Umgekehrt haben in den vergangenen Jahren hochrangige chinesische Politiker, die am fortwährenden Holocaust in Tibet mitschuldig sind, der Schweiz offizielle Besuche abgestattet, wurden hier mit allen Ehren empfangen und konnten unser neutrales Land freien Fusses wieder verlassen, obwohl die Schweizer Militärgerichte berechtigt sind, irgendwo auf der Welt durch Personen jeglicher Nationalität begangene Verbrechen gegen die Menschheit zu beurteilen. Vermutlich nennt man das Realpolitik.

Ohne Medienresonanz blieb der einwöchige offizielle, aber anscheinend sehr diskrete Besuch des schweizerischen Generalstabschefs Arthur Liener bei der chinesischen "Volksbefreiungsarmee" im April 1997 *(ein kurzer Hinweis fand sich in der NZZ 04. 04. 97)*. Dennoch weckt dieser unverständliche und brüskierende Staatsakt bittere Erinnerungen an die magistrale Entgleisung vom 19. August 1991, als der damalige Aussenminister René Felber dem Dalai Lama anlässlich dessen Besuchs in der Schweiz ins Gesicht sagte, der Bundesrat betrachte Tibet als Teil von China. Von der illegalen Besetzung Tibets durch die Chinesen wusste Felber offiziell nichts, und auch seine angebliche "Sorge über die prekäre Menschenrechtslage in Tibet" *(BZ 20. 08. 91)* half keinem einzigen Tibeter *(siehe vorne "Long live the Tibetan nation!")*.

Mit dieser beschämenden Zwischenbilanz ist das Kapitel "Tibet und die Schweiz" allerdings nicht abgeschlossen. Die Schweiz sollte im August 1997 eine

Chance erhalten, die sie besser genutzt hat *(siehe hinten "Endlich dringt die Wahrheit durch")*.

Im übrigen debattiert der Westen mehr denn je über Rassismus und Antirassismus, aber das vom Untergang bedrohte tibetische Volk wartet immer noch auf den ersten Prozess gegen Exponenten der chinesischen Besatzungsmacht, welche die andauernde Folterung, Vergewaltigung und Ermordung von Tibeterinnen und Tibetern einschliesslich Kindern letztlich zu verantworten haben.

Der schlimmste Winter

Der Winter 1995/96 in Osttibet gilt als schlimmster Winter seit 100 Jahren oder sogar als härtester Winter seit Menschengedenken. Nachdem der Sommer 1995 sehr trocken und das natürliche Futterangebot entsprechend knapp gewesen war, sanken die Temperaturen im November bis auf minus 47 Grad, und wochenlange heftige Schneestürme setzten ein. Dabei fielen grosse Mengen Schnee, der die Weidegebiete weitflächig zudeckte und die Futtersuche der Tiere zum Überlebenskampf machte. Betroffen war ein – im Vergleich zum ganzen Land – eher kleines Territorium innerhalb der Provinzen AMDO und KHAM, wo hauptsächlich tibetische Nomaden leben und ihr Auskommen mit traditioneller Viehzucht finden. Um ihre Tiere vor dem Hungertod zu retten, verfütterten ihnen die Nomaden ihre Gerstenvorräte, doch vermochten sie damit die Katastrophe nicht abzuwenden. Schätzungsweise verhungerten und erfroren rund 1,5 Millionen Yaks, Pferde, Ziegen und Schafe. Etwa 30'000 Menschen litten an teilweise schweren Erfrierungen, Schneeblindheit, Atemwegerkrankungen und Darminfektionen. Mehr als 50 Menschen starben, und über 50'000 Nomadenfamilien verloren ihre Existenzgrundlage.

Die Medien sprachen in diesem Zusammenhang vielfach von einer "Schneekatastrophe" oder "Naturkatastrophe". Indessen ist zu beachten, dass Kälte und Schnee für Tibet nichts Neues sind und normalerweise nicht derart gravierende Auswirkungen haben. Jedenfalls ist eine Katastrophe solchen Ausmasses in der ganzen Geschichte Tibets nicht bekannt. Der Agraringenieur Philippe de Vestele von der internationalen Hilfsorganisation "Médecins sans Frontières" stellte deshalb zutreffend fest, dass die Katastrophe in Osttibet vom Winter 1995/96 unter anderem eine Folge der Übernutzung des Weidelandes ist.

Diese Übernutzung haben allerdings nicht die tibetischen Nomaden, sondern die chinesischen Besatzer zu verantworten, welche in ihrer kurzsichtigen Profitgier während Jahrzehnten höhere Viehbestände verlangten als die lokale Umwelt verträgt.

Ob die Chinesen aus dieser Katastrophe etwas gelernt haben, bleibt abzuwarten. Gemäss ihrem 5-Jahre-Ökonomieplan für 1996 - 2000 wollen sie nämlich die Fleischproduktion in der "Autonomen Region Tibet" *("ART")* vom Jahr 1983 bis zum Jahr 2000 verdoppeln. Zwar liegt das Katastrophengebiet nicht in der "ART", sondern im östlichen Teil Tibets, doch sind die natürlichen Rahmenbedingungen *(Topographie, Klima, Vegetation)* in der "ART" im Durchschnitt noch härter, so dass dort eine Produktionssteigerung nach dem antiken Schema der längst gescheiterten Planwirtschaft noch viel weniger angezeigt ist. Die Chinesen sollten deshalb ihren 5-Jahre-Ökonomieplan unverzüglich und grundlegend revidieren oder am besten vergessen, da sie von Rechts wegen in Tibet ohnehin nichts zu suchen und zu sagen haben.

Für Tibet zu kämpfen ...

In Brüssel fand am 10. März 1996 zum 37. Jahrestag des grossen Volksaufstandes in LHASA eine Manifestation in noch nie dagewesenem Ausmass statt. Bei strahlendem Sonnenschein trafen sich rund 5'000 Menschen aus 23 Ländern Europas zu einer unvergesslichen Solidaritätskundgebung zu Gunsten des von China, einer der letzten Kolonialmächte unseres Planeten, nach wie vor grausam unterdrückten tibetischen Volkes. Menschen jeden Alters und aller politischen Parteien vereinten sich in ihrer Entschlossenheit, gegen das schreckliche Unrecht in Tibet und das diesbezügliche Schweigen der offiziellen Welt zu demonstrieren. Zum selben Zweck hatten an jenem Tag mehr als 600 europäische Gemeinden an ihren Rathäusern die tibetische Nationalflagge mit den zwei Schneelöwen gehisst! Neben Brüssel als Gastgeber waren dies unter anderem die Städte Hannover, Stuttgart, Strassburg, Rom, Prag, Krakau, Budapest, Sarajevo und Liverpool, und in der Schweiz die Gemeinde Horgen.

Manche Stadtoberhäupter bekundeten ihre Solidarität mit Tibet auch in Briefen an die Veranstalter oder kamen persönlich an die Informationsstände. So schrieb Dr. Kupusovic, Bürgermeister von Sarajevo, unter Hinweis auf die Situation seines eigenen, von Genozid und "ethnischer Säuberung" bedrohten

Volkes: "Daher, meine Freunde, sind wir in der Lage, Sie voll und ganz zu verstehen. **Wir unterstützen Sie rückhaltlos in Ihrem Kampf um die Rückkehr der wahren, vom tibetischen Volk anerkannten Repräsentanten Tibets, des Dalai Lama und der tibetischen Exil-Regierung. Wir unterstützen die Tibeter in ihrem Freiheitskampf ...**" *(TIBET-Forum Nr. 1/96)*.

Eine derartige europaweite Aktion gab es bisher noch nie! Vorgängig hatten zwar die Chinesen mit ihren üblichen Drohungen versucht, auf die verantwortlichen Politiker der Städte und Gemeinden Einfluss zu nehmen, doch gelang ihnen dies nur in wenigen Fällen. Professor Samdhong Rinpoche, Präsident des tibetischen Exil-Parlaments in DHARAMSALA, erinnerte bei der Manifestation an die völkerrechtswidrige Besetzung Tibets durch die Volksrepublik China und brachte mit bewegenden Worten den Dank der Tibeter für die überwältigenden Solidaritätsbeweise der Europäer zum Ausdruck. Er hielt auch fest, die Unterstützung Tibets sei ein Einsatz für Gerechtigkeit, moralische Werte und menschliche Würde, woraus sich kein materieller Gewinn erzielen lasse. Im gleichen Sinn äusserten sich mehrere Vertreter tibetischer Gemeinden in Europa.

Am 9. April 1996, kurz vor Ankunft des chinesischen Ministerpräsidenten Li Peng in Paris, veröffentlichten 209 französische Parlamentarier einen "Appell für Tibet". Darin fordern sie die Entkolonisierung des seit der Invasion von 1950 durch die chinesische "Volksbefreiungsarmee" besetzten Tibets und anerkennen den Dalai Lama, die tibetische Exil-Regierung und das tibetische Exil-Parlament als wahre Repräsentanten des tibetischen Volkes. Zudem verlangen sie, dass besagten Repräsentanten bei der Vollversammlung der UNO Beobachterstatus eingeräumt wird *(Le Monde 11. 04. 96)*.

Ebenfalls im April 1996 lancierte Peking die *Kampagne "hart zuschlagen"*. Dieser Name war wörtlich gemeint, denn die brutale Kampagne führte zu vermehrten willkürlichen Verhaftungen, Folterungen und Verurteilungen in Tibet.

Vom 14. - 17. Juni 1996 fand in Bonn die Zweite Internationale Konferenz der Tibet-Unterstützungsgruppen mit über 260 Personen aus 56 Ländern statt. Zu den Teilnehmern gehörten auch Vertreter der tibetischen Exil-Regierung und namentlich der Dalai Lama, welcher an die chinesische Regierung appellierte, in Verhandlungen über eine friedliche Lösung des Tibet-Konflikts einzutreten.

Nach dem selbstgewählten, aber unausgesprochenen Motto "kleines Land – grosser Mut" engagiert sich das Fürstentum Liechtenstein für Tibet. Im Vorfeld der Konferenz in Bonn hatte die "Tibet Unterstützung Liechtenstein" bei ihrer Landesregierung eine Petition betreffend Tibet eingereicht. Als die chinesische Botschaft in Bern und das chinesische Generalkonsulat in Zürich davon erfuhren, protestierten sie umgehend und versuchten vehement, einzelne Politiker und die Presse zur Ablehnung der Petition zu bewegen. Dieses Ansinnen misslang gründlich. Der Liechtensteinische Landtag *(Parlament)* widerstand allen chinesischen Druckversuchen, nahm die Petition an und verabschiedete am 19. Juni 1996 bei zwei Enthaltungen praktisch einstimmig eine Resolution, mit welcher der Generalsekretär der Vereinten Nationen aufgefordert wird, den Dalai Lama zu einem Gespräch zu empfangen, das unter anderem direkte Verhandlungen zwischen der tibetischen Exil-Regierung und China in Gang bringen soll.

Im Anschluss an die erwähnte Konferenz in Bonn verabschiedete der Deutsche Bundestag am 20. Juni 1996 fast einstimmig eine von allen Fraktionen genehmigte Tibet-Resolution. Diese kritisiert die bis heute andauernde "gewaltsame Unterdrückung Tibets und seines Strebens nach politischer, ethnischer, kultureller und religiöser Selbstbestimmung ... Die fortgesetzte Repressionspolitik Chinas in Tibet hat schwere Menschenrechtsverletzungen, Umweltzerstörungen ... und letztlich die Sinisierung Tibets zur Folge". Explizit verurteilt werden auch die Zuwanderung und Ansiedlung von Chinesen in grosser Zahl sowie die spezifisch gegen das tibetische Volk gerichtete chinesische Politik der Zwangssterilisation von Frauen und der Zwangsabtreibung. Schliesslich fordert der Deutsche Bundestag in seiner Resolution die Bundesregierung auf, sich verstärkt dafür einzusetzen, dass China die weltweit anerkannten Menschenrechte achtet und die Menschenrechtsverletzungen gegen die Tibeter beendet, dass die chinesischen Behörden den Panchen Lama und seine Familie sofort freilassen und heimkehren lassen, dass alle politischen Gefangenen in Tibet freigelassen werden, dass den Umweltzerstörungen in Tibet Einhalt geboten wird, und dass die Volksrepublik China auf einen konstruktiven Dialog mit dem Dalai Lama und der tibetischen Exil-Regierung eintritt.

... braucht Mut zur Wahrheit

Genau eine Woche nach Verabschiedung der deutschen Tibet-Resolution profilierte sich einmal mehr das belgische Parlament durch seinen Mut zur

Wahrheit, woran sich die Regierungen der meisten Länder ein Beispiel nehmen könnten. Von grosser Bedeutung ist insbesondere die korrekte Feststellung, welche Gebiete und tibetischen Bevölkerungsteile zu Tibet gehören, denn bei diesen elementaren Vorfragen fangen bei Behörden und Medien in aller Regel die ersten Unklarheiten und Irrtümer an. In ihrer Resolution vom 27. Juni 1996 zieht die belgische Repräsentantenkammer in Erwägung, dass **...**

→ **Tibet aus den drei Provinzen Ü-TSANG, KHAM und AMDO besteht.**

→ Tibet vor der chinesischen Invasion von 1949 de facto von zahlreichen Staaten anerkannt war und nach den Grundsätzen des Völkerrechts sowie der Resolutionen der Vereinten Nationen als besetzt gilt.

→ die Menschenrechtsverletzungen in Tibet grossenteils das Resultat einer institutionalisierten Rassendiskriminierung und kulturellen Diskriminierung sind.

→ China als Antwort auf die versöhnlichen Vorschläge des Dalai Lama nicht damit aufgehört hat, in Tibet chinesische Kolonien zu errichten, so dass die Tibeter heute in ihrem eigenen Land zur Minderheit reduziert sind.

→ in Tibet, also in den Provinzen Ü-TSANG, KHAM und AMDO, heute rund sechs Millionen Tibeter *(und 8 Mio. Chinesen)* leben.

→ Tibet eine Fläche von 2,5 Millionen Quadratkilometern umfasst.

→ deshalb die chinesische Geburtenkontrollpolitik gegenüber den Tibeterinnen angesichts der geringen Bevölkerungsdichte von Tibetern in Tibet ungerechtfertigt und nichts anderes als ein Mittel Chinas zur Reduktion der tibetischen Bevölkerung ist.

Die belgische Repräsentantenkammer **...**

→ verurteilt den mit verschiedenen Methoden offiziell geförderten Transfer von Chinesen nach Tibet als schwerwiegende Verletzung des Völkerrechts.

→ verurteilt auch die übrigen schlimmen und systematischen Menschenrechtsverletzungen in Tibet, namentlich die willkürliche Festnahme, Inhaftierung und Folterung von Tibetern aus politischen Gründen, die Verletzung der Frauenrechte, insbesondere die Zwangssterilisation und Zwangsabtreibung, die Entziehung der Religionsfreiheit sowie alle Angriffe, die zusammen mit der Zerstörung der reichen tibetischen Kultur und dem Bevölkerungstransfer das Überleben des tibetischen Volkes bedrohen und somit einer ethnischen Säuberung gleichkommen.

→ ist besorgt über die Umweltzerstörungen auf dem tibetischen Plateau, namentlich über die missbräuchliche Entwaldung und die Lagerung giftiger und radioaktiver Abfälle, welche nicht nur auf Tibet, sondern auf die ganze Gegend und die ganze Welt Auswirkungen haben.

→ **bestätigt erneut das unveräusserliche Recht des tibetischen Volkes auf Selbstbestimmung.**

→ betont, dass die Menschenrechtsverletzungen, Völkerrechtsverletzungen und insbesondere die Verweigerung des Selbstbestimmungsrechts legitime Sache aller Mitglieder der internationalen Gemeinschaft und keine innere Angelegenheit irgendeines Staates sind.

Deshalb fordert die Repräsentantenkammer die belgische Regierung auf, . . .

→ die Volksrepublik China zu ermahnen, jegliche Politik und Praktiken, welche die Persönlichkeitsrechte und fundamentalen Freiheiten der Tibeter verletzen, sofort einzustellen.

→ mit allen diplomatischen Mitteln die vom Dalai Lama und der tibetischen Exil-Regierung angestrebten Verhandlungen mit den chinesischen Behörden zu unterstützen, um das Selbstbestimmungsrecht des tibetischen Volkes zu verwirklichen und Tibet zu einer demokratischen Friedenszone zu machen.

→ die Volksrepublik China zu drängen, die Politik der an den Tibeterinnen mit Gewalt verübten Sterilisationen und Abtreibungen zu beenden.

→ von der Volksrepublik China die Beendigung des Bevölkerungstransfers von Chinesen nach Tibet zu fordern, welcher flagrant Artikel 49 der Vierten Genfer Konvention von 1949 verletzt.

→ die unverzügliche Freilassung aller tibetischen Meinungsgefangenen in den chinesischen Gefängnissen und Konzentrationslagern in Tibet zu erwirken.

→ darauf zu beharren, dass die Volksrepublik China, Mitglied des UNO-Sicherheitsrates, die von ihr unterzeichneten Abkommen der Vereinten Nationen wie namentlich das Übereinkommen gegen Folter und andere grausame, unmenschliche oder erniedrigende Behandlung oder Strafe, das Übereinkommen zur Beseitigung jeder Form von Rassendiskriminierung sowie das Übereinkommen über die Rechte des Kindes respektiert.

→ auf der Anwendung der Resolutionen des Europäischen Parlaments, des Europarates und der belgischen Repräsentantenkammer *(Resolution vom 29. März 1994)* zu beharren.

Schliesslich verlangt die Repräsentantenkammer, Belgien müsse alles unternehmen, damit den Resolutionen 1353 (XIV), 1723 (XVI) und 2079 (XX) der Vereinten Nationen Nachachtung verschafft und der tibetischen Exil-Regierung Beobachterstatus bei der UNO eingeräumt wird.

Weltweites Engagement für Tibet

An der alljährlichen März-Demonstration, dieses Mal am 9. und 10. März 1997 in Genf, nahmen fast 3'000 Tibeter und Schweizer sowie eine Chinesin und ein Chinese teil. Unter anderen sprachen Shanshan Wei-Blank, die Schwester des inhaftierten Dissidenten Wei Jingsheng *(siehe hinten "Tibetfreunde und Tyrannen")*, und der Dissident Wan Fu Jeng, welcher öffentlich erklärte, die chinesische Regierung wolle Tibets alte Hochkultur durch eine stalinistische Ideologie ersetzen. Ausserdem versicherte Wan Fu Jeng, er sei von der gerechten Sache Tibets überzeugt, Tibet habe das Recht auf Selbstbestimmung, und er unterstütze den gewaltlosen Kampf für ein freies Tibet.

Auf Einladung der Buddhistischen Vereinigung von Taiwan flog der Dalai Lama am 22. März 1997 erstmals auf die Insel, deren völkerrechtlicher Status bis heute umstritten ist *(die jüngsten Verfassungsnovellen stärken Taiwans Unabhängigkeit, NZZ 22. 07. 97)*. Zum Abschluss seines sechstägigen offiziellen Besuchs traf der Dalai Lama am 27. März 1997 in der Hauptstadt Taipeh Taiwans Präsidenten Lee Teng-hui und dessen Gattin Tseng Wen-hui. Peking – es erstaunt nicht – verurteilte das Treffen als "Verbindung separatistischer Kräfte" und als "Versuch, das Mutterland zu spalten". Tags zuvor, am 26. März 1997, hatte der Dalai Lama gesagt, er werde lange genug leben, um die Rückkehr der Exil-Tibeter in die Heimat zu sehen, und dieses Ereignis könnte schon in den nächsten Jahren stattfinden.

Am 23. April 1997 fand sich der Dalai Lama erneut im Weissen Haus zu einem Gespräch mit US-Präsident Bill Clinton ein, der sich allerdings auch dieses Mal – die diplomatische Schizophrenie hat schon Tradition *(siehe vorne "Amerika engagiert sich")* – nicht zu einem offiziellen Treffen hatte entschliessen können, sondern nur "zufällig" zur Besprechung des Dalai Lama mit Vizepräsident Al Gore hinzustiess. Ebenso "zufällig" konnte sich der Dalai Lama am folgenden Tag mit der amerikanischen Aussenministerin Madeleine Albright unterhalten. Der Dalai Lama selbst zeigte sich nach seinem Besuch im Weissen Haus "sehr glücklich und sehr zufrieden" *(Le Matin 25. 04. 97)*, und die *Neue Zürcher Zeitung* sprach sogar von einem "beachtlichen diplomatischen Erfolg" des Dalai Lama *(NZZ 26. / 27. 04. 97)*. Indessen sind die Wermutstropfen nicht zu übersehen. Für Bill Clinton gibt es offenbar zweierlei Menschenrechte, wie seine ungleich härtere Haltung gegenüber Staaten wie Kuba, Myanmar *(Burma)*, Iran und Irak dokumentiert. Das Bestreben, mit China im Geschäft zu bleiben, hat für ihn immer noch Priorität.

Zur gleichen Zeit und am gleichen Ort bewiesen Parlamentarierinnen und Parlamentarier aus der ganzen Welt mehr Mut als der amerikanische Präsident. Beim Dritten Weltparlamentariertreffen zu Tibet vom 23. und 24. April 1997 in Washington D. C. kritisierten sie die eskalierenden Massnahmen der chinesischen Behörden zur Auslöschung der Identität des tibetischen Volkes:

→ "erneuter Angriff auf die Religionsfreiheit und das kulturelle Erbe des tibetischen Volkes"

→ "vermehrte Inhaftierung, Folterung und Tötung von Menschen, die zu ihrer tibetischen Identität stehen und sich politisch äussern"

→ "Marginalisierung der tibetischen Sprache durch Schliessung tibetischer Mittelschulen und Aufzwingung der chinesischen Sprache an höheren Lehranstalten inklusive der tibetischen Universität in LHASA"

→ "Angriffe auf Klöster im Namen politischer Umschulung, die zur Vertreibung, Inhaftierung und Tötung vieler Mönche und Nonnen geführt haben"

→ "fortwährende Umsiedlung von Chinesen nach Tibet, gewaltsame Abtreibungen und Zwangssterilisationen mit dem Zweck, die Tibeter in ihrem eigenen Land zu einer unbedeutenden Minderheit zu reduzieren, was die Schlüsselkomponente von Chinas 'Endlösung' in der Tibet-Frage bildet"

→ "Einmischung in die religiöse Angelegenheit der Anerkennung des Panchen Lama und Festhaltung des achtjährigen GEDHUN CHÖKYI NYIMA, der nach tibetischer Tradition und tibetischem Glauben als Elfter Panchen Lama anerkannt wurde, an einem geheimen Ort"

Die Versammlung der Parlamentarier ...

→ "bedauert diese Angriffe auf das Leben, die Religion und Kultur des tibetischen Volkes und verlangt deren sofortige Beendigung."

→ "verlangt ausserdem die unverzügliche Freilassung des Elften Panchen Lama aus der Gefangenschaft."

→ **"bekräftigt erneut ... ihre ausdrückliche Anerkennung von Tibets historischer Unabhängigkeit und des unveräusserlichen Rechts des tibetischen Volkes auf Selbstbestimmung."**

→ "betont, dass sie Seine Heiligkeit den Dalai Lama und seine Regierung als alleinige legitime Vertreter von Tibet und des tibetischen Volkes anerkennt."

Die Parlamentarier der Welt fordern also Freiheit für das tibetische Volk. Als nächster Schritt müssen die nationalen Regierungen von ihrer gegenwärtigen Selbstherrlichkeit zu einer rechtsstaatlichen und völkerrechtskonformen Haltung zurückfinden und die Fakten über Tibet in ihre Politik integrieren.

Auf dem Weg in die Freiheit

Am Schluss bleibt natürlich die Frage der Realisierbarkeit. Der Wunsch nach Freiheit und auch die vielfach nachgewiesene Legitimation des tibetischen

Volkes, die illegale chinesische Kolonialherrschaft abzuschütteln, führen nicht von selbst zur Wiedererlangung der Unabhängigkeit Tibets. Dazu bedarf es noch grosser Anstrengungen. Indessen besteht auch bei nüchterner Betrachtung berechtigte Hoffnung. Wer hätte zum Beispiel vor zehn Jahren gedacht, dass sich die übermächtige Sowjetarmee aus Estland, Lettland und Litauen zurückziehen wird? Was heute noch als Illusion erscheint, ist morgen vielleicht schon Wirklichkeit. In Tibet und China könnte sich durchaus eine analoge Entwicklung anbahnen.

Der im Westen zelebrierte chinesische Wirtschaftsboom, der nach kritischen Analysen teilweise auf frisierten Statistiken beruht, kann über die enormen politischen, wirtschaftlichen, sozialen und ökologischen Probleme im Reich der Mitte nicht länger hinwegtäuschen. In absehbarer Zukunft könnte sich dieser Boom als Seifenblase herausstellen, die schneller zerplatzt als sie entstanden ist. Der chinesische Parteichef und Staatspräsident Jiang Zemin hatte in einer Rede am 29. Januar 1997 auf die schwache wirtschaftliche Basis seines Landes hingewiesen und mit den bisher schärfsten Worten die grassierende Korruption in der Kommunistischen Partei angeprangert, welche China zu ruinieren droht. Millionen von Arbeitern in Staatsbetrieben erhalten ihre Löhne zu spät, unvollständig oder gar nicht mehr, während viele leitende Funktionäre im Luxus schwelgen und sogar für konkrete Notlagen bereitgestellte Sozialgelder unterschlagen. Die häufigen Bankrotte, Betriebsschliessungen und Massenentlassungen, die zunehmenden sozialen Spannungen und die gewaltsam niedergeschlagenen Demonstrationen der Arbeitslosen in China lassen sich nicht mehr geheim halten. Auch im Vorfeld des 15. kommunistischen Parteikongresses kam es im August 1997 in ganz China zu Protesten gegen Misswirtschaft und Korruption *(NZZ 24./25. 05. 97, 18. 07. 97 und 04. 09. 97)*.

Diese Missstände rütteln immer stärker am Fundament der chinesischen Gewaltherrschaft. Zweifellos merkt das geplagte chinesische Volk jetzt, dass es von den Oligarchen systematisch betrogen wird. Daraus ergibt sich auch für Tibet eine reelle Chance. Und wenn die UNO ihre drei Resolutionen von 1959, 1961 und 1965 betreffend Beendigung der Menschenrechtsverletzungen durch die chinesische Besatzungsmacht in Tibet und betreffend Wiederherstellung des Selbstbestimmungsrechts des tibetischen Volkes *(siehe vorne "Exodus aus Tibet – Reaktion der Welt")* endlich in die Tat umsetzt und effiziente Sanktionen gegen Peking verhängt, dann ist Tibet auf dem Weg in die Freiheit.

Pekings verzweifelte Propaganda-Show

Jetzt wird es langsam klar: Die chinesische Führung steht in der Tibet-Frage mit dem Rücken an der Wand! Anders ist die überraschende Kehrtwende von der bisherigen Strategie des Schweigens und Leugnens zu einer weltweiten, offensiven Propaganda-Show nicht erklärbar. Nachdem die Kolonialmacht China während Jahrzehnten ausländische Journalisten und offizielle Besucher vom okkupierten Land Tibet möglichst fern gehalten hatte, lud sie im Sommer 1997 zahlreiche ausländische Delegationen, darunter eine aus der Schweiz, zu persönlichen Besichtigungen ein. Dabei fällt zunächst auf, dass diese Besichtigungen nicht in ganz Tibet, sondern nur in der so genannten "Autonomen Region" und hauptsächlich in der Gegend von LHASA stattfanden. Ein weiteres Handicap bestand darin, dass die Delegationen nicht selbständig umherreisen und Erkundigungen einziehen durften, sondern stets "geführt" wurden und kaum einen Schritt ohne Begleitung durch "Sicherheitsbeamte" und Funktionäre machen konnten. Es fragt sich bloss, vor wem oder was sie beschützt werden mussten. Bestimmt nicht vor den Tibetern, welche privaten und staatlichen Besuch aus aller Welt stets schätzen und die Delegierten sicher nicht behelligten. Vielleicht mussten die ausländischen Gäste davor bewahrt werden, den gut getarnten Archipel Gulag der Besatzungsmacht zu entdecken!

Die offiziellen Besichtigungen sollten die Besucher unter anderem davon überzeugen, dass in Tibet "die Religionsfreiheit gewährleistet sei [und] die tibetische Kultur sich im Aufblühen befinde ..." Gleichzeitig wurde und wird aber "der Kampf gegen den Dalai Lama heftig weiter geführt". Zur Propaganda-Show gehörte auch ein im August 1997 in Peking durchgeführtes Seminar mit 100 chinesischen und 30 ausländischen "Tibet-Spezialisten". Das Seminar bezweckte zur Hauptsache, die angebliche Zugehörigkeit Tibets zu China seit dem 13. Jahrhundert zu beweisen und "die guten Auswirkungen der modernen Chinesenherrschaft über das Hochland propagandistisch herauszustreichen". Sogar die in der Tibet-Frage sehr zurückhaltende *Neue Zürcher Zeitung*, gemäss welcher Tibet lediglich "nach Ansicht von chinakritischen Kreisen seit 1951 besetzt" ist, räumte ein, dass Chinas Argumentationspolitik lächerlich ist, wenn es seinen Anspruch auf Tibet mit dem Reisebericht von Marco Polo begründen will *(NZZ 30./31. 08. 97)*.

Auf den Beginn des erwähnten Seminars in Peking abgestimmt, schilderte der amerikanische republikanische Kongressabgeordnete Frank Wolf an einer Pressekonferenz in den USA seine Erkenntnisse, die er gewonnen hatte, indem er kurz vorher inkognito und in Begleitung eines tibetisch sprechenden Dolmetschers durch Tibet gereist war. Frank Wolf erklärte ohne diplomatische Verschleierungen, "China halte Tibet in einer tödlichen Umklammerung; es befänden sich mehrere hundert Tibeter aus religiösen und aus Gewissensgründen im Gefängnis, und die Hauptstadt LHASA sei von chinesischen Einwanderern überschwemmt. Die tibetisch-buddhistische Kultur stehe kurz vor dem endgültigen Untergang, der nur abgewendet werden könne, wenn China schnellstens mit harten Massnahmen zur Änderung seiner Unterdrückungspolitik gezwungen werde" *(NZZ 30./31. 08. 97)*. Mit dieser Berichtigung setzte Frank Wolf das dringend notwendige Gegengewicht zu Pekings geschichts- und gegenwartsverfälschender Propaganda.

Ob und wie die ausländischen Delegationen ihre Feststellungen offiziell auswerten und publizieren, ist dem Buchautor anfangs September 1997 erst bezüglich der Schweizer Delegation bekannt *(siehe hinten "Endlich dringt die Wahrheit durch")*. Denkbar sind gegensätzliche Szenarien. Wenn man mit geschlossenen Augen durch den Wald geht, sieht man natürlich keine Bäume, und wenn man in Tibet – geführt von chinesischen "Befreiern" – nur in der Gegend herumkurvt, die Berge geniesst, sauber herausgeputzte potemkinsche Fassaden mit auf Befehl Pekings lächelnden Tibeterinnen bewundert, fröhlichen Folkloredarbietungen beiwohnt, sich von Funktionären die moderne touristische Infrastruktur und ein aufwendig vorbereitetes "Mustergefängnis" in LHASA zeigen lässt und vielleicht noch mit einem von der Kommunistischen Partei Chinas ideologisch geschulten und indoktrinierten Tibeter spricht, dann sieht man nicht unbedingt, dass Tibet nach wie vor besetzt und versklavt ist.

Davon merkt man umso weniger, je mehr man bewusst oder unbewusst sein Wahrnehmungsvermögen einschränkt, indem man uneinsichtig die klare historische und rechtliche Tatsache negiert, dass Tibet seit über 2'000 Jahren ein eigener Staat im Sinn des Völkerrechts und seit 1949/50 illegal von der chinesischen "Volksbefreiungsarmee" besetzt ist. Im ungünstigsten Fall werden deshalb die betreffenden Länder diese offiziellen Besuche wie schon mehrfach in der Vergangenheit dazu missbrauchen, die von chinesischer Seite stereotyp behaupteten wirtschaftlichen und sozialen Verbesserungen in Tibet beziehungsweise in der

"Autonomen Region" zu loben und mit diesen angeblichen Fortschritten indirekt ihre kleinmütige und unterwürfige Haltung gegenüber Chinas absolutistischem Regime innenpolitisch zu rechtfertigen.

Umgekehrt ist es auch möglich, dass die Delegierten ihre Augen und Ohren offen hielten, ungeachtet chinesischer Proteste ausser Programm eigene Wege gingen, vielleicht sogar einmal die aufdringliche Dauerbegleitung der Besatzer abschütteln konnten, den grossen propagandistischen Schwindel durchschauten, nach ihrer Heimkehr öffentlich von ihren Erlebnissen und Eindrücken berichten und damit wirtschaftspolitisch motivierten Zensurversuchen der Regierungen den Boden entziehen. Zu dieser Hoffnung gibt namentlich die erwähnte Stimme von Frank Wolf Anlass. **Ausserdem wird es nicht nur in diesem konkreten Zusammenhang, sondern auch inskünftig die Aufgabe verantwortungsbewusster Medien sein, nicht bloss die eklatanten Menschenrechtsverletzungen in Tibet zu reportieren, sondern darüber hinaus den geschichtlichen und völkerrechtlichen Hintergrund der bis heute andauernden illegalen Besetzung Tibets durch China umfassend aufzuzeigen.**

Endlich dringt die Wahrheit durch

Das vollständige Durchdringen der Wahrheit über Tibet und insbesondere über die Illegalität der chinesischen Kolonialherrschaft ist nur noch eine Frage der Zeit. Vom 21. - 30. August 1997 besuchte eine neunköpfige gemischte Delegation aus der Schweiz die tibetische Hauptstadt LHASA, die zweitgrösste Stadt SHIGATSE und ein paar in der Nähe liegende Dörfer. **Dabei erkannte die Delegation, "dass Tibet weiterhin klar als militärisch besetztes Gebiet zu gelten hat" und dass die tibetischen Städte mehrheitlich von Chinesen bewohnt sind** *(NZZ 05. 09. 97, "Nur halb enthüllte tibetische Realität").* Die Delegationsmitglieder wurden fast permanent von Funktionären überwacht und erklärten hinterher, dass die zahlreichen amtlichen Angaben der chinesischen Gastgeber nicht verifiziert werden konnten.

Ausserdem hatten die Delegierten das Gefühl, sie seien häufig mit Wortklaubereien und Halbwahrheiten abgefertigt worden. Hinsichtlich der chinesischen Truppenpräsenz in Tibet merkten sie, dass die Chinesen logen, indem sie angaben, ihre Truppen seien grösstenteils an den Grenzen zu Indien stationiert. Im Widerspruch zu dieser Angabe sah nämlich die Delegation einen

Ring von Kasernen um LHASA herum und eine ganze Anzahl im Bau befindlicher Truppenunterkünfte in der Umgebung. Die weitere Behauptung der Chinesen, sie hätten lediglich 40'000 Soldaten in Tibet, stimmt ebenso wenig, denn in Wirklichkeit beteiligen sich heute rund eine halbe Million Mann der "Volksbefreiungsarmee" an der fortdauernden Besetzung Tibets.

Als "augenfällig und unleugbar" lobte die Schweizer Delegation die chinesischen Errungenschaften in der Ausbildung, medizinischen Versorgung, Infrastruktur und Gebäuderenovation. Diese Qualifikation erstaunt, weil die Delegierten mindestens teilweise auch die Hintergründe und Kehrseiten besagter "Errungenschaften" sahen. So erkannten sie zum Beispiel, dass im gesamten Erziehungswesen die chinesische Sprache die tibetische verdrängt hat. Die offiziellen Gesprächspartner begründeten dies mit der "Integration Tibets in den chinesischen Zentralstaat" sowie mit einem Mangel an qualifizierten tibetischen Lehrkräften, verschwiegen dabei aber, dass viele tibetische Lehrerinnen und Lehrer getötet, eingesperrt oder mit anderen Zwangsmassnahmen systematisch vom Unterricht abgehalten wurden und werden. Betreffend den – allerdings bloss marginalen *(siehe hinten "Religion für den Tourismus")* – Wiederaufbau von Klöstern und Tempeln durch die chinesischen Besatzer realisierte die Delegation, dass es sich hier um eine partielle Umkehrung der jahrzehntelangen blindwütigen Zerstörung handelt.

Hingegen wussten die Delegierten offenbar nicht, dass von der medizinischen Versorgung in aller Regel nur die Chinesen profitieren, dass in den chinesischen Spitälern heimlich und gezielt der Holocaust am tibetischen Volk fortgeführt wird, dass Tibets Strassen und Flugplätze hauptsächlich von Tibetern einschliesslich Frauen und Kindern in unmenschlicher, oft tödlicher Zwangsarbeit gebaut wurden, und dass diese Verkehrswege primär den militärischen und wirtschaftlichen Interessen der Kolonialherren dienen *(siehe hinten "Unterdrückung, Folter, Diskriminierung", "Ausbeutung und Umweltzerstörung" und "Fortschreitender Holocaust")*. Am wenigsten durchschauten die Delegierten das Schulwesen. Bereits für die Primarschule verlangen die Chinesen von den Tibetern prohibitiv hohe Gebühren, die viele Eltern nicht bezahlen können, so dass ihre Kinder vom Schulbesuch ausgeschlossen bleiben. Die chinesischen Lehrer schikanieren tibetische Schüler auf alle erdenklichen Arten, verbieten ihnen oftmals tibetische Kleider, Bücher und Nahrung, hetzen sie gegen ihre Familie auf, zwingen sie zu verschiedensten Arbeiten wie etwa zur Reinigung industrieller

Anlagen, erpressen von ihnen Geld und Naturalien, schlagen schon Sechsjährige mit Stuhlbeinen und Peitschen, preisen unablässig Mao Tse-tung, Li Peng und den Kommunismus, und wer die Nationalhymne der Besatzungsmacht nicht singen kann, riskiert Schläge und Folter! Sind das die "augenfälligen und unleugbaren chinesischen Errungenschaften" im okkupierten Tibet?

Ferner berichtete die Schweizer Delegation von der gegenwärtigen politischen "Umerziehung" aller tibetischen Mönche, welche darin gipfelt, dass sie in einem schriftlichen Test den Dalai Lama einen "feudalistisch gesinnten Separatisten und verachtenswerten Vaterlandsverräter" nennen müssen oder im Weigerungsfall den Mönchsstatus verlieren. Schliesslich besuchten die Delegierten, nachdem die Chinesen ihnen die Photoapparate abgenommen und jegliche Kontaktnahme mit Häftlingen strikte verboten hatten, das Drapchi-Gefängnis in LHASA, das sie als sauber und modern bezeichneten. Der Zutritt zu den berüchtigten Sonderarrestzellen wurde ihnen jedoch kategorisch verweigert. Wie nicht anders zu erwarten war, bestritten die Chinesen eiskalt, dass sie im Drapchi-Gefängnis die Tibeter foltern, obwohl dies praktisch jeder bestätigt, der dort lebend wieder herauskommt. Die *Neue Zürcher Zeitung* wies in diesem Zusammenhang auch darauf hin, das chinesische "Rechtssystem" ermögliche es, nicht nur Kriminelle, sondern auch Dissidenten, Separatisten und andere unliebsame Elemente teilweise ohne Gerichtsverfahren in Straf- und Umerziehungslager einzusperren und von der Haftstatistik auszuklammern *(NZZ 05. 09. 97; es ist unklar, ob dieser Hinweis von der Delegation oder von der NZZ stammt)*.

Auf politischer Ebene bewegt sich also etwas. Dies bedeutet allerdings noch lange nicht, dass die Arbeit nun getan wäre, sondern es ist eher so, dass die Arbeit gerade erst angepackt wurde, und ironischerweise haben die Chinesen selber mit ihrem Eigentor der Propaganda-Show diesen Prozess in Gang gesetzt. Man darf auch nicht vergessen, dass bis jetzt mit völlig verschiedenen Ellen gemessen wurde, denn als am 2. August 1990 irakische Truppen völkerrechtswidrig in Kuwait einmarschierten, erfuhr dies die Welt innert weniger Stunden und sprach zutreffend von einer Invasion, während im Fall Tibets 48 Jahre vergingen, bis die Schweiz offiziell feststellte, dass Tibet von China militärisch besetzt ist. Dennoch bedeutet diese Feststellung einen grossen Schritt vorwärts, welchem möglichst bald der logische nächste Schritt folgen muss: Die Forderung nach dem vollständigen und bedingungslosen Rückzug der chinesischen Besatzungsmacht aus Tibet.

Teil IV: Land, Menschen, Religion

Tibet – ein gefährdetes Naturparadies

Das zentralasiatische Land Tibet, mit rund 2,5 Millionen Quadratkilometern Ausdehnung etwa 60 Mal so gross wie die Schweiz, ist von Indien, Nepal, Sikkim *(seit 1975 indischer Bundesstaat)*, Bhutan, Myanmar *(Burma)*, China und Ost-Turkestan *(nach wechselhafter Geschichte in chinesischer Hand, seit 1955 "Autonome Region Xinjiang")* umgeben und wird auf drei Seiten von Bergen abgeschirmt. Im Süden verwehrt die gewaltige Kette des HIMALAYA den Zutritt, im Westen wird Tibet ebenfalls durch den HIMALAYA und durch die östlichen Ausläufer des KARAKORUM abgeschlossen, und im Norden begrenzen die Bergketten des KUNLUN, des nordöstlichen ALTYN TAGH und des GANGKAR CHOGLEY NAMGYAL das Land. Im Osten dagegen, an der Grenze zu China, ist Tibet relativ offen.

Tibet ist nicht einfach das "Schneeland", wie es manchmal genannt wird, sondern ein Land der Gegensätze, bedingt durch seine spezielle Lage und die vielfältige topographische Gliederung. Die Hauptstadt LHASA *(3680 m)* in Zentraltibet liegt ungefähr auf der geographischen Breite von Kairo und damit aus europäischer Sicht schon ziemlich weit südlich. Der einzige vollständig in Tibet befindliche Achttausender ist 8046 Meter hoch, heisst SHISHA PANGMA und gehört zum HIMALAYA. Die grosse Durchschnittshöhe von etwa 4500 Metern, die starke Sonneneinstrahlung und die im allgemeinen sehr trockene Luft bewirken extreme Temperaturunterschiede von Tag und Nacht und zwischen Sonne und Schatten. Im Sommer steigen die Temperaturen bis auf 30 Grad im Schatten, aber da es in Tibet ausserhalb der noch verbliebenen Wälder und bei wolkenlosem Himmel kaum Schatten gibt, ist die effektive Hitze oft viel grösser. Im Nordwesten des Landes, in der Provinz Ü-TSANG, erstreckt sich der weite und unwirtliche CHANG THANG, halb Steppe, halb Wüste, mit vielen Salzseen, und besonders im Herbst und Winter gefürchtet wegen seiner häufigen Sand-, Staub- und Schneestürme mit Windgeschwindigkeiten bis 140 km/h und Temperaturen, die jeweils wochenlang um minus 40 Grad liegen. Wenig bekannt sind die grossen TSAIDAM-Sümpfe im Norden der Provinz AMDO.

Der HIMALAYA hält als natürliche Barriere den meisten Regen, der aus Süden vom Indischen Ozean kommt, von Tibet ab. Dennoch hat es an den Nordhängen des HIMALAYA "alpine" Matten mit Rhododendron und Wacholder, aber auch diverse Nadelhölzer und sogar Laubbäume. Die östlichen Landesteile erhalten wesentlich mehr Niederschläge, weil auf jenen Längengraden die Monsunwolken von Süden her durch die grossen Flusseinschnitte des HIMALAYA weit nach Norden vorstossen. Neben 7000 Meter hohen Bergen gibt es deshalb in den Ostprovinzen KHAM und AMDO saftige Weiden und ursprünglich viel Wald. In KHAM existieren auf 4700 Metern die höchsten Wälder der Welt. Allerdings haben die chinesischen Besatzer in kurzsichtiger Profitgier die einst unermesslichen Wälder Osttibets weitgehend vernichtet. Ganz im Südosten des Landes, ebenfalls in der Provinz KHAM, beginnt der immergrüne tropische Regenwald mit mehr als tausend Baumarten und wertvollen Edelhölzern. **KHAM als kleinste der drei tibetischen Provinzen umfasst somit die extremsten Gegensätze von Topographie, Klima, Flora und Fauna.**

In Tibet befinden sich die Quellen von acht der grössten Flüsse Asiens: Im Westen entspringen der SENGYE KHABAB *(Indus)*, der LANGCHEN KHABAB *(Sutlej)*, der MACHA KHABAB *(Karnali, mündet in den Ganges)* und der TSANGPO *(Brahmaputra)*, und im Osten der GYALMO NGULCHU *(Salween)*, der ZA CHU *(Mekong)*, der DRI CHU *(Blauer Fluss, Yang-Tse-Kiang)* und der MA CHU *(Gelber Fluss, Huang Ho)*. Tibet ist auch reich an verschiedensten Bodenschätzen. Dazu zählen insbesondere Uran, Erdöl, Kohle, Gold, Silber, Antimon, Eisen, Chrom, Kupfer, Nickel, Zink, Blei, Mangan, Lithium, Magnesium, Graphit, Schwefel, Türkis und Jade. Ausserdem gibt es in den ausgetrockneten Seen riesige Borax- und Salzlager.

Wind und Wasser

Sven Anders Hedin *(siehe vorne "Missionare und Abenteurer aus Europa")* erlebte die tibetische Meteorologie gelegentlich sehr intensiv. Während seiner Reise durch den CHANG THANG unternahm er am 21. September 1906 in einem kombinierten Segel- und Ruderboot eine Erkundungsfahrt auf dem GOTSA TSO *(Lake Lighten)*. Nachmittags brannte die Sonne bei völliger Windstille glühend heiss vom türkisblauen Himmel herunter. Gegen Abend, als sie nach einer kurzen Zwischenlandung wieder auf dem spiegelglatten See ruderten, zog von Westen schnell ein Sturm auf und überfiel die zwei Männer in ihrem kleinen Boot. Der Sturm wurde immer stärker, der Wind blies immer heftiger, und die Wogen rollten immer höher. Die untergehende Sonne tauchte den Himmel, die Wolken, die Berge und ihre Schneefelder in zauberhafte Farben von feuerrot bis dunkelviolett.

Dann wurde es Nacht. Die tief hängende Mondsichel streute ein geisterhaftes Licht über das tobende und schäumende Wasser. Von den Elementen getrieben und immer noch unter Segel jagte das Boot in voller Fahrt durch den aufgepeitschten See, bald auf einer Woge reitend, bald in einem Wellental versinkend. Die Stunden zwischen Leben und Tod dehnten sich zur Unendlichkeit. Der Mond ging unter, die Nacht wurde schwarz und kalt, aber hoch oben glitzerten die Sterne und spendeten eine geheimnisvolle Hoffnung.

Schliesslich stiessen Hedin und sein Begleiter trotz der Gefahr, auf Felsen zu zerschmettern oder in ihren schweren Kleidern und Stiefeln elend zu ertrinken, durch die donnernde Brandung, liefen auf Grund, sprangen aus dem Boot und zogen es an Land. Beide Männer waren bis auf die Haut durchnässt, und bei 16 Grad Kälte – diese zu messen vergass Hedin nie – gefror das Wasser in ihren Kleidern, welche bald zu höchst ungemütlichen, ja sogar lebensbedrohenden Eispanzern erstarrten. Notfallmässig campierten die Gestrandeten beim Seeufer und verfeuerten die mit dem Messer in Späne geschnittene Holzrolle der Lotleine samt Rahmen, um nicht zu erfrieren.

Dieses unfreiwillige Abenteuer von Sven Anders Hedin hätte leicht sein letztes werden können. Dann hätten wir wohl nie etwas davon vernommen. Das Beispiel illustriert, mit was für Wetter Tibet-Reisende stets zu rechnen haben. Für Hedin ist es typisch, dass er schon während der Bootsfahrt keine bitteren Gefühle gegen den GOTSA TSO hegte, sondern das schrecklich-schöne Naturschauspiel und die manifeste Todesgefahr als untrennbare, schicksalhafte Einheit empfand und nach dem glücklichen Ausgang dieses unvergesslichen Abenteuers den malerischen See und seine einsamen Gestade umso mehr liebte. Hedin suchte zwar nicht absichtlich das Risiko, doch sein grosser Forscherdrang brachte ihn immer wieder in gefährliche Situationen. Nur drei Tage später geriet er auf dem nächsten See in einen ebenso schlimmen Sturm, und am Ufer warteten zwei Wölfe ...

CHOMO LANGMA

Mit einer Höhe von 8848 Metern ist der CHOMO LANGMA, die "Göttin-Mutter der Berge", auf der Grenze zwischen Tibet und Nepal der höchste Berg der

Welt. Das Geheimnis der Erstbesteigung behält die "Göttin-Mutter" für sich. Im Juni 1924 waren die beiden hervorragenden englischen Bergsteiger George Leigh Mallory und Andrew Irvine in Gipfelnähe verschollen, wobei die näheren Umstände tendenziell vermuten lassen, dass sie den Gipfel erreicht hatten, aber beim Abstieg verunfallten oder erfroren. Die erste nachgewiesene Besteigung des CHOMO LANGMA gelang am 29. Mai 1953 dem Neuseeländer Sir Edmund Percival Hillary, Teilnehmer einer englischen Expedition, und dem SHERPA-Führer TENZING NORGAY. Als erste Frau stand die Japanerin Junko Tabei, Mitglied einer japanischen Frauenexpedition, am 16. Mai 1975 auf dem Gipfel. Begleitet wurde sie vom SHERPA-Führer ANG TSERING. Am 8. Mai 1978 schafften es Reinhold Messner *(Südtirol / Italien)* und Peter Habeler *(Nordtirol / Österreich)* als erste Menschen ohne Sauerstoffgeräte, und schliesslich doppelte Messner, der spätere Erstbesteiger der ganzen Reihe von 14 Achttausendern, am 20. August 1980 mit dem ersten Alleingang ohne künstlichen Sauerstoff nach.

Viele Menschen haben am CHOMO LANGMA ihr Leben oder ihre Gesundheit verloren. Neben subjektiven Ursachen wie Ehrgeiz, Selbstüberschätzung und Risikobereitschaft gibt es auch grosse objektive Gefahren, namentlich zahlreiche und tiefe Gletscherspalten, einstürzende Séracs *(Gletschertürme)*, häufige Lawinen, klirrende Kälte und die manchmal unvermittelt und mit ungeheurer Wucht auftretenden Jetstreams. Das sind extrem schnelle Winde in grosser Höhe, welche jeden Körper, der nicht fest verankert ist, brutal vom Grat fegen. Deshalb traf es auch schon erfahrenste Bergsteiger. Aber auch ohne Absturz machen die Jetstreams Körper und Geist fertig, denn man bewegt sich ohnehin schon im Grenzbereich seiner physischen und mentalen Kraft, hört und sieht im Toben des Sturmes fast nichts mehr und kann kaum noch atmen. Wer in einer solchen Situation keinen starken Überlebenswillen hat, setzt sich hin oder lässt sich einfach fallen und steht nie mehr auf. Das kann sogar in den Alpen passieren, und vielfach grösser ist diese Gefahr im HIMALAYA.

Die heutige Kommerzialisierung des Bergtourismus hat hier wie dort negative Kehrseiten. Hobbybergsteiger buchen die Besteigung des CHOMO LANGMA per Katalog wie Ferien auf Mallorca, der Berg wird somit für hohe Geldsummen "käuflich", was manchen Bergfreund die auf ihn wartenden Herausforderungen und Gefahren unterschätzen lässt. Zu dieser fatalen Fehleinschätzung trägt vielleicht auch der Umstand bei, dass besonders bei kommerziellen Touren mit grossem Budget in der Regel viel Material mitgeführt und von einer ganzen Kolonne kräftiger SHERPAS transportiert wird, welche ausserdem täglich die Zelte aufstellen und wieder abbrechen, kochen und anderweitig helfen, so dass die Tourenteilnehmer von solchen lebenswichtigen – in müdem Zustand und grosser Höhe jedoch anstrengenden – Aufgaben weitgehend entlastet sind, zwischen den einzelnen Etappen genügend Erholungszeit haben, nur noch mit einem leichten Tagesrucksack marschieren und auch sonst in der rauhen Hochgebirgswelt immer mehr Komfort geniessen.

Auf jeden Fall gehen bei Trekkings im HIMALAYA und KARAKORUM zum Teil auch Leute mit, die einem derartigen Unterfangen bergsteigerisch und psychisch nicht gewachsen sind, und fällt dann zum Beispiel aus irgendeinem Grund der Führer aus oder taucht ein anderes unerwartetes Problem auf, kommt es schnell einmal zur Katastrophe. Schon allein der Monsuneinbruch kann in diesen Höhen innert Stunden eine tödliche Gefahr bilden, wenn riesige Neuschneemengen die Menschen bis zur Hüfte oder Brust einsinken lassen, dadurch das Weiterkommen praktisch verunmöglichen und ausserdem das Lawinenrisiko multiplizieren. Daran gilt es zu denken, bevor man sich zur Besteigung des CHOMO LANGMA beziehungsweise zu einem solchen Versuch entschliesst.

Ein leidiges Kapitel sind die zurückgelassenen Abfälle. Verrostende Sauerstoffflaschen, andere beim Auf- oder Abstieg lästig gewordene Expeditionsutensilien und leere Konservendosen säumen mittlerweile die meistbegangenen Routen zum und auf den CHOMO LANGMA. Zwar wurden schon Säuberungsaktionen durchgeführt, aber die Mitnahme und Entsorgung der eigenen Abfälle ist zweifellos Sache der Bergsteiger. Die oft mit einer gewissen Euphorie verbundene Expedition zum "Dritten Pol der Erde" und selbst die Freude über einen Gipfelerfolg dürfen nicht den Respekt vor der Natur verdrängen!

Wildtiere in Tibet

Die Tierwelt ist vielfältig, wie man es in einem Land mit mehrheitlich sehr harten Lebensbedingungen kaum erwarten würde. Manche Tierarten sind oder waren auch in der Schweiz heimisch, namentlich Steinbock, Murmeltier, Pfeifhase, Braunbär, Luchs, Wolf, Fuchs, Adler, Geier, Falke, Wildgans, Schwan, Kranich und Eule. Daneben leben in Tibet Wildschafe *(HIMALAYA-Schafe)*, Bergziegen, Antilopen, Gazellen, Moschushirsche, Kleine Pandas *(Katzenbären)* und im Urwald des Südostens sogar Tiger, Affen und andere Dschungelbewohner. Allein in der so genannten "Autonomen Region Tibet" *(knapp die Hälfte Tibets)* gab es 1983 nach chinesischen Angaben 191 verschiedene Säugetierarten, 532 Vogelarten, 49 Reptilien- und 32 Amphibienarten.

Ganz "typische Tibeter" sind der Wildyak *(DRONG)*, der tibetische Wildesel *(KYANG)* und der Grosse Panda oder Bambusbär. **Die geographische Heimat des Grossen Pandas befindet sich nicht – wie so oft gehört und gelesen – in China, sondern in Tibet.** Dies gilt auch für die erst kürzlich in AMDO entdeckte Gruppe Grosser Pandas *(NZZ 05. 08. 97; allerdings bekundet hier die NZZ etwas Mühe mit der Geographie)*. Die seltenen schwarzweissen Bären führen ihr heimliches Leben in einem relativ kleinen Gebiet, das hauptsächlich in den Bambuswäldern Osttibets liegt und nur noch ein winziges Stück des angrenzenden chinesischen Raumes umfasst. Am wohlsten fühlt sich der Grosse Panda in Höhen über 3000 Metern. Der Schneeleopard oder Schneelöwe schliesslich ist das Wappentier der Nation! Er ist kleiner und heller als der Leopard, hat einen längeren Schwanz und lebt in Höhen bis 5500 Meter. Als ursprüngliches Dschungeltier hat sich der Schneeleopard in einer Spätphase der Evolution, im Gleichschritt mit den gewaltigen geologischen und klimatischen Veränderungen jener Region der Erde, hervorragend an das Leben im Gebirge angepasst.

In einem abgelegenen, eisigen Hochtal der Provinzgrenzregion von Ü-TSANG und KHAM fand ein europäisches Forscherteam unter Leitung des französischen Anthropologen Michel Peissel im Oktober 1995 eine rätselhafte, unter der heutigen Fauna bisher unbekannte Rasse von Wildpferden. Diese Tiere sind ungefähr so gross wie Shetland-Ponies, haben ein beiges Fell, eine struppige schwarze Mähne, einen schwarzen Streifen auf dem Rücken *(sog. Aalstreifen, der alle echten Wildpferde auszeichnet)* und schwarze Linien am Unterschenkel. Nach dem Namen jenes Tals werden sie RIWOCHE-Pferde genannt. Sie gleichen auffallend den Pferden der steinzeitlichen Höhlenmalereien in Europa, wie sie namentlich in Südfrankreich *(Chauvet und Lascaux)* heute noch zu bewundern sind. Paläontologen vermuten, das RIWOCHE-Pferd stamme praktisch unverändert aus dem Pleistozän *(vor etwa 2 Mio. – 10’000 Jahren)*. Jedenfalls ist die verbreitete Ansicht, das Mongolische Wildpferd *(Przewalski-Pferd)* sei das einzige noch existierende Wildpferd, mit Sicherheit nicht richtig. Der Expeditionsleiter Michel Peissel, der 1993 in Tibet bereits das für seine enorme Lungenkapazität berühmte NANGCHEN-Pferd entdeckt hatte, weist im übrigen darauf hin, Tibet sei eine der Gegenden, wo prähistorische Menschen das Zeitalter des Reitens eröffneten.

Das tibetische Volk

Das Faszinierendste in Tibet sind zweifellos die Menschen! Die Tibeter bilden keine homogene Rasse, sondern variieren in ihrer Physiognomie. So sind zum Beispiel die KHAMPAS in Südosttibet mehrheitlich gross, athletisch und hellhäutig *(bzw. schwach pigmentiert, was unter der Sonnenbräune kaum erkennbar ist)*. Allerdings verloren die einst von KHAM nach Nepal ausgewanderten SHERPAS innert weniger Generationen ihre Körpergrösse, woraus zu schliessen ist, dass neben genetischen Faktoren auch Topographie, Klima, Lebensweise und Ernährung eine wesentliche Rolle spielen. In den einzelnen Landesteilen werden verschiedene Dialekte gesprochen, die jedoch nicht stärker differieren als unsere Deutschschweizerdialekte. Tibetisch gehört zur Ural-Altai-Sprachgruppe und wird im allgemeinen als tibeto-birmanische Sprache bezeichnet, obwohl das halbwegs eine Definition mit sich selbst bedeutet. Interessant ist die Verwandtschaft mit dem nordamerikanischen Volk der NAVAJOS, welche nicht nur in der grossen äusseren Ähnlichkeit, sondern auch in mentalen, sprachlichen und künstlerischen Gemeinsamkeiten bis heute weiterlebt.

Die Tibeter sehnen sich nach der ihnen gewaltsam geraubten Freiheit und Eigenständigkeit, sie hängen an ihrer brutal unterdrückten Religion und ihren bewährten Traditionen, sind aber aufgeschlossen für Neues und haben grossen Respekt vor jeglichem Leben. Die Tibeter sind offen und ehrlich, freundlich, humorvoll, tolerant und hilfsbereit, und ihr herzliches Lachen überspringt kulturelle Verschiedenheiten und sprachliche Hindernisse.

Gleichsam als Kontrast zur weithin kargen Landschaft Tibets feierten die Tibeter farbenfrohe, rauschende Feste, welche pure Lebensfreude versprühten. Jeden Monat gab es mindestens eines. Das bedeutendste ist das Neujahrsfest, das generell LOSAR und in seiner religiös-spirituellen Komponente MONLAM heisst. Dem traditionellen asiatischen Mondkalender entsprechend beginnt das tibetische neue Jahr immer am Tag nach Neumond und meistens im Februar. Seit der chinesischen Besetzung können LOSAR und MONLAM nur noch im Exil unbehelligt gefeiert werden. Stets beliebt waren die Mysterienspiele, Opern und Maskentänze, die mit grosser Farbenpracht und geheimnisvoller Musik aus diversen Blasinstrumenten, Trommeln, Glocken und der dreisaitigen "tibetischen Gitarre" *(DRAMYE)* die Zuschauer in ihren Bann zogen. Bei diesen Darbietungen braucht es fundierte Kenntnisse des tibetischen Buddhismus, um deren Sinn und Bedeutung zu verstehen. Zu den Festen gehörten aber auch fröhliche Sportwettkämpfe, wo sich die Männer im Laufen, Reiten, Bogenschiessen, Ringen und Bergsteigen massen. In LITHANG *(KHAM)* werden bis heute sehr attraktive und wilde Reiterspiele veranstaltet, die aus weitem Umkreis Teilnehmer und Zuschauer anlocken.

Bauern, Nomaden und Händler

Die Lebensgrundlage in Tibet bilden seit jeher Ackerbau und Viehzucht. Mit Hilfe von Bewässerungskanälen bauen die Tibeter ihr Hauptnahrungsmittel Gerste an, die regional bis auf 5000 Metern gedeiht, aber auch Hirse, Kartoffeln, Raps, Bohnen, Erbsen, Rüben und viele andere Gemüse. Im Osten des grossen TSANGPO-Tals, im Einflussbereich des indischen Sommermonsuns, gelingt sogar der Anbau von Reis, Pfirsichen, Aprikosen, Äpfeln *(die beiden letzten bis auf 3700 m)*, Orangen und Bananen. Das geröstete Gerstenmehl heisst TSAMPA und wird mit Butter, Yoghurt oder Tee zu Brei vermischt oder zu kleinen Kugeln geformt. Sehr beliebt sind auch die MOMOS, die "tibetischen Ravioli", und weiter stehen auf der Speisekarte, die nach Landesgegend variiert, Käse, Fleisch, Nudeln und Reis. Dazu und auch zwischendurch wird bei jeder Gelegenheit der ebenso traditionelle wie nahrhafte Buttertee PÖ-CHA getrunken. Ausserdem gibt es das Gerstenbier CHANG *(im Exil aus Reis hergestellt; nicht zu verwechseln mit dem chinesischen Reiswein)* und den noch stärkeren Gerstenschnaps ARAK.

Sesshafte Ackerbauern und viehzüchtende Nomaden sind aufeinander angewiesen und treiben regelmässig Handel miteinander. Für Nomaden in abgelegenen Gebieten kann "regelmässig" allerdings auch einmal pro Jahr bedeuten, was dann jeweils den mit grosser Spannung erwarteten Höhepunkt im Jahresablauf bildet. Im CHANG THANG, wo der karge Boden und das extrem rauhe Klima keinen Ackerbau zulassen und wo aus denselben Gründen sogar Viehzucht eine Kunst ist, sind die Nomaden das ganze Jahr auf Wanderschaft. Demgegenüber ziehen die Halbnomaden in Zentraltibet nur vom Frühling bis im Herbst umher, wohnen während des Winters in festen Lehmhütten und betreiben auch Ackerbau. Die traditionellen Heimstätten der sesshaften Tibeter sind zweistöckige Bauten aus Stein, Holz und Lehm. Sie sind in der Regel gut isoliert und relativ erdbebensicher. Im Parterre befinden sich die Ställe und Lagerräume sowie gegebenenfalls Wohnungen für die Angestellten, und der erste Stock enthält Wohnräume, Küche und einen Gebetsraum.

Neben dem Binnenhandel spielte früher auch der Warenaustausch mit Indien eine grosse Rolle. Zum Schutz gegen Räuber schlossen sich die Händler gerne zu grossen Karawanen zusammen. Wichtigster Treffpunkt für Karawanenteilnehmer war GYANTSE in Zentraltibet, ungefähr 165 Kilometer südwestlich von LHASA. In anstrengenden Märschen brachten die tibetischen Händler Wolle, Salz, Borax, Moschus und Gold über die hohen Pässe des HIMALAYA nach Indien. Nach Wochen oder Monaten kamen sie wieder zurück, beladen mit Tee, Gewürzen, feinem Tuch und allen Arten von Handwerk einschliesslich religiöser Gegenstände, soweit solche nicht in Tibet selber hergestellt wurden.

Haustiere

Als Haustiere – oder meistens "Freilandtiere" – halten die Tibeter Schafe, Ziegen, Pferde, Esel, Hunde, Katzen und den unvergleichlichen Yak. Diese spezielle Rinderrasse gedeiht nur in grosser Höhe, vorzugsweise ab 4500 Metern, wo es meistens kalt ist. In tiefen Lagen überleben die Tiere nur kurze Zeit. Deshalb werden Yaks auch mit Kühen gekreuzt. Das Kalb solcher Eltern heisst neutral DZO und geschlechtsspezifisch DZOMO *(weiblich)* oder DZOPO *(männlich)*. Während in unserer Sprache mit "Yak" beide Geschlechter gemeint sind, differenziert der Tibeter auch hier: YAK ist der Stier, die Kuh heisst DRI und der Kollektivbegriff lautet NOR. Für den wesentlich grösseren Wildyak haben die Tibeter nochmals eine besondere Bezeichnung, nämlich DRONG.

Der Yak – wie "sie" und "er" hier trotzdem genannt werden – ist ausserordentlich robust, widerstandsfähig und genügsam; er ist in jedem Gelände trittsicher, durchquert eiskalte, reissende Flüsse, trägt oder zieht schwere Lasten und wird auch geritten. Weiter liefert er *(sie!)* den Menschen Milch, Butter, Yoghurt, Käse, Fleisch, Leder, Wolle und mit dem getrockneten Dung sogar das unentbehrliche und vielfach einzige Brennmaterial. Butter ist in Tibet nicht nur ein wichtiges Grundnahrungsmittel, sondern wird wegen der grossen Kälte und der intensiven UV-Strahlung auch als Haut- und Sonnenschutzcrème verwendet. Ausserdem dient sie als Brennstoff für die Lampen.

Die Hörner des Yaks ergeben praktische Trinkgefässe, und aus seiner Haut werden Stiefel, allerlei Behälter und die typischen Tibeterboote hergestellt. Die flachbödigen Boote bestehen aus zusammengenähten Yakhäuten, die über ein Gerüst aus Holz und Weidenruten gespannt werden. Dank ihrer Leichtigkeit können diese Boote auch weite Strecken über Land getragen werden. Yakfleisch ist sehr nahrhaft, und ein grosser Anteil wird jeweils luftgetrocknet wie unser Bündnerfleisch, was die Vorratshaltung erleichtert. Das lange, dichte Bauchhaar des Yaks ergibt eine rauhe Wolle, aus welcher Zelte, Decken und Kleider angefertigt werden.

Zur Herstellung von Teppichen wird häufiger Schafwolle verwendet, ebenso für feinere Stoffe. Die feinste Wolle – unter dem Namen Kashmir-Wolle weltbekannt – wird aus dem besonders feinen Haar der Paschminaziege gewonnen. Übrigens dienen auch Schafe und Ziegen als Tragtiere, können sie doch Lasten bis 14 Kilogramm mit grosser Ausdauer transportieren.

Bis zur Invasion hatten die Tibeter zum Schutz ihrer Herden die früher als TIBETAN MASTIFFS bezeichneten DHO-KHYIS, grosse und *(wenn nötig)* kämpferische Hunde, die eine gewisse Ähnlichkeit mit dem Berner Sennenhund aufweisen. Kynologen betrachten die DHO-KHYIS als Urhunde, welche dem Wolf nahe stehen und vermutlich Vorläufer der heutigen Hunderassen sind. Heute gibt es in Tibet leider nur noch wenige DHO-KHYIS, doch werden sie in jüngster Zeit mit wachsender Begeisterung im Ausland gezüchtet, wo ihre dem traditionellen Bewachungsauftrag entsprechende Kämpfernatur kaum mehr zum Zug kommt, umso mehr dagegen ihr *(fern der Wildnis)* sanftes und freundliches Wesen geschätzt wird.

Soziale Strukturen vor der Invasion

Im "alten Tibet" gab es einen Adel und Untertanen, und damit auch soziale Ungerechtigkeit und überdies harte Körperstrafen, ähnlich wie im mittelalterlichen Europa. Der als Kind in die Schweiz geflohene Tibeter Gyaltsen Sonam Gyaltag, mittlerweile Lehrer, Pädagoge und Psychologe, umschreibt die präinvasorische soziale Ordnung seines Heimatstaates als "hierarchisch gegliederte Nomaden- und Bauerngesellschaft mit feudalen und hierokratischen Strukturmerkmalen ... Das Volk führte ein hartes und einfaches, aber zugleich ein zufriedenes und vor allem ein *eigenes* Leben ..." *(Tibet – ein vergewaltigtes Land, S. 77).*

Angestellte und Diener wurden im allgemeinen gut, oft sogar wie Familienmitglieder behandelt und besassen in vielen Fällen noch eigenes Land. Auch für den ärmsten Diener war im Alter gesorgt, denn er verbrachte seinen Lebensabend im Haus seines Arbeitgebers, welcher mit der fortdauernden Betreuung des Pensionärs eine menschliche und religiöse Pflicht erfüllte. **Betreffend die von Peking so gern zitierte "Leibeigenschaft" ist klarzustellen, dass eine solche zwar der Form nach existierte, in der Praxis aber kaum vom Leben eines Knechts oder einer Magd in Europa um die Mitte unseres Jahrhunderts zu unterscheiden war.** Zudem hatten in Tibet alle Arbeitnehmer Aufstiegsmöglichkeiten und konnten sich zum Beispiel zu Haus- und Vermögensverwaltern, Schatzmeistern und Sekretären ausbilden lassen. Eine weitere Möglichkeit sozialen Aufstiegs ergab sich aus der Mönchslaufbahn.

Das Schulwesen war in den Städten gut organisiert: Die Kinder bezahlten ein Eintrittsgeld und vermögende Eltern ausserdem jährliche Gebühren, aber die Hauptkosten trugen reiche Geschäftsleute. Unterrichtet wurden vor allem Lesen, Schreiben, Singen, Mathematik und traditionelle Handwerkskünste wie Weben, Holzschnitzen und Zimmern. Vielfältige Möglichkeiten umfassender geistlicher und weltlicher Ausbildung boten die zahlreichen Klöster. Allein die Klosteranlagen von DREPUNG enthielten vier Hochschulen und fast hundert Lehrinstitute! Bei alldem existierten keine starr fixierten Ausbildungsgänge. Es war Sache der Schüler und ihrer Eltern, den individuellen Bildungsweg festzulegen, und der Wechsel in eine andere Schule war jederzeit möglich. Ebenso frei konnte man zwischen weltlicher, religiöser und kombinierter Ausbildung wählen.

Aufschlussreich ist das Verhältnis zwischen Frauen und Männern. Die Tibeterinnen waren nicht vollständig gleichberechtigt im Sinn einer modernen Betrachtungsweise, aber sie waren sehr selbständig, bestimmten die häuslichen und familiären Angelegenheiten massgeblich mit und waren frei in ihren persönlichen Entscheiden, so auch bei der Wahl, Akzeptierung oder Ablehnung eines Ehepartners. Oft wurde zwar die Heirat von den Eltern arrangiert, doch respektierten diese meistens den Willen ihrer Kinder, übten also keinen Zwang zur Verheiratung aus und verboten auch nicht die Vermählung mit einem Wunschpartner. Somit kam die Praxis doch recht nahe an Gleichberechtigung heran. **Jedenfalls gab es bis zur Zeit der Invasion nur sehr wenige Gesellschaften auf der Welt, wo die Frauen so frei waren wie in Tibet! Auch darin liegt ein**

augenfälliger Unterschied zur benachbarten chinesischen Gesellschaft, welche die Frauen während Jahrtausenden institutionell ausnützte, unterdrückte und vielfach praktisch als Sklavinnen behandelte.

Die weitaus häufigste Eheform der Tibeter war und ist die Monogamie. Daneben existierten beide Varianten der Polygamie: Die Polyandrie *(mehrere Ehemänner für eine Frau)* wurde bei "kleinen" Bauern praktiziert, wobei in solchen Fällen die Ehemänner meistens Brüder waren. Die Polygynie *(mehrere Ehefrauen für einen Mann)* kam eher selten vor. In der Regel waren dann die Ehefrauen miteinander verwandt, zum Beispiel Schwestern oder Mutter und Tochter. Entspricht die Polygamie auch nicht unseren heutigen westlichen Vorstellungen, so ist in diesem Zusammenhang zu beachten, dass die Bevölkerungszahl Tibets über Jahrhunderte hinweg praktisch konstant blieb, und dass bis zur Invasion der Chinesen kein Tibeter Hunger leiden musste.

Tibetische Medizin

Während Jahrtausenden lebten die Tibeter in völligem Einklang mit ihrer natürlichen Umwelt und kannten deshalb bis zur chinesischen Besetzung keine Stress- und Seelenkrankheiten. Ausserdem sind die Tibeter physisch und psychisch sehr widerstandsfähig, was sowohl mit den harten äusseren Lebensbedingungen als auch mit ihrer seit Generationen entwickelten inneren Kraft und Ruhe zusammenhängt, die sie insbesondere aus dem Buddhismus schöpfen. Aber vor Krankheit und Verletzung ist natürlich niemand sicher. Darum gab es im "alten Tibet" eine über tausendjährige, hochentwickelte Medizin und allein in LHASA mehrere medizinische Hochschulen. Deren grösste und bekannteste, das Institut für Medizin und Astrologie auf dem CHAKPORI *("Eisenberg")* gegenüber dem POTALA, wurde 1696 vom Medizinprofessor DESI SANGYE GYATSO, dem Regenten des Fünften Dalai Lama, gegründet und nach der Invasion von den Chinesen zerstört.

Der hervorragende Arzt und Wissenschaftler YUTOK YÖNTEN GONPO der Ältere *(8./9. Jh.)* gilt als Begründer der tibetischen Medizin und als Urheber eines bis heute verwendeten medizinischen Standardwerks, das 84'000 Krankheiten beschreibt und zur Heilung oder Linderung derselben rund 2'000 Mixturen aus Kräutern und Mineralien kennt. Indessen war auch die Urfassung dieses Werks nicht vollständig neu, sondern basierte ihrerseits auf uraltem Wissen des tibetischen Volkes, das YUTOK YÖNTEN GONPO sorgfältig gesammelt und durch eigene Forschung ergänzt hatte.

Ein Phänomen sondergleichen ist die tibetische Pulsdiagnose, deren hohe Treffsicherheit von immer mehr westlichen Schulmedizinern anerkannt wird. Bei der Erstellung einer Pulsdiagnose sind neben dem Puls in 48 Variationen auch die Jahreszeit, die astronomischen Rahmenbedingungen und andere äussere Einflüsse zu berücksichtigen. Gegen mancherlei Beschwerden und bei Verwundungen helfen tibetische Arzneien auf vorwiegend pflanzlicher Basis sowie Heilmethoden, die nicht nur von Ärzten, sondern auch von Mönchen und anderen heilkundigen Personen angewandt werden. In bestimmten Situationen ist die tibetische Medizin machtlos, weil sie keine High-Tech-Methoden der Diagnostik und Therapie und insbesondere keine moderne Chirurgie umfasst. Angesichts dieser Einschränkungen sind aber die Heilerfolge oft ganz erstaunlich! **Die tibetische Medizin will nicht einfach Symptome bekämpfen, sondern die geistigen und materiellen Ursachen und Zusammenhänge von Krankheiten erkennen und das Leiden demgemäss kurieren.**

Eine weltberühmte Spezialität ist PADMA 28. Vermutlich ist dieses tibetische Naturheilmittel bis jetzt *(neben chirurgischen Eingriffsmöglichkeiten)* die einzige wirksame Medizin gegen bereits eingetretene Gefässverengung. Dennoch verweigern die meisten Krankenkassen – ausser bei Abschluss einer Zusatzversicherung für alternative Medizin – die Bezahlung dieses in Apotheken und Drogerien rezeptfrei erhältlichen Medikaments und übernehmen statt dessen die Kosten für chemische Präparate, die wirkungslos oder sogar schädlich sind, indem sie lediglich die gesunden Gefässe erweitern und dadurch den geschädigten, verengten Gefässabschnitten noch mehr Blut entziehen *(sog. stealing effect)*. Von westlichen Ärzten hört man mitunter den Einwand, die Wirksamkeit von PADMA 28 sei nicht klinisch nachgewiesen. Dies stimmt allenfalls insofern, als – soweit bekannt – umfassende klinische Untersuchungen mit PADMA 28 bisher gar nicht durchgeführt wurden! Da drängt sich ernsthaft die Frage auf, ob die Pharmaindustrie und ihre Lobby in PADMA 28 eine unerwünschte Konkurrenz erblicken.

Die traditionelle tibetische Medizin wird heute vorwiegend im indischen Exil gelehrt und weiterentwickelt. Aber auch in anderen Ländern dozieren und praktizieren tibetische Ärztinnen und Ärzte, manchmal in Zusammenarbeit mit asiatischen Spezialisten der Akupressur und Akupunktur.

Die Religion BÖN

Die Ursprünge der alten tibetischen Naturreligion BÖN sind noch geheimnisvoller als Tibet selbst. Im Umfeld des heiligen Berges GHANG RINPOCHE *("Schneejuwel")* lag das sagenhafte Reich SHANG SHUNG, welches damals noch nicht zu Tibet gehörte, sondern im wesentlichen die späteren Königreiche LADAKH *(heute Indien)*, GUGE *(Westtibet)*, PURANG *(Dreiländerecke Tibet-Nepal-Indien)*, DOLPO und MUSTANG *(beide Nepal)* umfasste. Aus dem Norden eingewanderte Stämme hatten Grundelemente der BÖN-Religion nach SHANG SHUNG mitgebracht, wo sich in der Folge eine eigene Kultur entwickelte und insbesondere die animistische und schamanistische Frühform der BÖN entstand. Diese Frühform etablierte sich auch im benachbarten Tibet. Vielleicht um etwa 500 n. Chr. trat dann in SHANG SHUNG der mystische SHENRAB MIBO in Erscheinung, welcher die Religion mit indischen und persischen Einflüssen zur Hochblüte entwickelte. SHENRAB MIBO wird deshalb heute als "Stifter der BÖN" bezeichnet und verehrt, obschon die Wurzeln der BÖN-Religion wesentlich weiter zurückreichen. Zu Beginn des 7. Jahrhunderts hatte sich die Hochform der BÖN bis nach Zentraltibet verbreitet, wo sie jedoch ab 641 Konkurrenz durch den Buddhismus erhielt.

653 endete die eigenständige Geschichte von SHANG SHUNG mit dem Beitritt zu Tibet. Die BÖN-Religion wurde von jetzt an wellenartig, mit Zwischenphasen der Revitalisierung, zurückgedrängt. König LANG DARMA, ein Anhänger und Förderer der BÖN, unterdrückte und verfolgte ab 836 schonungslos die Buddhisten und zerstörte ihre Klöster, bis er 842 deswegen ermordet wurde. Allerdings war nach seiner Schreckensherrschaft nicht nur der Buddhismus, sondern auch die BÖN auf einem Tiefpunkt angelangt. Als dann am Ende des ersten Jahrtausends vom Königreich GUGE in Westtibet eine buddhistische Renaissance ausging *(siehe vorne "Das Königreich GUGE")*, passte sich die BÖN mehr und mehr dem Buddhismus an, um dem laufenden Verlust an Anhängern entgegenzuwirken. Umgekehrt vermittelte die BÖN ihrerseits dem Buddhismus in Tibet nachhaltige Impulse, welche diesen unverkennbar spezifizieren. So stammen zum Beispiel das Rauchopfer und die farbenfrohen, an Schnüren aufgereihten Gebetsfahnen, die uns heute als "typisch tibetisch-buddhistisch" erscheinen, aus der Religion BÖN.

Trotz der erwähnten Assimilierung liegt ein Charakteristikum der BÖN darin, dass viele religiöse Verhaltensweisen und Symbole optische Spiegelbilder der entsprechenden buddhistischen Elemente sind. So umrunden die Buddhisten heilige Berge, Orte und Bauten stets im Uhrzeigersinn und behalten dadurch das Heiligtum auf ihrer rechten Seite, während die BÖNPOS das Objekt gegen den Uhrzeiger umkreisen und somit auf der linken Seite lassen. Die beliebten Gebetsmühlen, welche durch Drehen des beschrifteten Zylinders dessen Gebete endlos rezitieren, werden ebenfalls in umgekehrter Richtung gedreht. Heilige Zeichen wie das Winkelkreuz SWASTIKA sind in den beiden Religionen symmetrisch zueinander. Augenfällig ist schliesslich ein weiterer Unterschied: Das auf Dächern und über Eingängen von Klöstern golden glänzende CHÖ KHOR, das Rad der Lehre, wird bei der BÖN von zwei Pfauen flankiert, während im Buddhismus diese Stellung zwei Gazellen zukommt. Beide Varianten dieser heiligen Skulpturen ziehen durch ihre klaren und schlichten Formen sowie durch ihre Schönheit, Erhabenheit und Ausdruckskraft selbst Laien in ihren Bann.

Bis zur Invasion der Chinesen gab es in Tibet circa 330 BÖN-Klöster, deren bedeutendstes, das Kloster MENRI, zu Beginn des 15. Jahrhunderts in TOBGYAL *(Südtibet)* gegründet worden war. Kein einziges dieser Klöster entging der chinesischen Zerstörungswut. Trotzdem überlebte die BÖN-Religion in Tibet. In der Gegend von NGAWA *(KHAM)* konnte sie sich bis heute halten, obwohl sie auch dort von der chinesischen Besatzungsmacht arg bedrängt und zudem von den tibetischen GELUGPAS *(siehe hinten "Buddhistische Klöster und Orden")* konkurrenziert wird.

Ausserdem ist die BÖN-Religion noch in Grenzgebieten des heutigen Nepals zu finden, wo schon seit Jahrhunderten Tibeter leben. Namentlich DOLPO wurde zu einem Refugium der BÖN, wenn auch bei den dort ansässigen Tibetern gewisse orientalische Kultureinflüsse unübersehbar sind. In den einsamen und wilden Hochtälern des DOLPO-Gebietes führen die tibetischen BÖNPOS ein abgeschiedenes Leben. Kontakte zur Aussenwelt ergeben sich sehr selten. Diese Dörfer der BÖNPOS auf 4000 bis 5500 Metern sind vermutlich die höchstgelegenen Dauersiedlungen der Welt. Ebenfalls in Nepal, in der Nähe von Kathmandu, wurde in den Achtzigerjahren das BÖN-Kloster THRI TEN NORBU TSE errichtet und von LOPÖN TENZING NAMDOK RINPOCHE, dem im Exil lebenden Oberhaupt der BÖNPOS, in aller Form eingeweiht.

Ursprung des Buddhismus

Speziell aus westlicher Sicht ist es aufschlussreich, den Buddhismus nicht als isoliertes Phänomen, sondern in einem weiteren Zusammenhang zu betrachten. Buddhismus und Christentum haben historisch und materiell einen gemeinsamen Kern. 563 v. Chr. wurde in LUMBINI, im heutigen Südnepal, SIDDHARTHA GAUTAMA als Sohn einer Königin und eines Königs geboren. 29 Jahre lang war er im elterlichen Palast von der Aussenwelt abgeschirmt und führte ein sorgloses Leben. Als er dreimal in die Welt ausserhalb der Palastmauern gelangte, wurde er dort mit Alter, Krankheit und Tod konfrontiert. Davon hatte Prinz SIDDHARTHA bisher nichts gewusst. Auf seinem vierten Ausflug traf er einen umherziehenden mystischen Eremiten, der einen tiefen Frieden ausstrahlte und das höchste, vollkommene Glück suchte. Nach diesen schicksalhaften Begegnungen verliess der Prinz gegen den Willen seines Vaters den Palast, seine Frau und seinen Sohn, und lebte sechs Jahre lang als Bettler und Asket in freier Natur.

Am Rande des Hungertodes wurde SIDDHARTHA gewahr, dass ihn die extremen Entbehrungen und selbstquälerischen Übungen seinem Ziel nicht näher gebracht hatten. Da gab er seine Askese auf und suchte nun einen massvollen, mittleren Weg zur Beendigung des irdischen Leidens. In einer Vollmondnacht des Jahres 528 v. Chr. meditierte SIDDHARTHA in der Nähe von BODH GAYA einsam unter einem Feigenbaum und gelobte, sich nicht zu erheben, bis er die Wahrheit gefunden habe. **Trotz heimtückischer Ablenkungsmanöver böser Dämonen, die ihre Macht gefährdet sahen, erinnerte er sich jetzt seiner vergangenen Existenzen, erkannte dadurch das Gesetz der Wiedergeburt und wurde insofern ein Erleuchteter, ein BUDDHA.**

Bald darauf setzte SIDDHARTHA GAUTAMA BUDDHA im Gazellenpark von SARNATH *(bei BENARES, Indien)* das Rad der Lehre in Bewegung und hielt seine erste Predigt, in welcher er die Vier Edlen Wahrheiten zur Überwindung des Leidens verkündete. Im Einzelnen sind dies die Wahrheit vom Leiden, die Wahrheit von der Ursache des Leidens, die Wahrheit von der Beendigung des Leidens und die Wahrheit vom Weg, der zur Beendigung des Leidens führt. Vorerst glich der Buddhismus eher einer weltlichen Lehre. Charakteristisch ist namentlich der grosse Respekt vor Menschen, Tieren, Pflanzen und der gesamten Natur.

JESUS CHRISTUS lebte rund 500 Jahre später ebenfalls als Mensch unter Menschen. Sein ganzes Leben war von Entbehrung, Bescheidenheit und Nächstenliebe geprägt. Bis heute ist ungeklärt, ob er in jungen Jahren eventuell in Asien mit östlichen Philosophien und Religionen in Kontakt kam. Ungefähr zur Zeit von JESUS CHRISTUS nahm der Buddhismus die Form einer Religion an. Bemerkenswert ist auch die Identität der buddhistischen und christlichen Hauptgebote "Du sollst nicht töten, nicht stehlen, nicht lügen ...".

Während auf den ersten Blick die Wiedergeburt im Buddhismus und das Ewige Leben im Christentum als polare Gegensätze erscheinen, zeigt sich bei detaillierter Betrachtung, dass damit – aus unterschiedlicher Optik und mit anderer Formulierung – durchaus die gleiche Realität gemeint sein könnte. Zudem tauchte unlängst die These auf, der christliche Glaube habe ursprünglich auf dem Gedanken der Wiedergeburt basiert, doch seien später alle betreffenden Bibelstellen kategorisch gestrichen worden. Schliesslich befassen sich zeitgenössische christliche Theologen ernsthaft mit einer christlichen Reinkarnationslehre. Wer will unter diesen Umständen ausschliessen, dass BUDDHA und GOTT zwei Bezeichnungen aus verschiedenen Kulturen für dieselbe metaphysische Kraft sind?

Buddhismus in Tibet

SONGTSEN GAMPO, der 33. König von Tibet und Ehemann von drei Tibeterinnen, heiratete 637 n. Chr. zusätzlich Prinzessin BHRIKUTI aus Nepal und 641 Prinzessin WENG CHENG aus China. Diese zwei Frauen waren tiefgläubige Buddhistinnen und beeindruckten den König so stark, dass er noch im Jahr 641 den MAHAYANA-Buddhismus in Tibet einführte *(MAHAYANA = grosses Fahrzeug; HINAYANA = kleines Fahrzeug; VAJRAYANA = Diamantfahrzeug)*. BHRIKUTI baute in LHASA den Tempel JOKHANG und WENG CHENG den RAMOCHE. Die Bevölkerung widersetzte sich aber anfänglich dem neuen Glauben, und erst durch Adaption an die tibetische Lebensweise und Mentalität fand der Buddhismus allmählich Eingang in die Häuser und Herzen der Tibeter. So leitete SONGTSEN GAMPO eine historische Wende ein, welche im Lauf der Jahrhunderte ihre volle Wirkung entfaltete, die Menschen und die Nation formte und bis zur Gegenwart das Volk der Tibeter prägt. Wie erwähnt ist der tibetische Buddhismus mit Elementen der alten Naturreligion BÖN vermischt und wird im Westen wegen seiner Eigenheit auch "Lamaismus" genannt.

Nun liess König TRISONG DETSEN indische Gelehrte ins Land kommen, namentlich PADMASAMBHAVA. Dieser tantrische Meister und berühmte Vertreter des MAHAYANA-Buddhismus gilt als Begründer des NYINGMA, des ältesten buddhistischen Ordens Tibets. Nach den Anweisungen PADMASAMBHAVA's wurde um 779 das erste Kloster in Tibet gegründet, eine buddhistische Mönchsuniversität in SAMYE *(ca. 50 km südöstlich von LHASA, oberhalb des seeartig erweiterten TSANGPO)*. Als der indische Lehrer KAMALASILA eine kämpferische Debatte gegen den chinesischen Lehrer HWASHANG gewann, ernannte TRISONG DETSEN um 792 den Buddhismus zur Staatsreligion. Die Mehrheit des tibetischen Volkes war jetzt buddhistisch. Dann folgte wieder ein kurzer Rückschlag unter König LANG DARMA, der wegen seiner systematischen Verfolgung der Buddhisten 842 ermordet wurde. Gleichwohl war der Buddhismus in Tibet noch lange nicht konsolidiert, denn einerseits standen qualifizierte geistliche Lehrkräfte erst in geringer Anzahl zu Verfügung, und anderseits waren die vielen Nomaden naturgemäss nur schwer erreichbar.

Im kleinen westtibetischen Königreich GUGE wurde die neue Religion gepflegt und gefördert. 978 kehrte der tibetische Gelehrte RINCHEN SANGPO von einem Studienaufenthalt aus Indien zurück und unterstützte tatkräftig die königlichen Bemühungen zur landesweiten Reaktivierung des Buddhismus. 1042 folgte der indische Gelehrte DIPANKARA ATISHA der Einladung von König LHA LAMA YESHE ÖD nach GUGE und half ebenfalls, die buddhistische Renaissance nach ganz Tibet hinaus strahlen zu lassen. Zu den ersten tibetischen Meistern, die eine originäre tibetische Version des Buddhismus begründeten, zählen MARPA *(1012 - 1097)* und sein Schüler MILAREPA *(1052 - 1139)*, der bedeutendste Dichter und Mystiker Tibets, welcher durch eine harte und leidvolle Wandlung von der schwarzen Magie zur Selbstlosigkeit fand.

MARPA wird vielfach als Gründer des KAGYÜD-Ordens bezeichnet, während nach anderen Quellen der KAGYÜD erst im 12. Jahrhundert durch den ersten KARMAPA gegründet wurde. Diese Divergenz dürfte vorrangig damit zusammenhängen, dass die Entstehung des KAGYÜD-Ordens offenbar in mehreren transformatorischen und zeitlich gestaffelten Schritten verlief. KAGYÜD und KARMA sind jedenfalls untrennbar miteinander verbunden, wobei entweder von einem einzigen KAGYÜD-KARMA-Orden gesprochen oder der KARMA-Orden als Teil des KAGYÜD-Ordens betrachtet wird. Der jeweilige KARMAPA ist zugleich geistliches Oberhaupt der KAGYÜDPAS. Ausserdem bilden die

KARMAPAS nach übereinstimmender Auffassung die älteste Linie von Inkarnationen höchster Würdenträger.

In Tibet haben die KARMAPAS ihr Stammkloster TSURPHU nordwestlich von LHASA, das von den Chinesen zerstört und später von den Tibetern wieder aufgebaut wurde. Nach seiner Flucht von 1959 errichtete der Sechzehnte KARMAPA im Exil von Sikkim *(heute Indien)* das Kloster RUMTEK. In Europa und Amerika gründete der auch im Westen sehr beliebte KARMAPA zahlreiche buddhistische KAGYÜD-Zentren. 1981 starb der Sechzehnte KARMAPA in Chicago, und kurz vor seinem Tod sagte er: "Mein Körper bleibt in Amerika, aber mein Geist kehrt nach Tibet zurück". Der Film "Living Buddha" von Regisseur Clemens Kuby zeigt in grossartigen Bildern und authentischen Kommentaren, wie der Siebzehnte KARMAPA aufgefunden und noch als Kind am 27. September 1992 in TSURPHU inthronisiert wurde.

DOM TONPA, ein Schüler von DIPANKARA ATISHA, gründete 1056 bei RETING *(ca. 80 km nördlich von LHASA)* das Stammkloster des KADAM-Ordens, welcher später in den GELUG-Orden integriert wurde. Als geistiger Urheber des SAKYA-Ordens gilt der Mystiker BROGMI. Sein Schüler KONCHOG GYALPO gründete 1073 das SAKYA-Stammkloster in den Bergen südwestlich von SHIGATSE.

Der Erfolg der buddhistischen Lehre reichte jetzt über die Landesgrenze hinaus. Ab Mitte des 13. Jahrhunderts gelangte der Buddhismus in die Zelte der kämpferischen Mongolen, der damaligen Schirmherren Tibets, und 1270 bekehrte sich KUBILAI KHAN, ein Enkel des grossen Mongolenherrschers DSCHINGIS KHAN, offiziell zum tibetischen Buddhismus.

Buddhistische Klöster und Orden

Im 15. Jahrhundert setzte ein Klosterbau in noch nie gekannten Dimensionen ein: TSONG KHAPA, der "Grosse Reformator" und Begründer des GELUG-Ordens, gründete 1409 die Klosterstadt GANDEN in der Nähe von LHASA, und kurz darauf begannen zwei seiner Schüler mit dem Bau der Klöster DREPUNG *(1416)* und SERA *(1419)*, beide noch näher bei der Hauptstadt. Diese drei gelten als Stammklöster des GELUG-Ordens. 1447 legte der Erste Dalai Lama den Grundstein für das weitere GELUG-Kloster TASHI LHUNPO in SHIGATSE, den späteren Sitz des Panchen Lama. Die Klöster wurden mit reichhaltigen Bibliotheken ausgestattet, und der Einfluss der Lamas und Mönche wuchs stetig. Tibetische Gelehrte unterrichteten jetzt sogar in Indien und Nepal, dem Ursprungsgebiet des Buddhismus!

Unter dem Fünften Dalai Lama wurde von 1644 bis 1694 in der Hauptstadt LHASA der gewaltige POTALA als Regierungssitz und Winterresidenz des Dalai Lama erbaut. MINDROLING *("Ort der vollkommenen Befreiung")*, hoch auf einer Bergrippe südlich des YARLUNG-Tals gelegen, wurde 1676 gegründet und war – bis es von den Chinesen zerstört wurde – eines der grössten und wichtigsten NYINGMA-Klöster und gleichzeitig eine Universität für Philosophie und Medizin. Im Nordosten Tibets, in der Provinz AMDO, entstanden ebenfalls bedeutende Klosterstädte: KUMBUM *("Kloster der zahllosen Bilder Buddhas")* wurde 1560 östlich des grossen Sees KOKO NOR in einem kleinen Tal am Geburtsort von TSONG KHAPA gegründet, und relativ spät, nämlich 1709, erfolgte weiter südöstlich die Gründung der Klosterstadt LABRANG *("Haus des Lama")* mit ihrem bekannten medizinischen Institut.

Bei JYEKUNDO in der Provinzgrenzregion von AMDO und KHAM entstanden die Klosterstädte TSAWU *(SAKYA-Orden)* und RAKCHI *(ursprünglich KAGYÜD-, später GELUG-Orden)*, welche von den chinesischen Invasoren zerstört und später von den Tibetern teilweise rekonstruiert wurden. Ähnlich erging es vielen Klöstern in der Südostprovinz KHAM. Die Klosterstadt AMCHOK TSENNYI südlich von NGAWA war ursprünglich eine heilige BÖN-Stätte, kam nach der Reformation von TSONG KHAPA zum GELUG-Orden, wurde von der chinesischen Besatzungsmacht fast vollständig zerstört, dann von den Tibetern wieder aufgebaut und gehört heute zu den grössten Klöstern Tibets.

Im Lauf der Zeit wurden in ganz Tibet über 6'000 Klöster errichtet. Die kleinsten bestanden aus einem einzigen Raum, und die grössten waren ganze Städte, die wirtschaftlich autark lebten.

NYINGMA *("alt, ursprünglich")* ist der alte Orden. Die drei anderen Hauptorden des MAHAYANA-Buddhismus sind demgegenüber die neuen oder reformierten Orden: SAKYA *(Orden, Kloster und Stadt)* heisst "weisse Erde", KAGYÜD bedeutet "mündliche Wissensüberlieferung" und GELUG heisst "Tugendhaftigkeit". In allen Orden dürfen diejenigen Mitglieder einschliesslich

Lamas, welche kein Mönchsgelübde abgelegt haben *(aber landläufig gleichwohl als Mönche bezeichnet werden)*, heiraten und eine Familie gründen, wovon traditionell besonders die NYINGMAPAS Gebrauch machen. Beim Oberhaupt der SAKYAPAS und dessen Brüdern ist dies sogar die Regel, weil dort im Sinn einer indirekten Erbnachfolge jeweils ein Neffe die Stellung des verstorbenen Ordensleiters übernimmt. Nach der Farbe ihrer Kopfbedeckung werden die NYINGMAPAS im Westen etwas salopp auch als "Rotmützen" bezeichnet, die KAGYÜDPAS als "Schwarzhüte" und die GELUGPAS als "Gelbmützen".

Das Leben im Kloster bedeutete Abgeschiedenheit, Einfachheit, Entbehrung und strenge Disziplin, aber niemals Zwang. Knaben konnten mit sieben Jahren Novizen und Mädchen mit zehn Jahren Novizinnen werden, und der Austritt war jederzeit möglich. Fast jede Familie schickte mindestens einen Sohn ins Kloster, weshalb es neben einer relativ kleinen Zahl von Nonnen sehr viele Mönche gab. Schätzungen zufolge machte der Anteil der Mönche bis zu 20 % der gesamten Bevölkerung Tibets aus!

Eine Besonderheit waren Mönche, die sich freiwillig für mehrere Jahre oder sogar auf Lebenszeit in einer Höhle einmauern liessen. Durch eine kleine Öffnung erhielten sie Nahrung, Bücher, Butterlampen und religiöse Utensilien. Der schwedische Forscher Sven Anders Hedin schilderte das Leben solcher Höhlenmönche sehr eindrücklich in seinem Standardwerk "Transhimalaya". Umgekehrt gab es Einsiedler, die ihre frei zugängliche Wohnhöhle recht komfortabel einrichteten und auch sonst weniger asketisch lebten. An Festtagen empfingen sie Besucher, welchen sie pflanzliche Pillen schenkten und den Segen erteilten.

Dalai Lama und Panchen Lama

Die Institution des Dalai Lama und indirekt auch diejenige des Panchen Lama sind ausländischen Ursprungs. SONAM GYATSO war der dritte Grosslama des Klosters DREPUNG, Oberhaupt der GELUGPAS und – nachdem er der königlichen Einladung in die Mongolei gefolgt war – geistlicher Lehrer des Mongolenkönigs ALTAN KHAN. Dieser verlieh ihm 1578 den Titel "Dalai Lama", Ozean der Weisheit. Das mongolische Wort "Dalai" heisst Ozean, und "Lama" ist die tibetische Bezeichnung für einen hohen Mönch. Die beiden ersten Grosslamas von DREPUNG erhielten diesen Titel posthum; Erster Dalai Lama war somit

GENDÜN DRUB *(1391 - 1474)*, ein führender Schüler des GELUG-Begründers TSONG KHAPA. Die Beziehung zwischen dem Herrscherhaus ALTAN KHAN's und dem GELUG-Orden wurde noch enger, als die Tibeter den jungen Mongolen YÖNTEN GYATSO *(1589 - 1617)*, einen Urenkel von ALTAN KHAN, als Vierten Dalai Lama anerkannten.

Der Dalai Lama ist die Wiedergeburt von CHENRESI, des Allerbarmenden Buddha und Schutzgottes von Tibet, der auf seine eigene Erlösung und den Eingang ins NIRWANA verzichtet hat, um so lange wiedergeboren zu werden, bis alle Menschen erlöst sind. Dementsprechend wird der Dalai Lama nicht etwa gewählt, sondern jeweils in einer landesweiten Suche durch hohe Lamas gefunden.

1650 ehrte der Fünfte Dalai Lama seinen Lehrer LOBSANG CHÖKYI GYALTSEN, den Grosslama von TASHI LHUNPO, mit der Qualifikation als "Panchen Rinpoche". "Pan" kommt vom Sanskrit-Wort "Pandit" und bedeutet Gelehrter, "chen" ist tibetisch und heisst gross. Das tibetische Wort "Rinpoche" heisst wörtlich Juwel und bezeichnet im weiteren Sinn einen sehr hohen Mönch und seine Reinkarnationen. LOBSANG CHÖKYI GYALTSEN war bereits der Vierte Panchen Lama, wie er in der Folge genannt wurde, und wiederum erhielten dessen Vorgänger den Titel posthum. Der Panchen Lama ist die Wiedergeburt von ÖPA ME, des Gottes des unendlichen Lichtes, und wird ebenfalls durch eine intensive Suche im ganzen Land gefunden.

Das Suchen und Bestimmen einer Reinkarnation ist meistens sehr heikel und kompliziert. Mit dem Auffinden mehrerer ernsthaft in Frage kommender Kinder sind klerikale Dissonanzen und sogar öffentliche Diskussionen vorprogrammiert. Eine hochpolitische Angelegenheit ist die Nachfolgeregelung des Dalai Lama und des Panchen Lama. Die offiziell beauftragte Suchkommission findet jeweils mehrere "Kandidaten" und unterzieht diese mittels spezieller Prüfungen einer strengen Evaluation, deren Ergebnisse exakt notiert werden. Schliesslich bestimmen dann gegenseitig der Dalai Lama und der Panchen Lama, welches Kind die Wiedergeburt des anderen verstorbenen Würdenträgers ist. Unter der chinesischen Okkupation hat sich die politische Brisanz der Nachfolgeregelung auf tragische Weise noch erhöht, wie das Beispiel des vom Dalai Lama anerkannten und kurz darauf von den Chinesen entführten Elften Panchen Lama zeigt *(siehe vorne "Entführung des Elften Panchen Lama")*.

Wer ist der Vierzehnte Dalai Lama ?

Seine Heiligkeit der Vierzehnte Dalai Lama wurde am 6. Juli 1935 in TAKTSER als Sohn einfacher Bauern geboren. TAKTSER, ein Dorf in der Nordostprovinz AMDO, liegt ganz in der Nähe der berühmten Klosterstadt KUMBUM östlich des grossen Sees KOKO NOR. Geleitet von einer Vision, die verschlüsselte Hinweise auf Ort und Aussehen der elterlichen Heimstatt des reinkarnierten Dalai Lama enthielt, schwärmten Suchtrupps von Lamas in verschiedene Richtungen aus. Nach einer Reise von 1'600 Kilometern entdeckte eine dieser Gruppen das Elternhaus und daselbst den zweijährigen LHAMO DHONDRUB. Der kleine Junge bestand eine Reihe von Tests, indem er einen als Diener verkleideten hohen Lama aus dem Kloster SERA, den er nie zuvor gesehen hatte, intuitiv erkannte und danach fehlerfrei die persönlichen Gegenstände des verstorbenen Dreizehnten Dalai Lama unter gleich oder ähnlich aussehenden Utensilien herausfand.

Infolge hartnäckiger ausländischer Einmischung – die Chinesen erpressten ein horrendes Lösegeld – verzögerte sich der Aufbruch nach LHASA um fast zwei Jahre. Endlich konnte die grosse Reise beginnen, und am Morgen des 7. Oktober 1939 zog LHAMO DHONDRUB mit der hochrangigen Delegation in die Hauptstadt LHASA ein. Dort erklärte ihn die tibetische Nationalversammlung gestützt auf den vorgelegten Bericht einstimmig zur Reinkarnation des Dreizehnten Dalai Lama und somit zum Vierzehnten Dalai Lama. Anfangs 1940 wurde TENZING GYATSO, wie er jetzt mit Mönchsnamen hiess, im Alter von viereinhalb Jahren auf den Löwenthron gesetzt und war damit *(erst formell)* geistlicher und weltlicher Herrscher von Tibet. Mit sechs Jahren begann seine Unterweisung.

Ein dynamischer Reformer

Als im Sommer 1949 die chinesische "Volksbefreiungsarmee" in Tibet einfiel, war der junge Staatschef erst vierzehn Jahre alt, und nachdem am 7. Oktober 1950 die eigentliche Invasion begonnen hatte, übertrugen ihm die tibetische Nationalversammlung und Regierung am 17. November 1950 im Alter von 15 Jahren die religiöse und die politische Verantwortung. Trotz der schlimmen Lage nahm der Dalai Lama zielstrebig politische und soziale Reformen an die Hand. Dabei ging es namentlich um ein gerechteres Steuersystem, Entschuldung der Bauern, Landzuteilung an Pächter, Verbesserung des Erbrechts sowie

Verhinderung von Amtsmissbrauch und Korruption. Ein paar dieser Massnahmen konnten in der Folge realisiert werden, aber dann blockierten die chinesischen Besatzer alle weiteren Vorschläge und Beschlüsse der vom Dalai Lama eingesetzten Reformkommission, weil sie die "Befreiung" Tibets rechtfertigen wollten und deshalb nicht zuliessen, dass die tibetische Regierung aus eigener Kraft und Initiative Reformen durchführte.

Ebenfalls schon im Jünglingsalter brachte der Dalai Lama oft den Generator im Sommerpalast NORBULINGKA *("Juwelenpark")* wieder in Schwung. Dank seiner ausgeprägten Beobachtungsgabe nahm er ihn einfach auseinander, sah oder ahnte, wo das Problem lag, behob es und setzte den Generator wieder zusammen. Dasselbe tat er mit einem Filmprojektor. Gemeinsam mit einem jungen Tibeter, der in Indien als Fahrer ausgebildet worden war, nahm der Dalai Lama drei alte, defekte Autos auseinander und setzte die noch brauchbaren Teile zu zwei fahrtüchtigen Autos zusammen. Weiter zerlegte er eine teure und eine billige Uhr, um zu sehen, welche mechanischen oder anderen Unterschiede die Preisdifferenz bewirkten.

Anfangs März 1959 bestand der Dalai Lama glanzvoll die ausserordentlich schwierigen religiösen Abschlussprüfungen und wurde – einfach formuliert – Doktor der Buddhistischen Philosophie. Als die Chinesen kurz darauf seine Entführung nach China vorbereiteten, floh er im März und April 1959 nach Indien, denn er hatte erkannt, dass er für sein Volk die Hoffnung auf Frieden und Freiheit verkörperte, weshalb das Überleben der Tibeter zunächst von seinem eigenen physischen Überleben und von der Erhaltung eines Rests seiner politischen Handlungsfähigkeit abhing. In DHARAMSALA *(Nordindien)* errichtete er nach demokratischen Grundsätzen ein Exil-Parlament und eine Exil-Regierung *(siehe vorne "Im indischen Exil")*.

Quo vadis ?

Schon seit geraumer Zeit möchte der Dalai Lama, das legitime Staatsoberhaupt Tibets, seine weltlichen Kompetenzen an das Parlament und die Regierung seines Landes abtreten, was die Tibeter heute zwar nicht mehr kategorisch ablehnen, aber wenigstens hinausschieben wollen. Bereits die tibetische Verfassung von 1963 statuiert das Recht der Nationalversammlung *(oberstes Gremium)*, den Dalai Lama als *politisches* Oberhaupt abzuwählen.

Für seine konsequent gewaltlosen und friedlichen Bemühungen um die Befreiung Tibets wurde der Vierzehnte Dalai Lama am 10. Dezember 1989 in Oslo mit dem Friedensnobelpreis ausgezeichnet. Am 26. Februar 1992 veröffentlichte er die Richtlinien für den zukünftigen tibetischen Staat, gemäss welchen er in einem freien Tibet auf alle politischen Ämter verzichtet. Ausserdem tendiert er dazu, die Institution des Dalai Lama nicht mehr fortzuführen oder auf eine bloss symbolische Bedeutung zu begrenzen, wenn Tibet bei seinem Tod frei ist *(Le Monde 30. 10. 96)*.

Wie erwähnt wurden die Reformpläne des regierenden jungen Dalai Lama schon bald von den Chinesen systematisch abgeblockt, so dass nach kleineren Anfangserfolgen keine grössere Reform zustande kam. **Umso mehr sollten vom Reformwillen, von der Innovationskraft, vom technischen Verständnis und von der Weltoffenheit des Vierzehnten Dalai Lama insbesondere jene Kritiker Kenntnis nehmen, welche das zentralasiatische Agrarland Tibet von 1949 mit einem westlichen Industriestaat des Jahres 2000 vergleichen, dabei eine gewisse Rückständigkeit der Tibeter entdecken und mit dieser – teils offen, teils unausgesprochen – den Einmarsch der Chinesen rechtfertigen wollen. Ohne die kriminelle Okkupation durch China hätte sich Tibet zweifellos in jeder Hinsicht viel besser entwickeln können!**

Klemens Ludwig bemerkt in diesem Zusammenhang: "Es ist die Tragik der Geschichte, dass Tibet gerade zu dem Zeitpunkt besetzt und in seiner Entwicklung blockiert wurde, als eine Erneuerung in greifbarer Nähe schien. Und es könnte – wenn die Ereignisse nicht einen so tragischen Verlauf genommen hätten – schon wie eine Ironie der Geschichte anmuten, dass diese Besetzung auch im Namen von sozialer Erneuerung geschah". Deshalb sind auch – wie es die junge Exil-Tibeterin Dicky Y. Tenley ausdrückt – "die Vorwürfe von manchen Seiten, dass wir Tibeter, und besonders diejenigen im Exil, reaktionär seien und die alte Gesellschaftsordnung wiederherstellen wollen, völlig absurd". Schliesslich erweist sich auch die generell formulierte, aber auf Tibet bezogene Feststellung der Journalistin Ludmilla Tüting als richtig: "Fortschritt kann nie durch Zerstörung geschaffen werden" *(Tibet klagt an, S. 127, 138 und 147)*.

Teil V: Tibet heute

Unterdrückung, Folter, Diskriminierung

Die heutige Situation in Tibet ist in verschiedener Hinsicht äusserst desolat. Tibeterinnen und Tibeter sind Gefangene im eigenen Land, denn um sich von einem Ort an einen anderen zu begeben, brauchen sie eine Reisegenehmigung der Besatzungsmacht. Ohne Reisegenehmigung riskieren sie, wegen angeblicher Staatsgefährdung verhaftet, gefoltert und verurteilt zu werden. Auch Wohnsitzverlegung und Stellenwechsel bedürfen einer vorgängigen Bewilligung der Kolonialherren.

An den Schulen werden die Tibeter Kinder systematisch sinisiert und ideologisch indoktriniert. Tibetische Lehrerinnen und Lehrer, die sich weigern, ihren Klassen die chinesische Propaganda-Lüge von der "friedlichen Befreiung Tibets" aufzutischen, werden verhaftet und gefoltert. **Drei jungen Schülern, welche die chinesische Geschichtsfälschung durchschauten und Tibet als unabhängiges Land bezeichneten, verbrannten die "Befreier" mit einem rotglühenden Eisen die Nasen.** In der anschliessenden Haft erlitten zwei dieser Opfer noch die übliche Folter, was der eine mit einem gebrochenen Bein und der andere mit heftigen Kopf-, Augen- und Magenschmerzen überlebte. Ähnlich ist es schon Hunderten von tibetischen Lehrern und Schülern ergangen *(The Philadelphia Inquirer 09. 12. 96).*

Zur Zeit gibt es in Tibet 582 Spitäler. Diese gewähren aber in aller Regel nur den Chinesen eine wirkliche Heilbehandlung. Wenn es Tibeter noch wagen, in einem Spital medizinische Hilfe zu beanspruchen, dann wird ihnen dort von chinesischen Ärzten und Krankenschwestern manchmal mehr Schaden zugefügt als geholfen. Tibetische Patienten werden höchstens rudimentär untersucht und in der Folge – wenn überhaupt – meistens schlecht therapiert. Schon oft hat die Verabreichung falscher Medikamente zu Invalidität oder Tod geführt. Vielfach verweigert man den Tibetern im vornherein jegliche Untersuchung und Behandlung. Ausserdem verursachen die chronische Unterernährung, die Zwangsabtreibungen und der Schnaps, den die Chinesen bewusst spottbillig anbieten, zunehmend genetische Schäden unter der tibetischen Bevölkerung.

Ausbeutung und Umweltzerstörung

Die mehrheitlich von Tibetern einschliesslich Frauen und Kindern in Zwangsarbeit gebauten Strassen und Flugplätze dienen in erster Linie den militärischen Zwecken der chinesischen Kolonialmacht sowie dem Abtransport von Getreide, Baumstämmen, Erdöl, Uran, Gold und anderen Bodenschätzen nach China. Nicht von ungefähr nennen die Chinesen ihr Nachbarland Tibet "Xizang", was "Schatzhaus im Westen" heisst. In AMDO erbeuten die Besatzer jährlich über eine Million Tonnen Rohöl. Die Goldschürfung unterlag vorher strengster Geheimhaltung, doch für das Jahr 1995 gab China erstmals die geförderte Goldmenge von 105 Tonnen bekannt, um damit seine Aufnahme in die Welthandelsorganisation (WTO) zu erleichtern *(NZZ 05. 01. 96)*. 1996 waren es bereits 120,6 Tonnen *(NZZ 17. 06. 97)*. Ein grosser Anteil dieses Goldes stammt indessen aus Tibet und ist angesichts der Tatsachen, dass die Chinesen illegal in Tibet sind und die völlige Vernichtung des tibetischen Volkes anstreben, mit dem Raubgold des Dritten Reichs vergleichbar. Vielleicht braucht es noch eine Generation, bis die Weltöffentlichkeit dies eingesteht.

Durch die obligatorische massenhafte Anwendung hochgiftiger Pestizide und chemischer Düngemittel, deren flächenbezogene Mengen die toxikologischen Grenzwerte vielerorts weit überschreiten, sowie durch Anbau des von den Chinesen bevorzugten aber für das tibetische Hochland ungeeigneten Weizens werden die Böden völlig ausgelaugt und erodieren. In Osttibet haben die Chinesen die einst unermesslichen Wälder rücksichtslos abgeholzt, was zweifellos zu den immer häufigeren Überschwemmungen in China, Indien und Bangladesh beiträgt *(vgl. TA 16. 08. 96, "Umweltsünden der Kulturrevolutionäre")*.

Es erstaunt deshalb nicht, dass sich China durch Ablehnung der neuen UNO-"Konvention zur nichtschifffahrtsmässigen Nutzung internationaler Wasserwege", die hauptsächlich Fragen der Wasserversorgung, der Wasserqualität und betreffend Überschwemmungen regelt, aus der Verantwortung stehlen will *(NZZ 24./25. 05. 97)*. Unter diesen Umständen erscheint es allerdings paradox und pädagogisch kontraproduktiv, dass die Weltbank rund einen Monat später, Ende Juni 1997, Chinas Egoismus ausgerechnet mit einem Kredit von 430 Millionen US-Dollars für Massnahmen zum Hochwasserschutz am Gelben Fluss belohnte *(NZZ 03. 07. 97)*. So gewöhnt sich China immer mehr daran, vom Rest der Welt grosszügige Geschenke zu erhalten *(die vollständige Tilgung der immensen Kredite ist höchst ungewiss)*, zum Dank regelmässig einzelne Donatoren beziehungsweise Länder auf tiefstem Niveau zu attackieren, und im übrigen nie eine Gegenleistung zu erbringen.

Die Chinesen haben im besetzten Tibet zahlreiche, grossenteils spezifisch tibetische Tierarten ausgerottet oder auf kleine Restbestände dezimiert, deren Überleben fraglich ist *(siehe vorne "Zerstörung der Natur")*. Extrem gefährdet sind namentlich der Schneeleopard oder Schneelöwe, der Wildyak, der tibetische Wildesel, der Moschushirsch, das wilde HIMALAYA-Schaf, Antilope, Luchs und einige Vogelarten. Dessen ungeachtet organisiert die Besatzungsmacht Jagden für chinesische Funktionäre und reiche ausländische Touristen, welchen oft gerade Tiere der bedrohten Arten zum Opfer fallen. Ausländer bezahlen für solche prestigeträchtigen Trophäenjagden horrende Summen.

Gegenwärtige und drohende Atomverseuchung

In NAGCHU *(ca. 220 km nordnordöstlich von LHASA)* haben die Chinesen eine gigantische nukleare Forschungs- und Versuchsanlage und Atomraketenbasis errichtet. Östlich des grossen Sees KOKO NOR in AMDO besteht seit 1967 ein geheimes unterirdisches Forschungs-, Produktions- und Testzentrum für Atomwaffen, die so genannte "Neunte Akademie" oder "Factory 211". Ausserdem lagern die Chinesen an mehreren Orten Tibets improvisiert und ohne adäquate Schutzvorkehren radioaktive Abfälle, die teils aus China und teils aus Industriestaaten stammen, welche diese gefährlichen Abfälle gegen hohes Entgelt den Chinesen zur "Entsorgung" überlassen. Als Land in einer geologisch brisanten Erdbebenzone *(siehe vorne "Urzeitliche Entstehung von Tibet")* ist Tibet für die Lagerung von Atom- und Giftmüll ohnehin völlig ungeeignet.

Der Atommüll, die Uranminen und die Uranabraumhalden führen zu schweren Erkrankungen und Todesfällen unter den tibetischen Nomaden. Dies betrifft insbesondere die Umgebung von LHASA und die "Neunte Akademie", in deren Umkreis überdurchschnittlich viele Menschen an Krebs erkranken und sterben, wobei die Kinder ähnliche Symptome aufweisen wie nach dem Atombombenabwurf über Hiroshima im Zweiten Weltkrieg. Zudem entspringen in der Gegend der "Neunten Akademie" drei der grössten Flüsse Asiens, nämlich der ZA CHU *(Mekong)*, der DRI CHU *(Blauer Fluss, Yang-Tse-Kiang)* und der MA CHU *(Gelber Fluss, Huang Ho)*, wodurch auch den umliegenden Ländern, nicht zuletzt

China selber, eine nukleare Verseuchung unvorstellbaren Ausmasses droht. In nächster Nähe der "Neunten Akademie" befinden sich übrigens einige der grössten chinesischen Gefangenenarbeitslager, deren Häftlinge nach wie vor zu Bauarbeiten an den Atomanlagen gezwungen werden. Schliesslich bestehen Pläne zur Errichtung eines Atomreaktors in LHASA, um den schnell wachsenden Energiebedarf der chinesischen Soldaten und Siedler zu decken ...

Die belgische Repräsentantenkammer zeigt sich in ihrer Resolution vom 27. Juni 1996 besorgt über die chinesischen Umweltzerstörungen auf dem tibetischen Plateau, namentlich über die missbräuchliche Entwaldung und die Lagerung giftiger und radioaktiver Abfälle, und befürchtet sogar weltweite Auswirkungen auf die natürliche Umwelt.

Religion für den Tourismus

Ein paar wenige der mehr als 6'000 zerstörten Klöster durften die Tibeter in Fronarbeit wieder aufbauen, aber die Zulassung von Nonnen und Mönchen und ihre religiöse Tätigkeit stehen unter strengster Kontrolle der Kommunistischen Partei Chinas. Religiöse Riten und Veranstaltungen sind genehmigungspflichtig, und alle Klöster haben von den Chinesen eingesetzte Verwalter. Neben den grossen Klöstern befinden sich oft Kasernen oder Polizeiposten. Nonnen und Mönche müssen sich regelmässig politischen "Umschulungen" unterziehen. Dagegen sind Unterricht und Studium der authentischen buddhistischen Religion und Philosophie wie auch die Beschaffung entsprechender Lehrbücher strikte verboten. Überdies sind die grösseren Klöster längstens unterwandert. So ist im Kloster SHIGATSE ungefähr jeder zwanzigste Mönch *(ungeachtet der tibetischen Nationalität)* ein Spion der chinesischen Kolonialmacht. Noch erdrückender ist die Zahl der offen agierenden tibetischen und chinesischen Parteifunktionäre in den Klöstern. Allein im Kloster von DREPUNG mit seinen rund 450 Mönchen haben sich im August 1996 etwa 180 Funktionäre niedergelassen, welche täglich bis zu vier Stunden lang die "wahre Geschichte Tibets", beziehungsweise historisch unhaltbare Lügen vortragen und dabei unablässig den Dalai Lama verunglimpfen *(Le Monde diplomatique, März 1997)*.

Die Praktizierung des Buddhismus in den Klöstern ist nur noch eine touristenwirksame Farce, welche Besuchern und Medienleuten die angebliche religiöse Toleranz der Besatzungsmacht vor Augen führen soll. Nach Angaben von

Bruno Zoratto (Inferno Tibet, S. 12 f.) inszenieren chinesische Soldaten vor grösseren westlichen Touristengruppen ein regelrechtes Theater, indem sie sich als buddhistische Mönche verkleiden und damit den ahnungslosen Touristen, welche tibetische und chinesische Gesichter kaum voneinander unterscheiden können, wiederum Religionsfreiheit in Tibet vorgaukeln. Zum selben Zweck gibt es auch chinesische Propagandafilme, wo tibetische Akteure vor laufender Kamera zu Handlungen und Verhaltensweisen gezwungen wurden, die ihnen in der Realität gerade verboten sind. Schliesslich werden für Photo- oder Filmaufnahmen im Innern von Klöstern in der Regel hohe Gebühren erhoben, die aber weder dem betreffenden Kloster noch der tibetischen Bevölkerung zugute kommen, sondern den chinesischen Besatzern abgeliefert werden müssen.

Geistliche Personen sind generell noch vermehrt dem chinesischen Terrorismus ausgesetzt. Ein grosser Anteil der Menschen, die infolge der chinesischen Besetzung ums Leben kamen, entfällt auf Mönche und Nonnen, weil diese oft den Widerstand gegen die Invasionsmacht anführten und dadurch ganz besonders den Zorn der Kolonialherren auf sich zogen. Auch heute sind tibetische Geistliche extrem gefährdet. *Christian Solidarity International* stellt dazu fest: "Jedes Jahr werden Dutzende von Mönchen und Nonnen inhaftiert und gefoltert, weil sie den Dalai Lama anerkennen und für Tibets Unabhängigkeit eintreten" *(CSI, S. 11)*.

Um es nochmals ganz klar zu sagen: Wenn die Chinesen Teile von Zentraltibet in devisenbringende Freilichtmuseen und lukrative Disneylands verwandeln, so bedeutet dies nicht die Erhaltung der tibetischen Kultur und Religion und noch viel weniger die Wiederherstellung der 2'000-jährigen Souveränität Tibets. Im Mai 1996 stürmte die chinesische Polizei die Klöster GANDEN, DREPUNG und SERA, schoss auf die unbewaffneten Geistlichen und verhaftete allein in GANDEN etwa 70 Mönche, welche vergeblich zu verhindern versucht hatten, dass die ins Kloster eingedrungenen Polizisten die Bilder des Dalai Lama von den Wänden rissen. Drei Mönche wurden getötet, und gegen 50 Personen, circa die Hälfte davon junge Nonnen, wurden mit zum Teil schweren Verletzungen ins Spital eingeliefert, nachdem sie von den "Sicherheitskräften" brutal zusammengeschlagen oder angeschossen worden waren. Das Kloster GANDEN wurde daraufhin bis auf weiteres geschlossen. Anlass dieser Polizeiaktionen war die Weigerung der Mönche und Nonnen, alle Bilder des Dalai Lama abzugeben.

In ganz Tibet hat die chinesische Besatzungsmacht damit angefangen, Mönche und Nonnen unter Androhung der Vertreibung aus dem Kloster zur Unterzeichnung einer Erklärung zu zwingen, wonach sie den Dalai Lama ablehnen und ausschliesslich die Regierung in Peking anerkennen. Diese perfide Erpressung bewog 1996 rund 1'300 Mönche und Nonnen zum Verlassen ihres Klosters.

Fortschreitender Holocaust

Rund 1,2 Millionen Tibeterinnen und Tibeter sind dem von der chinesischen Besatzungsmacht verübten Holocaust zum Opfer gefallen. Damit ist aber dieses grauenhafte Kapitel in der Geschichte Tibets noch nicht abgeschlossen. Der Genozid am tibetischen Volk geht unvermindert weiter durch planmässige, massenweise Zwangssterilisationen und Zwangsabtreibungen in ganz Tibet, auf dem Land ebenso wie in den Städten. Nach Angabe des deutschen *Giessener Anzeigers vom 14. Oktober 1995* haben chinesische Sterilisationsteams 80 % der jungen Tibeterinnen gewaltsam unfruchtbar gemacht, was auch Frauen und Mädchen betrifft, die noch kein Kind geboren haben. Chinesische Ärzte und Krankenschwestern begehen in den Spitälern systematische Kindermorde. Die Tibeter nennen die Spitäler deshalb "Schlachthäuser", während die Chinesen auch hier vom "sozialen Fortschritt im befreiten Tibet" sprechen **...** Für ihre gewaltsamen, verbrecherischen Eingriffe verlangen die chinesischen Ärzte noch eine horrende Taxe in der Höhe eines durchschnittlichen halben Jahreseinkommens.

In diesem Zusammenhang ist ausserdem zu beachten, dass Anwesenheit und Herrschaft der Chinesen in Tibet ohnehin illegal sind und die Tibeter – ganz im Gegensatz zur explodierenden Bevölkerung Chinas – seit Jahrhunderten eine konstante Bevölkerungszahl aufweisen, weshalb auch unter diesen beiden Aspekten die am tibetischen Volk grausam praktizierte Familienplanung à la chinoise unnötig, kriminell und ein politisch und rassistisch motivierter Holocaust ist. Im selben Sinn erklärte auch die belgische Repräsentantenkammer in ihrer Resolution vom 27. Juni 1996, angesichts der geringen Bevölkerungsdichte von Tibetern in Tibet sei die an den Tibeterinnen verübte chinesische Geburtenkontrolle nichts anderes als ein Mittel Chinas zur Reduktion der tibetischen Bevölkerung.

Parallel zu den Kapitalverbrechen gegen Leib und Leben der Tibeterinnen und ihrer Kinder überschwemmt Peking das besetzte Tibet mit chinesischen Migranten, welche die tibetische Bevölkerung zahlenmässig schon deutlich übertreffen. So stehen heute im ganzen Land den sechs Millionen Tibetern bereits acht Millionen Chinesen einschliesslich der in Tibet stationierten Truppen der "Volksbefreiungsarmee" – einer halben Million Soldaten – gegenüber. In der Hauptstadt LHASA ist das Missverhältnis noch extremer: Dort fristen 60'000 rechtlich, wirtschaftlich, sozial und wohnungsmässig völlig verdrängte Tibeter neben 120'000 Chinesen ihr kärgliches Dasein *(Stand 1994)*. Unbestreitbar strebt Peking somit eine demographische "Endlösung" des Tibet-Problems an und verletzt zudem durch die forcierte Massenansiedlung von Chinesen im illegal besetzten Tibet frappant die Vierte Genfer Konvention vom 12. August 1949 über den Schutz von Zivilpersonen in Kriegszeiten, welche China 1956 ratifiziert hat. Artikel 49 letzter Satz dieser Konvention lautet: "Die Besatzungsmacht darf nicht Teile ihrer eigenen Zivilbevölkerung in das von ihr besetzte Gebiet deportieren oder umsiedeln."

Systematischer Ethnozid

Der Ethnozid am Volk der Tibeter betrifft die gesamte tibetische Kultur, namentlich die Religion, Kleidung, Lebensweise und ganz besonders die Sprache. Kontinuierlich und gezielt wird die tibetische Sprache durch die chinesische verdrängt. Amtssprache im illegal besetzten Tibet ist Chinesisch. Die staatlichen Schulen unterrichten ebenfalls auf chinesisch und bieten Tibetisch höchstens noch als "Fremdsprache" an, was für die Schüler schon früh einen faktischen Zwang schafft, die Sprache der Kolonialherren besser als ihre tibetische Muttersprache zu beherrschen *(vgl. The Philadelphia Inquirer 09. 12 96)*. Heute sprechen deshalb viele Kinder und Jugendliche unter sich chinesisch, und auch die meisten jungen Erwachsenen können Tibetisch nur noch sprechen, aber nicht mehr schreiben. Auslandstudien einschliesslich tibetischer Erziehung und Ausbildung in Indien *(vor allem in DHARAMSALA)* sind für Tibeter seit Juli 1994 verboten. Diese Entwicklung begünstigt fatalerweise die politische Propaganda und Geschichtsfälschung von Peking, denn kürzlich fragte jemand im Ernst, was eigentlich der Unterschied zwischen Chinesen und Tibetern sei, wenn doch beide Völker die gleiche Sprache hätten **...**

Der *Tages-Anzeiger* stellte zutreffend fest, die Chinesen hätten in Tibet eine Zivilisation und eine Sprache zum Tod verurteilt und suchten diese durch neue

Errungenschaften zu ersetzen *(TA 14. / 15. 12. 96)*. Solche "Errungenschaften" sind zum Beispiel die zahllosen kleinen Läden, Bars und Bordelle, über welchen grosse chinesische Schriftzeichen prangen. Aus den Musiklokalen dröhnt laut und aufdringlich chinesische Popmusik, so dass man sich in China wähnen könnte. Auch das von den Chinesen eingeführte "tibetische" Fernsehen ist für Tibet zweifellos eine technische Errungenschaft, nur sendet es fast ausschliesslich auf chinesisch! Besonders stolz ist Peking auf die Errichtung einer Börse in LHASA und auf das gigantische Kraftwerkprojekt am YAMDROK-See *(ca. 90 km südwestlich von LHASA)*, das nach Ansicht von Fachleuten eine ökologische Katastrophe provoziert. Vor allem aber lenken technische Neuerungen die Weltöffentlichkeit vom Wesentlichen ab, denn es wäre Tibet sicher mehr gedient, wenn die Besatzer den Holocaust am tibetischen Volk endlich einstellen und nach China heimkehren würden.

Verheerend ist auch die Sinisierung der geographischen und kulturellen Namen. Nach und nach gaben und geben die Kolonialherren den Städten, Dörfern, Bergen, Flüssen, Seen und sogar den Klöstern im besetzten Tibet chinesische Namen, die zwar vom Klang her oft noch eine entfernte Ähnlichkeit mit den ursprünglichen tibetischen Namen aufweisen, aber dennoch chinesische Namen sind und dadurch nach Pekings Intention den Anschein erwecken sollen, die betreffenden Gebiete gehörten zu China. Leider beugen sich immer mehr Medien sowie Herausgeber von Karten und Atlanten, welche in der Regel ohnehin nicht ganz Tibet, sondern nur die so genannte "ART" beschreiben oder kennzeichnen *(knapp die Hälfte Tibets, siehe vorne "Aufteilung Tibets")*, auch in diesem Punkt den Wünschen aus Peking, was – falls keine Trendwende erfolgt – schon bald dazu führen wird, dass die jahrhunderte- oder jahrtausendealten tibetischen Namen aus dem Gedächtnis neuer tibetischer Generationen wie auch der Welt verschwinden.

Die längerfristigen Auswirkungen dieser willkürlichen linguistischen Veränderungen sind dramatisch. "Der Tod der Sprache bedeutet das Ende der eigenen Identität. Die Anpassung an die chinesische Kultur ist der Beginn einer programmierten Vernichtung. Es geht in Tibet – begleitet vom ohrenbetäubenden Schweigen der Weltmeinung – ein eigentlicher kultureller Genozid vor sich" *(TA 14. / 15. 12. 96, "Das langsame Sterben einer Zivilisation")*. Auf diese Gefahr wies bereits der Zehnte Panchen Lama in seinem Bericht von 1962 *(siehe vorne "Rolle des Zehnten Panchen Lama")* hin: **"Wenn eine Nationalität ihrer Sprache,**

Kleidung, Sitten und Gebräuche beraubt wird, dann verschwindet sie und wird in eine andere Nationalität umgewandelt."

Dies gilt in besonderem Mass auch für die tibetischen Nomaden. Nach dem aktuellen chinesischen 5-Jahre-Ökonomieplan sollen bis zum Jahr 2000 etwa 60 % der Nomaden Tibets zu sesshaften Viehzüchtern und Ackerbauern gemacht werden. Statt wie seit urdenklichen Zeiten mit ihren Tieren und ihrem äusserst bescheidenen Hausrat *(bzw. "Zeltrat")* von Weide zu Weide zu ziehen und im Einklang mit der Umwelt zu leben, gerieten diese naturverbundenen Menschen in eine unumkehrbare Abhängigkeit von Kunstdünger, Pestiziden, Zäunen, Elektrizität, Traktoren, Schlachthäusern und – um all das zu finanzieren – von Anleihen. Und wenn die derart sesshaft gemachten ehemaligen Nomaden erst einmal auf Geld angewiesen sind, dann ist zu befürchten, dass sie genauso wie die in den Städten und Dörfern lebenden Tibeter durch vielfältige behördliche Schikanen der chinesischen Besatzungsmacht in den finanziellen und physischen Ruin getrieben werden. Zudem erscheint es selbst aus einer technisch geprägten, westlichen Perspektive sehr fragwürdig, den "Segen der Zivilisation" gegen den Willen der Betroffenen bis in die hintersten Winkel der Erde zu verbreiten. Wie lange es unter diesen Umständen in Tibet noch Nomaden gibt, hängt massgeblich davon ab, wann Tibet frei wird.

Vernichtung mit allen Mitteln

LHASA, die Hauptstadt Tibets, sieht von Jahr zu Jahr chinesischer aus. Das Stadtbild wird von stillosen chinesischen Neubauten einschliesslich militärischer Anlagen beherrscht *(siehe vorne "Sinisierung von LHASA")*. Daran vermag auch der POTALA nichts zu ändern, welcher auf Photos mit Hilfe starker Teleobjektive überproportional in den Vordergrund gerückt wird und dadurch eine tibetische Impression vermittelt. Zum tristen Alltag in LHASA gehören auch die bewusst auffällige, arrogante Präsenz und ständigen Machtdemonstrationen der chinesischen Besatzungsarmee.

Wie erwähnt sind heute rund zwei Drittel der Einwohner von LHASA Chinesen. Um dem verbleibenden Drittel von Tibetern das Leben zu erschweren, erfinden die Kolonialherren immer neue Schikanen wie die Erhebung von Wassergebühren. Dass die Tibeter in ihrem eigenen Land für den Bezug von Wasser den chinesischen Besatzern Gebühren entrichten müssen, ist ein

Zynismus sondergleichen! Ob auch die chinesischen Migranten Wassergebühren bezahlen, ist nicht bekannt. Jedenfalls dürfte ihnen dies mit ihren zwei- bis dreimal höheren Gehältern wesentlich leichter fallen als den ohnehin oft arbeitslosen Tibetern. Somit ist sauberes Trinkwasser ein Luxus geworden, den sich immer weniger Tibeter in LHASA leisten können. Die dadurch erzwungene Verwendung von Wasser zweifelhafter Qualität sowie die übrigen Aspekte der alarmierenden Wohn- und Hygieneverhältnisse der Tibeter lassen seit ungefähr zehn Jahren unter der tibetischen Bevölkerung in LHASA Tuberkulose, Dysenterie *(Ruhr)*, Typhus und andere epidemische Krankheiten ausbrechen, die nach Angabe tibetischer Ärzte vor der chinesischen Invasion in Tibet unbekannt waren. Aus denselben Gründen steigen die Atemwegerkrankungen der Tibeter an *(vgl. Scott Leckie, Housing as social control in Tibet; in: The Ecologist, Vol. 25, No. 1, Jan/Feb 1995, S. 10 und 13)*.

Ähnliche Zustände wie in LHASA finden sich auch in anderen Teilen Tibets. So sind zum Beispiel die meisten tibetischen Städte von expandierenden chinesischen Quartieren eingeschlossen, welche exklusiv oder zu Vorzugsbedingungen über fliessendes Wasser und Elektrizität verfügen *(vgl. Scott Leckie, a. a. O., S. 8)*. Im übrigen ist klarzustellen, dass unter den aufgezeigten Umständen die desolate Wohnsituation und Beschäftigungslage der sesshaften tibetischen Bevölkerung, die von der chinesischen Kolonialmacht mit voller Absicht herbeigeführte Mangelernährung der Tibeter *(siehe vorne "Hunger und Thamzings")* und die daraus resultierenden gesundheitlichen Risiken und Schäden nicht etwa Ausdruck der weltweit grassierenden Armut sind, sondern von Peking eingesetzte Mittel zur fortwährenden, aber zunehmend getarnten Vernichtung des tibetischen Volkes. **Deshalb werden diese Probleme auch nicht durch westliche Entwicklungshilfe gelöst, sondern allein durch den überfälligen Abzug der Chinesen aus Tibet.**

Schweigen oder Laogai

Das Stadtzentrum sowie die nähere Umgebung der Tempel und öffentlichen Gebäude von LHASA werden Tag und Nacht mit einer Unzahl modernster Kameras und hochempfindlicher Richtmikrophone überwacht, womit praktisch jeder Schritt und jedes Wort der Tibeter kontrolliert werden kann. Eine stete Gefahr ist auch die "Public Security Bureau" *(PSB)* genannte Sicherheitspolizei der Kolonialherren. Dabei handelt es sich gemäss *FACTS 27/1996* um "eine omnipräsente Organisation, die das tibetische Volk auf Schritt und Tritt überwacht. Kein Dorf ist klein genug, von einem PSB und seinen Schnüfflern verschont zu bleiben". Als Bauern, Händler und Bettler oder sogar als Mönche getarnt, mischen sich die PSB-Spitzel und ihre Helfershelfer in jede grössere Menschengruppe, so dass bereits eine Diskussion in der Öffentlichkeit zum unkalkulierbaren Risiko wird.

Wer ein Bild des Dalai Lama besitzt, eine tibetische Flagge in der Öffentlichkeit zeigt oder die tibetische Sprache unterrichtet, riskiert Folter und strengste Sanktionen gegen die ganze Familie, wer sich mit westlichen Touristen unterhält, kann mit Gefängnis bis zu 15 Jahren bestraft werden, und wer sich gegen die illegale Herrschaft der Besatzungsmacht auflehnt, landet gnadenlos in einem chinesischen Laogai *(zum russischen Begriff "Gulag" und zum chinesischen Pendant "Laogai", wörtlich "Umerziehung durch Arbeit", vgl. Amnesty Magazin 3/96, S. 7, und 10/96, S. 10ff.).* **Nach Einschätzung der Menschenrechtsorganisation *Asia Watch* "unterhält China den grössten Gulag der Menschheitsgeschichte".**

Der in die USA emigrierte chinesische Dissident Harry Hongda Wu, Autor des Buches "*Wer schweigt, macht sich schuldig*", spricht von 1155 *dokumentierten* Zwangsarbeitslagern und erläutert: "Seit 1949 wurden mehr als fünfzig Millionen Menschen in Lager geworfen. **...** Selbst wenn Sie den sowjetischen Gulag und die nazistischen Konzentrationslager zusammennehmen, fällt die Zahl jener Opfer immer noch geringer aus als diese Zahl [betreffend China und Tibet]. Und zwanzig Millionen Menschen verschwanden spurlos" *(Die Weltwoche 12. 12. 96)*.

Männer, Frauen und Jugendliche werden in den chinesischen Laogai langsam zu Tode geschunden, und nur robuste Naturen haben eine Chance, dieser Hölle einmal lebend zu entrinnen. Die meisten der tibetischen politischen Gefangenen sind ohne Gerichtsverfahren in Haft und wissen nicht, ob sie Folter, Hunger und Zwangsarbeit überleben und je wieder freigelassen werden. Laut einer Radiosendung der BBC vom 5. April 1996 hat sich die Zahl der tibetischen politischen Gefangenen seit 1990 verdoppelt. Entgegen den längst bekannten Tatsachen behaupten aber die chinesischen Führer in einem kürzlich veröffentlichten Weissbuch über die Menschenrechtssituation, es gebe in China – wozu sie auch das illegal besetzte Tibet zählen – keine politischen Gefangenen,

Chinas Gefängnisse seien human, die gesetzlichen Garantien für die Menschenrechte seien verstärkt worden, und die Presse-, Rede-, Versammlungs- und Demonstrationsfreiheit seien in China garantiert *(NZZ 01. 04. 97)*. Leider sieht die Realität ganz anders aus, was schon allein die im Jahr 1996 von den chinesischen Behörden gefällten 6'100 Todesurteile dokumentieren *(NZZ 26. 08. 97)*, welche wohl kaum in fairen, rechtsstaatlichen Prozessen mit einer echten Verteidigungsmöglichkeit der Angeklagten zustande kamen. Wie sich diese Zahl auf China und das besetzte Tibet aufteilt, ist nicht bekannt.

Besonders perfid ist die neuere Praxis der Besatzer, in Tibet auch Tibeter als Gefängniswärter einzusetzen und zur Folterung ihrer Landsleute zu zwingen. Damit versucht China offenbar, seinen Ruf als Folterstaat in den Augen der Welt zu relativieren und die Folterknechte chinesischer Nationalität etwas zu entlasten.

Von all dem sehen die Touristen natürlich nichts. Hingegen sehen sie in den Grossstädten mit Erstaunen verwahrloste junge Tibeter, die chinesische Kleidung tragen, kaum mehr tibetisch sprechen, ihrer Kultur völlig entfremdet sind und den Schmerz ihrer gewaltsamen Entwurzelung und Unterdrückung im Schnaps ertränken, welchen die Chinesen mit diabolischer Kalkulation der gesundheitlichen und sozialen Folgen zu Dumpingpreisen anbieten.

Flucht auf Leben und Tod

Unter diesen unerträglichen Umständen wagen zu allen Jahreszeiten Männer, Frauen und Kinder zu Fuss – manche barfuss – die Flucht über den meistens sturmgepeitschten HIMALAYA, welche sie in der Regel zuerst nach Nepal führt, von wo sie mit Hilfe des UNHCR *(UNO-Hochkommissariat für Flüchtlinge)* nach Indien zu gelangen hoffen. Wenn die Flüchtlinge aber – oft mit schweren Erfrierungen – den Gewaltmarsch überleben und tatsächlich Nepal erreichen, dann sehen sie sich dort mit dem noch grösseren Hindernis der Gewissenlosigkeit und Korruption der nepalischen Behörden konfrontiert. Seit einiger Zeit machen nämlich Nepals Soldaten und Polizisten Jagd auf tibetische Flüchtlinge und übergeben diese unter krassester Verletzung international gültigen Völkerrechts sowie des Versprechens der nepalischen Regierung gegenüber der EU und den USA, keine tibetischen Flüchtlinge mehr zurückzuweisen, direkt dem chinesischen Militär. Allein von Ende April bis Ende August 1995 nahmen die

Nepali über 200 tibetische Flüchtlinge einschliesslich Frauen und Kindern fest und lieferten sie ihren chinesischen Henkern aus.

Peking belohnt die nepalischen Häscher üblicherweise mit einer Prämie von 1'000 Yuan pro Flüchtling und mit einer Fahrt zum *(auch für Hindus)* heiligen See MANASAROVAR in Westtibet. Da ist aber wohl kein heiliger Gedanke dabei. Einige der auf diese Weise in die Hände der Chinesen gefallenen Mädchen und Frauen werden jeweils auf unbestimmte Zeit gefangen gehalten und zur Prostitution für die chinesische "Volksbefreiungsarmee" gezwungen.

Im Februar 1996 versicherte der nepalische König dem chinesischen Botschafter in Kathmandu, sein Land betrachte "Tibet als unabtrennbaren Bestandteil des chinesischen Territoriums" und werde keine "antichinesischen Aktionen" dulden. Der König sollte es eigentlich besser wissen, denn schon allein die Staatsverträge zwischen Tibet und Nepal, die während mehr als 1'000 Jahren durch die jeweiligen Landesfürsten geschlossen wurden, dokumentieren klar Tibets Staatseigenschaft. Zudem hatte Nepal 1949, als es sich um Aufnahme in die UNO bewarb, seine Souveränität ausgerechnet mit seinen diplomatischen Beziehungen zum Nachbarstaat Tibet begründet *(siehe hinten "UNO-Mitgliedschaft und Staatseigenschaft").*

Am 18. März 1996 verhaftete die nepalische Polizei in Kathmandu über 100 – nach anderen Quellen sogar über 500 – Teilnehmer einer von *Amnesty International (Sektion Nepal)* organisierten friedlichen Kundgebung gegen die Menschenrechtsverletzungen in China und Tibet. Dabei ging die Polizei mit grösster Härte vor, verletzte zahlreiche Menschen und schlug auch auf völlig unbeteiligte Passanten ein, die tibetische Kleider trugen. 15 tibetische Flüchtlinge erklärten nach ihrer Freilassung, sie seien von der nepalischen Polizei geschlagen und misshandelt worden. Verschiedentlich wurden in Kathmandu eingetroffene tibetische Flüchtlinge, die sich durch Kleidung, Gepäck und Verhalten von den dort angesiedelten Tibetern unterscheiden, ohne Rücksicht auf Alter, Geschlecht und Gesundheit, die nach dem beschwerlichen Fussmarsch über den HIMALAYA in der Regel arg strapaziert ist, von der nepalischen Polizei brutal zusammengeschlagen und zum Teil erheblich verletzt. **Aus Angst vor dem waffenklirrenden grossen Nachbarn macht sich Nepal zum skrupellosen Gehilfen des chinesischen Terror-Regimes in Tibet. Und dies bereits zum zweiten Mal in der jüngeren Geschichte der drei Länder** *(siehe vorne "Das Drama von MUSTANG").*

Ein neuster Trend geht offenbar dahin, dass in Nepal angekommene und dort von Militär oder Polizei aufgegriffene tibetische Flüchtlingsgruppen nicht mehr in jedem Fall den Chinesen ausgeliefert werden. Statt dessen verlangen nepalische Polizisten immer häufiger, dass sich die Gruppe ein Durchgangsrecht "erkauft", indem die mitreisenden jungen Frauen und Mädchen Vergewaltigungen erdulden. Oder sie sparen sich den Umweg über diese schamlose Erpressung und fallen einfach wie Tiere über ihre weiblichen Opfer her. So wurde in der Nacht vom 15. auf den 16. Dezember 1996 in Barabisa, einer Kleinstadt circa 90 Kilometer nordöstlich von Kathmandu, eine 22-jährige Tibeterin, die zusammen mit sechs weiteren Personen soeben über den HIMALAYA geflohen war, von zwölf Nepali vergewaltigt, deren Anführer ein Polizeioffizier war. Und praktisch immer werden die tibetischen Flüchtlinge von den nepalischen "Sicherheitskräften" ausgeraubt *(TID-Aktuell Nr. 15/April 1997)*.

Menschenrechte auf Papier

Die Formen und Methoden der Folter, welche die chinesische Besatzungsmacht an tibetischen Männern, Frauen und Kindern anwendet, sind zu scheusslich, um hier ausführlich beschrieben zu werden. Hingegen soll anhand von wenigen Beispielen die grosse Diskrepanz zwischen Theorie und Praxis, zwischen kodifizierten Menschenrechten einerseits und der schrecklichen Realität in Tibet anderseits gezeigt werden. Völkerrechtlich massgeblich sind vorweg drei Übereinkommen der Vereinten Nationen, nämlich die Konvention vom 9. Dezember 1948 über Verhütung und Bestrafung von Völkermord, die "Allgemeine Erklärung der Menschenrechte" vom 10. Dezember 1948 und das Übereinkommen vom 10. Dezember 1984 gegen Folter und andere grausame, unmenschliche oder erniedrigende Behandlung oder Strafe.

Sodann existiert zu den vier Genfer Konventionen vom 12. August 1949 ein Zusatzprotokoll 'I' vom 8. Juni 1977 über den Schutz der Opfer internationaler bewaffneter Konflikte. Dessen relativ spätes Datum bedeutet nicht, dass die betreffenden Verbrechen vorher erlaubt gewesen wären, sondern es ist im Gegenteil davon auszugehen, dass mit diesem Zusatzprotokoll schon bestehendes Völkerrecht schriftlich fixiert wurde. Die juristische Anwendbarkeit des Zusatzprotokolls ergibt sich zweifelsfrei aus Artikel 1 Absatz 4, der exakt die Situation von Tibet und China trifft: **"... bewaffnete Konflikte, in denen Völker gegen Kolonialherrschaft und**

fremde Besetzung sowie gegen rassistische Regimes in Ausübung ihres Rechts auf Selbstbestimmung kämpfen ..."

→ Artikel 11 Absatz 1: "*Die körperliche oder geistige Gesundheit und Unversehrtheit von Personen, die sich in der Gewalt der gegnerischen Partei befinden, die ... in Haft gehalten sind oder denen anderweitig die Freiheit entzogen ist, dürfen nicht durch ungerechtfertigte Handlungen oder Unterlassungen gefährdet werden ...*" —— Diese nüchtern und wissenschaftlich formulierte Vorschrift heisst im Klartext insbesondere, dass Gefangene weder physisch noch psychisch gefoltert werden dürfen und im Bedarfsfall Anspruch auf medizinische Hilfe haben. In Wirklichkeit erleiden aber Tibeter und Tibeterinnen in den chinesischen Gefängnissen und Zwangsarbeitslagern routinemässig schlimmste Folter und Demütigung. Misshandlungen aller Art einschliesslich gezielter Kälteexposition in speziellen Kaltzellen oder mit eiskaltem Wasser, völlig ungenügende Kleidung bei tiefen Minustemperaturen, härteste Arbeit bis zur totalen Erschöpfung und permanenter Hunger führen in vielen Fällen zum Tod der Inhaftierten.

→ Artikel 51 Absatz 2: "*Weder die Zivilbevölkerung als solche noch einzelne Zivilpersonen dürfen das Ziel von Angriffen sein. Die Anwendung oder Androhung von Gewalt mit dem hauptsächlichen Ziel, Schrecken unter der Zivilbevölkerung zu verbreiten, ist verboten.*" —— Besonders in den Fünfzigerjahren warfen die Chinesen Bomben auf Dörfer und speziell auf Klöster ab, wo die tibetische Zivilbevölkerung Zuflucht gesucht hatte. Bis heute schlagen die chinesischen Besatzer Demonstrationen in den Städten Tibets nieder, indem sie – oft von Hausdächern – mit Maschinengewehren in die dicht gedrängte, wehrlose Menschenmenge schiessen. Dass die "Sicherheitskräfte" mit Panzern und Militärlastwagen rücksichtslos durch die Strassen von LHASA rattern, gehört zum angsterfüllten Alltag der tibetischen Bevölkerung.

→ Artikel 53 Buchstabe a: "*... ist es verboten, feindselige Handlungen gegen geschichtliche Denkmäler, Kunstwerke oder Kultstätten zu begehen, die zum kulturellen oder geistigen Erbe der Völker gehören.*" —— In Tibet haben die Chinesen rund 6'000 Klöster zerstört, die nicht nur einen unersetzbaren religiösen und künstlerischen Wert hatten, sondern auch die Universitäten des Landes integrierten. Nach dem Plan "LHASA 2000" haben die Besatzer in den letzten Jahren uralte buddhistische Tempel unter dem Vorwand der Modernisierung der Altstadt abgerissen.

→ Artikel 76 Absatz 1: "*Frauen werden besonders geschont; sie werden namentlich vor Vergewaltigung, Nötigung zur Prostitution und jeder anderen unzüchtigen Handlung geschützt.*" —– Und wie sieht die Realität in Tibet aus? In den Gefängnissen und Zwangsarbeitslagern werden die Tibeterinnen regelmässig Opfer sexueller Übergriffe der chinesischen "Sicherheitskräfte". Aber auch ausserhalb der Haftanstalten riskieren sie jederzeit derartige Willkürakte. Eine junge Tibeterin wurde allein deshalb, weil sie der tibetischen Tradition entsprechend langes Haar trug, von chinesischen Soldaten verschleppt und vielfach vergewaltigt. Tibetischen Frauen und Mädchen, die auf ihrer Flucht von den Nepali gefangen und den Chinesen ausgeliefert werden, droht die Zwangsprostitution für die chinesische "Volksbefreiungsarmee".

→ Artikel 77 Absatz 1: "*Kinder werden besonders geschont; sie werden vor jeder unzüchtigen Handlung geschützt.*" —– Davon kann in Tibet keine Rede sein. Dort bleiben nicht einmal Kinder von den Verbrechen der Chinesen verschont. Ungefähr 15 % aller überlebenden tibetischen Folteropfer sind – zumeist völlig unpolitische – Kinder unter 16 Jahren. In den Gefängnissen der Besatzungsmacht werden tibetische Mädchen schon im Kindesalter sexuell missbraucht. Auf einem Polizeiposten in LHASA wurde ein sechzehnjähriges schwangeres Tibetermädchen gezwungen, während 48 Stunden zu stehen, und verlor deshalb sein Baby. Einem ebenfalls sechzehnjährigen tibetischen Mädchen pressten chinesische Polizisten in LHASA dreimal während jeweils mehrerer Minuten ein heisses Eisen auf das Bein, um zu erfahren, ob der Schulrektor, ein Mönch, etwa Freiheit für Tibet verlangt habe *(The Philadelphia Inquirer 09. 12. 96)*. In KONGPO, einer Gegend im Osten der Provinz Ü-TSANG, wurden die Töchter von 400 tibetischen Holzfällern, welche sich gegen die Besatzer auflehnten, in aller Öffentlichkeit entkleidet, mit Peitschenschlägen nackt durch die Strassen getrieben und zum Schluss von den chinesischen Soldaten vergewaltigt. Aber nicht nur die "Sicherheitskräfte" begehen schändliche Verbrechen an wehrlosen Frauen und Kindern. Im Distrikt TAWO *(KHAM)* übergoss ein chinesischer Bulldozer-Fahrer ein achtjähriges tibetisches Nomadenmädchen mit Benzin und zündete es an. Auch dieser zivile Schwerverbrecher wurde nie zur Rechenschaft gezogen *(Human Rights Update 15. 02. 97)*.

Schliesslich existiert eine Art Zusammenfassung der Schutzbestimmungen zugunsten des Individuums. Artikel 75 Absatz 2 des Zusatzprotokolls verbietet Angriffe auf das Leben, die Gesundheit, das körperliche und geistige

Wohlbefinden, insbesondere vorsätzliche Tötung, körperliche und seelische Folter jeder Art, Beeinträchtigung der persönlichen Würde, namentlich entwürdigende und erniedrigende Behandlung, Nötigung zur Prostitution und anderen unzüchtigen Handlungen sowie Kollektivstrafen. Darunter fallen auch die systematischen Zwangssterilisationen, Zwangsabtreibungen und Kindes-tötungen. Es erübrigt sich, hier noch mehr traurige Beispiele der grausamen chinesischen Repression in Tibet anzuführen. Wenn die Chinesen auch nur diesen einzigen Artikel des Zusatzprotokolls beachten würden, dann wäre den Tibeterinnen und Tibetern schon viel geholfen, aber eben: Das Zusatzprotokoll 'I' vom 8. Juni 1977 über den Schutz der Opfer internationaler bewaffneter Konflikte ist gegenwärtig bloss ein Stück Papier! Um dessen Schutzbestimmungen auch in Tibet durchzusetzen, bedarf es grosser und ernsthafter Anstrengungen all jener Staaten, die heute der Steigerung des Geschäftsvolumens mit China Priorität einräumen.

Die Macht des Geldes

Ob sich hier bald eine Änderung anbahnt, ist im Moment noch ungewiss. Immerhin lässt eine mutige Stimme aus Amerika aufhorchen. Der demokratische Repräsentant und Fraktionsleiter Richard Gephardt ist sich zweifellos bewusst, dass er mit seiner kritisch-realistischen Haltung gegen den Strom schwimmt, aber dessen ungeachtet votierte er am 27. Mai 1997 entschieden gegen die Verlängerung der Meistbegünstigung Chinas, nannte die "chinesische Tyrannei" beim Namen und stellte zudem klar, der "Handel mit China ... koste die USA viel und bringe dem Land herzlich wenig ein" *(NZZ 29. 05. 97)*.

Die Frage des finanziellen Nutzens wirtschaftlicher Beziehungen mit China erfordert eine differenzierte Betrachtung. Den Chinesen Flugzeuge, Waffen und Technologie zu verkaufen, ist für die betreffenden Firmen und Staaten sicher ein lukratives Geschäft, und auch der Kauf chinesischer Billigwaren ist für westliche Konsumenten attraktiv. Allerdings wird wohl niemand erwarten, dass dies immer so bleibt. Die Chinesen setzen nämlich alles daran, ihren technischen Rückstand aufzuholen und die von ihnen gewünschten militärischen und zivilen Güter möglichst bald selber herzustellen, weshalb die Zeit der grossen Verkäufe an China begrenzt ist. Offenbar taucht diese Tendenz – unter Vorbehalt allfälliger Rückschwingungen – bereits am Horizont auf, denn im ersten Halbjahr 1997 erfolgte zwar eine "geradezu explosive Zunahme" der chinesischen Exporte, umgekehrt aber ein "regelrechter Einbruch" bei den Maschinenimporten *(NZZ 26./27. 07. 97)*. Zudem werden mit fortschreitender Modernisierung von Chinas Produktion und urbaner Gesellschaft sehr wahrscheinlich die chinesischen Löhne für qualifiziertes Personal und damit auch die Preise der chinesischen Exportwaren ansteigen. **Unter dem Aspekt dieser Marktveränderungen, die sich schon im Verlauf der nächsten fünf bis zehn Jahre konkreter abzeichnen dürften, ist nicht auszuschliessen, dass die aktuelle China-Euphorie des Westens allmählich abflacht und einer langsam aufkeimenden Fairness gegenüber Tibet weicht.**

Per Saldo spendieren die hinter der Weltbank stehenden Sponsoren den chinesischen Herrschern bedeutend mehr, als sie zurückerhalten *(siehe vorne "Kredit für Imperialismus und Folter")*. Jüngstes Beispiel sind die Ende Juni 1997 von der Weltbank genehmigten zwei Kredite an China in der Höhe von total 830 Millionen US-Dollars *(NZZ 03. 07. 97)*. Ob diese und die früheren Kredite je vollständig getilgt werden, ist noch völlig offen. Ohne regelmässige und massive Unterstützung aus dem Westen wäre China vermutlich bereits im Chaos versunken. Dies ist dem chinesischen Volk keinesfalls zu wünschen. Hingegen erscheint es höchst ungerecht, mit riesigen periodischen Geldsummen die Kolonialmacht China zu stärken, durch entsprechende Entlastung des chinesischen Staatshaushalts indirekt die kontinuierliche Nachrüstung der "Volksbefreiungsarmee" zu erleichtern, und dadurch den Untergang des von China völkerrechtswidrig unterdrückten tibetischen Volkes tendenziell noch zu beschleunigen.

Die Weltbank und ihre Geldgeber sollten deshalb nicht zu stolz sein, die Rolle der Weltbank ernsthaft zu überdenken, deren Ziele und Kompetenzen allenfalls neu zu statuieren, und die effektiven – gewollten oder ungewollten – Auswirkungen ihrer Aktivität laufend zu überprüfen. Eine gerechtere Politik der Weltbank könnte zur Rettung Tibets beitragen. Als Grundvoraussetzung dazu müsste die Weltbank offiziell die Tatsache zur Kenntnis nehmen, dass Tibet nach Völkerrecht immer noch ein eigenes Land unter illegaler chinesischer Fremdherrschaft ist. Mit dieser Klarstellung sollen ausserdem inskünftig trojanische Hilfsprojekte in Tibet verhindert werden, welche gar nicht den Tibetern zugute kommen, sondern im Gegenteil neue Migrationswellen von Chinesen auslösen und die tibetische Bevölkerung noch mehr verdrängen. Solange Tibet von China besetzt ist, wird Peking bestimmt kein Projekt zulassen, das die Situation der Tibeter verbessern würde.

Fazit

Der amerikanische Arzt Dr. Blake Kerr ist Augenzeuge der Unruhen vom Herbst 1987 in LHASA und sammelte aus erster Hand zahlreiche und dadurch repräsentative Berichte über die furchtbaren Methoden der faktisch institutionalisierten Folter in Tibet, über die gewaltsame Sterilisation ganzer Dorfschaften *(CSI, S. 11)*, über Zwangsabtreibungen bis im letzten Schwangerschaftsmonat und über die systematische Tötung neugeborener Tibeter Kinder in den Spitälern. Dabei war er sehr kritisch, denn er wollte sich nicht Voreingenommenheit oder Einseitigkeit vorwerfen lassen. Die Schlussfolgerung von Dr. Kerr lautet: "In Tibet ... wird nicht nur eine Kultur, sondern ein ganzes Volk ausgerottet. Das ist keine innere Angelegenheit Chinas, sondern geht alle an" *(Tibet klagt an, S. 101)*. Praktisch gleichlautend erklärt die belgische Repräsentantenkammer in ihrer Resolution vom 27. Juni 1996, die Menschen- und Völkerrechtsverletzungen in Tibet und insbesondere die Verweigerung des Selbstbestimmungsrechts des tibetischen Volkes seien legitime Sache aller Mitglieder der internationalen Gemeinschaft und keine innere Angelegenheit irgendeines Staates.

Christian Solidarity International betont nochmals den Ernst und die Dringlichkeit der Lage: Die Chinesen "setzen alles daran, die Tibeter physisch zu verdrängen und sie letztendlich zu vernichten" *(CSI, S. 11)*. Deshalb ist der bald 50 Jahre dauernde Piratenakt der chinesischen Kolonialmacht unbedingt zu beenden. Als erster Schritt dazu darf Tibet nicht länger dem diplomatischen Schweigen der offiziellen Welt überlassen werden!

Teil VI: Völkerrechtlicher Status von Tibet

Ausgangslage

Warum überhaupt den völkerrechtlichen Status von Tibet abklären? Die junge Exil-Tibeterin Dicky Y. Tenley stellt fest: "Es ist ein grundlegendes Missverständnis, wenn das Tibet-Problem, wie das vermehrt im Westen geschieht, auf die Frage der Menschenrechtsverletzungen reduziert wird" *(Tibet klagt an, S. 146)*. Da hat Frau Tenley recht. Viele Leute wollen einfach nicht verstehen, dass Tibet rund dreimal so lang wie die Schweiz als unabhängiger Staat existiert hat und nach den Grundsätzen des internationalen Völkerrechts auch heute ein eigener Staat ist, der seit 1949/50 illegal, gewaltsam und menschenverachtend von einem Nachbarland regiert wird.

Stellen Sie sich vor, Österreich würde am Radio die Schweiz als historischen und untrennbaren Bestandteil von Österreich bezeichnen, der von fremden Imperialisten befreit werden müsse, und kurz darauf unser Land militärisch besetzen. 15 Jahre nach der Invasion würde die Schweiz in zwei Hälften aufgeteilt, deren eine jetzt "Autonome Region Schweiz" hiesse, während die Kantone Aargau, Zürich, Glarus, die ganze Ostschweiz, Graubünden und das Tessin angeblich gar nie zur Schweiz, sondern seit jeher zu Österreich gehört hätten! Und der Rest der Welt würde einfach den österreichischen Standpunkt übernehmen, kommentarlos die Landkarte Mitteleuropas neu zeichnen und alle offiziellen Kontakte mit der Schweiz abbrechen, weil die "ARS" mangels souveräner Regierung kein eigener Staat, sondern die westliche Region von Österreich und das Gebiet einer ethnischen Minderheit sei! Schweizer, welche für die Unabhängigkeit ihres Landes einträten oder auch nur eine Schweizer Flagge besässen, wären nach österreichischer Definition "Separatisten", "Spalter des Mutterlandes", und hätten mit Folter, Gefängnis, Konzentrationslager und Todesstrafe zu rechnen **... Natürlich tönt das völlig verrückt, doch genau das passierte mit Tibet als Opfer und China als Täter!**

Unser friedfertiges Nachbarland Österreich möge den drastischen Vergleich entschuldigen. Er bezweckt einzig, diejenigen Politiker, Diplomaten und

Privatpersonen, deren Geographiekenntnis oder guter Wille bis zu Europas Badestränden und Ferienmetropolen reicht, mit Hilfe eines leicht verständlichen europäischen "Modells" aus ihrem kollektiven Tiefschlaf in der Tibet-Frage aufzuwecken.

Überblick

Eine kurze, prägnante Zusammenfassung von Professor Stephan Breitenmoser, Privatdozent für Völker- und Europarecht an der Universität Basel, soll den Einstieg in die etwas komplexe Materie erleichtern: "Zahlreiche historische Studien weisen nach, dass Tibet vor der militärischen Besetzung durch China im Jahr 1949 die klassischen völkerrechtlichen Kriterien für die Anerkennung als unabhängiger und souveräner Staat erfüllte. So unterstanden damals das tibetische Volk und das klar abgegrenzte tibetische Staatsgebiet zweifellos einer effektiven tibetischen Staatsgewalt. Auch Staatsverträge zwischen Tibet und den Nachbarstaaten wurden von chinesischer Seite nie in Frage gestellt. China muss vielmehr eingestehen, dass für die Einverleibung Tibets sowohl eine militärische Invasion im Jahr 1949 als auch die Aufzwingung eines ungleichen Staatsvertrags mit Tibet im Jahr 1951 notwendig waren. Peking kann ausserdem nicht erklären, warum es während Jahrhunderten die Einfälle fremder Armeen nach Tibet – in angeblich chinesisches Territorium – stillschweigend geduldet hat. **Es ist daher offensichtlich, dass die chinesische Behauptung, Tibet gehöre seit 700 Jahren oder noch länger zu China, jeglicher Grundlage entbehrt**" *(BaZ, Basler Magazin Nr. 14 vom 09. 04. 94)*.

Historische Beziehungen

Die Gründung des tibetischen Staates erfolgte im Jahr 127 v. Chr. durch den ersten tibetischen König NYATRI TSENPO. Ungefähr ab 617 *(Herrschaftsantritt von König SONGTSEN GAMPO)* war Tibet eine politische und militärische Grossmacht, welche dem Nachbarland China eine hohe Tributpflicht auferlegte. König TRISONG DETSEN führte die tibetische Expansionspolitik fort und eroberte 763 die chinesische Hauptstadt CHANG'AN *(heute XI'AN)*, wo er den chinesischen Schwager seines Vorgängers als neuen Kaiser von China einsetzte. Dieser anerkannte explizit Chinas Tributpflicht gegenüber Tibet. **Aus jener bewegten Zeit datieren zahlreiche Friedens- und Grenzverträge zwischen Tibet und China, die an der Staatseigenschaft beider Länder keinen Zweifel lassen.**

Von 1207 bis 1350 stand Tibet unter der Schirmherrschaft der Mongolen. Zum geistigen Fundament derselben wurde eine CHÖ-YÖN-Beziehung *("Priester-Patron-Verhältnis")* zwischen den Tibetern und Mongolen, die vertraglich 1240 und effektiv erst 1253 begann. Die mongolische Schirmherrschaft reichte weiter als die CHÖ-YÖN-Beziehung und trug wesentlich dazu bei, dass Tibet nach rund 400 Jahren politischer Zersplitterung 1247 wieder vereinigt wurde. **Tibet war aber während dieser Zeit nicht ein Teil der Mongolei und noch viel weniger ein Teil von China**, das bis zum Sturz der YÜAN-Dynastie im Jahr 1368 nicht bloss unter einer Schirmherrschaft stand, sondern von den Mongolen völlig beherrscht wurde.

Die mehrjährige bewaffnete Intervention der KHOSHOT-Mongolen, welche um die Mitte des 17. Jahrhunderts *(Beginn der Regierung der Dalai Lamas)* dem Fünften Dalai Lama zu Hilfe kamen, berührte Tibets Staatseigenschaft ebenso wenig.

1717 überfielen die DSUNGAR-Mongolen Tibet und besetzten LHASA. Als nun 1720 der jugendliche Siebte Dalai Lama KELSANG GYATSO von KUMBUM in der Nordostprovinz AMDO in die Hauptstadt ziehen wollte, sandte ihm der Mandschu-Kaiser K'ANG-HSI zum Schutz 4'000 Soldaten, die ihn nach LHASA eskortierten. Im selben Jahr schlossen der Dalai Lama und der Kaiser einen Vertrag, welcher die latente CHÖ-YÖN-Beziehung der beiden Länder konkretisierte. Eine Aufgabe der nationalen Souveränität Tibets resultierte keinesfalls daraus, auch wenn die nur fragmentarisch überlieferte Beziehung im allgemeinen als Oberherrschaft des Mandschu-Kaisers interpretiert und bezeichnet wird. Zudem war diese Beziehung viel oberflächlicher und lockerer als die frühere mit den Mongolen. Die tibetische Armee vertrieb nun die DSUNGAREN, deren Abzug indessen sicher auch von der Nachricht der anrückenden Mandschu-Soldaten motiviert war.

1728 eröffneten zwei Mandschu-Repräsentanten, so genannte Ambane, in LHASA eine Art Vertretung und mischten sich im Lauf der Zeit unbefugt in Tibets Aussenpolitik ein. Dieses Treiben wurde 1793 gewissermassen legalisiert, indem die tibetische Regierung genötigt wurde, die "29 Punkte für die Verwaltung Tibets" zu anerkennen, deren Kern die Zuständigkeit der Mandschus für die Aussenpolitik von Tibet vorsah. Obschon diese Vereinbarung auf Druck des Mandschu-Kaisers – d. h. auf tibetischer Seite unfreiwillig – zustande kam, war sie nach damaliger Rechtsauffassung durchaus gültig *(siehe vorne "Bedrängung durch Nachbarn")*.

Peking versucht deshalb heute, mit den "29 Punkten" seinen unberechtigten Anspruch auf Tibet zu beweisen, doch übersieht es dabei wesentliche Fakten. Zunächst einmal war in jener Vereinbarung keine Rede von Annexion oder davon, dass Tibet ein Teil der Mandschurei oder Chinas werde. Sodann erlosch die Vereinbarung "29 Punkte für die Verwaltung Tibets" von 1793 schon bald, weil der Mandschu-Kaiser seine daraus resultierende militärische Schutzpflicht notorisch vernachlässigte und deshalb auch keine Rechte mehr aus den "29 Punkten" beanspruchen konnte.

Schliesslich wurde die Vereinbarung durch die nachstehend skizzierten Ereignisse hinfällig und durch die zwei tibetisch-chinesischen Abkommen von 1912 sowie durch die zwei weiteren bilateralen Abkommen von 1918 auch formell-rechtlich gegenstandslos *(siehe hinten "Im 20. Jahrhundert")*. Diese vier Staatsverträge zwischen Tibet und China dokumentierten nämlich unter anderem, dass die frühere Mandschu-Vertragspartei nicht mehr als solche existierte und insbesondere nicht mehr in der Lage war, Tibet *(gemäss ihrer ursprünglichen Vertragspflicht von 1720 und 1793)* militärisch zu unterstützen oder *(wie 1906)* anzugreifen. Ausserdem ist China ohnehin nicht Rechtsnachfolger des Mandschu-Kaisers oder der Mandschurei. **Wenn also China aus der Vereinbarung von 1793 zwischen Tibet und der damaligen Mandschurei irgendwelche Rechte für sich selber ableiten will, dann ignoriert es die zwischen 1793 und 1949/50 liegenden historischen, politischen und rechtlichen Tatsachen** *(siehe hinten "Tibet – Mandschurei – China")*.

Im 20. Jahrhundert

1906 drangen die Mandschus mit Waffengewalt in Tibet ein und besetzten 1910 LHASA, weshalb der Dreizehnte Dalai Lama nach Indien floh. Am 10. Oktober 1911 begann jedoch im Süden Chinas die Revolution von Dr. Sun Yatsen, welche faktisch noch im gleichen Jahr, formell im Februar 1912, zum Sturz der Mandschu-Dynastie *(QING-Dynastie)* durch die Chinesen führte. Ebenfalls 1911/12 vertrieben die Tibeter die Mandschus einschliesslich chinesischer Truppen und verwiesen auch die beiden kaiserlichen Ambane des Landes. Der Dalai Lama kehrte im Sommer 1912 nach LHASA zurück und schloss mit der nunmehr freien Republik China zwei Staatsverträge vom 12. August 1912 und vom 14. Dezember 1912 betreffend die Kapitulation, Entwaffnung und Heimkehr sämtlicher Truppen der Mandschus und Chinesen. **Damit war die Oberherr-**

schaft der Mandschus offensichtlich und endgültig vorbei, und am 13. Februar 1913 proklamierte der Dreizehnte Dalai Lama die Unabhängigkeit Tibets.

Jetzt war Tibet de iure und de facto wieder absolut unabhängig, was unter anderen der britische Vizekonsul Sir Eric Teichman, Sir Charles Bell *(Englands politischer Beamter in Sikkim)*, der britische Gesandte Hugh Edward Richardson, Amaury de Riencourt und sogar die beiden in LHASA residierenden chinesischen Regierungsvertreter Dr. Tsung Lien-shen und Shen Chi-liu bestätigten. Der Wissenschaftliche Fachdienst des Deutschen Bundestages hielt dazu fest: "Nach der chinesischen Revolution von 1911, spätestens seit den Zwanzigerjahren, hat Tibet alle völkerrechtlichen Merkmale eines unabhängigen Staates erfüllt."

England als dominierende Kolonialmacht hatte Tibet schon mit der so genannten LHASA-Konvention vom 7. September 1904 implizit anerkannt. Am 11. Januar 1913, rund einen Monat vor der tibetischen Unabhängigkeitserklärung, anerkannten sich Tibet und die Mongolei in einem Freundschafts- und Beistandsvertrag gegenseitig und explizit als unabhängige Staaten. Diesen Vertrag focht China nie an.

Etwas komplizierter war die Drei-Länder-Konferenz zwischen Tibet, England und China. Mit dieser Konferenz, welche am 13. Oktober 1913 in SIMLA *(Nordindien)* begann, versuchten Tibet und China den anhaltenden Kriegszustand ihrer Länder zu beenden, und England wollte sein militärisches Engagement definitiv abschliessen und gleichzeitig seine Handelsposition in Tibet konsolidieren. Auf Drängen Englands, unter dem Druck chinesischer Angriffe in KHAM und aus Angst vor einer landesweiten chinesischen Invasion akzeptierte Tibet den englischen Vorschlag, wonach ein relativ breiter Streifen Osttibets an China gefallen und das verbleibende Territorium in ein "inneres" und ein "äusseres Tibet" aufgeteilt worden wäre *(siehe vorne "Drei-Länder-Konferenz in SIMLA")*. Gemäss diesem Entwurf hätte China eine Suzeränität über Tibet erhalten, sich aber umgekehrt insbesondere verpflichten müssen, Tibet nicht in eine chinesische Provinz umzuwandeln und keine chinesischen Kolonien in Tibet einzurichten. Alle drei Bevollmächtigten paraphierten den Konventionsentwurf am 27. April 1914, worauf China dessen Ratifizierung trotz zweimaliger Mahnung verweigerte. Deshalb unterzeichneten die Bevollmächtigten Tibets und Englands am 3. Juli

1914 eine bilaterale Erklärung, mit welcher sie die Konvention für ihre Regierungen als bindend anerkannten und ausdrücklich festhielten, die chinesische Regierung bleibe vom Genuss aller ihr aus der Konvention zufliessender Rechte ausgeschlossen, solange sie die Konvention nicht ratifiziere. Mangels chinesischer Ratifikation behielt Tibet somit sein ganzes Territorium und vor allem auch seine Unabhängigkeit und Souveränität. Zudem hatte England nicht erst durch die erwähnte bilaterale Erklärung, sondern bereits durch die Drei-Länder-Konferenz als solche erneut den tibetischen Staat als reales und voll handlungsfähiges Völkerrechtssubjekt anerkannt.

Am 19. August 1918 unterzeichneten Tibet und China durch Vermittlung des britischen Vizekonsuls Sir Eric Teichman in CHAMDO *(KHAM)* ein Waffenstillstands- und Grenzabkommen und ergänzten es am 10. Oktober 1918 durch ein Truppenentflechtungsabkommen. **Im Grunde genommen machen diese zwei tibetisch-chinesischen Staatsverträge von 1918 die Diskussion über die völkerrechtliche Bedeutung der früheren Schirmherrschaft der Mongolen und der Oberherrschaft des Mandschu-Kaisers überflüssig, denn es ist offensichtlich, dass nur zwei eigenständige und souveräne Völkerrechtssubjekte – ein unabhängiges Tibet und ein unabhängiges China – derartige Staatsverträge abschliessen konnten, welche das separate Fortbestehen der beiden Länder voraussetzten und affirmierten.**

Im Februar 1940 schuf die tibetische Regierung das Amt für auswärtige Angelegenheiten. Während des Zweiten Weltkriegs verteidigte Tibet erfolgreich seine Neutralität und verhinderte den Waffentransport von Indien durch Tibet nach China. Auch darin liegt ein evidenter Beweis für die Unabhängigkeit Tibets von China.

Bis zur Invasion

In einigen Grenzgegenden Osttibets wurden die Menschen zu wiederkehrenden Geldzahlungen an die Chinesen gezwungen. Dabei handelte es sich jedoch nicht um ordentliche Steuern oder andere reguläre Abgaben, sondern um Schutzgelder, welche chinesische Gouverneure und Offiziere mit ihren Truppen von der tibetischen Bevölkerung erpressten. **Die betroffenen Gebiete waren demnach schon Jahre vor der eigentlichen Invasion von der "Volksbefreiungsarmee" besetzt oder jedenfalls – wie TAKTSER, der**

Geburtsort des heutigen, Vierzehnten Dalai Lama – in chinesischer Gewalt, wobei sich natürlich keine klare Grenze zwischen besetzten Territorien und solchen mit "nur" drangsalierter und erpresster Einwohnerschaft ziehen lässt. Fest steht hingegen, dass die involvierte Zone nicht etwa die gesamten Ostprovinzen AMDO und KHAM, sondern lediglich Teile derselben umfasste. Zudem fehlte den Schutzgeldzahlungen an die Chinesen eine historisch bedeutsame Kontinuität, weshalb daraus nicht nachträglich legale Steuern und darauf gestützte chinesische Gebietsansprüche konstruiert werden können. Die ordentlichen Steuern wurden stets an tibetische Beamte oder Klöster entrichtet, welche diese Gelder entweder in eigener Kompetenz verwendeten oder in die Hauptstadt LHASA weiterleiteten.

Im März 1947 nahm Tibet in Delhi mit einer offiziellen Delegation und mit der tibetischen Nationalflagge an der "Asian Relations Conference" aller asiatischen Staaten teil. Dabei stellte niemand Tibets Staatseigenschaft, Unabhängigkeit und Souveränität in Frage.

1947/48 besuchte eine offizielle tibetische Handelsdelegation Indien, China, England, Frankreich, die USA, Italien und die Schweiz. Alle diese Länder akzeptierten die von der souveränen tibetischen Regierung in LHASA ausgestellten tibetischen Reisepässe, und die Schweizerische Eidgenossenschaft erteilte am 22. Oktober 1948 – weniger als ein Jahr vor Beginn des chinesischen Truppeneinmarsches – die entsprechenden Visa. Damit anerkannte die Schweiz eindeutig den tibetischen Staat. Es wäre nämlich völlig undenkbar, auf der einen Seite die Echtheit und Gültigkeit eines Passes zu anerkennen und auf der anderen Seite die Existenz des betreffenden Staates zu leugnen. Pässe werden bekanntlich von einem bestimmten Staat ausgestellt und weisen die Inhaber als Angehörige dieses Staates aus. Deshalb ist es eine logisch zwingende Voraussetzung, dass der im Pass genannte Staat überhaupt existiert. Sonst handelte es sich gar nicht um einen Pass, sondern um ein nutzloses Phantasiepapier, das von keinem Land als Personenausweis und Reisedokument akzeptiert würde. Wer also einen Pass anerkennt, der anerkennt in jedem Fall mindestens auch die Existenz des ausstellenden Staates.

Am 8. Juli 1949 forderte die tibetische Regierung alle Chinesen, die nicht bereits 1947 hatten gehen müssen, zum Verlassen des Landes auf. "Damit hätte Tibet völkerrechtlich wirksam alle seine Unabhängigkeit einschränkenden vertraglichen Bindungen beendet, wenn solche noch bestanden hätten" *(WF)*. Als im Sommer 1949 Truppen der chinesischen "Volksbefreiungsarmee" in die tibetische Nordostprovinz AMDO einmarschierten und am 7. Oktober 1950 ein 40'000 Mann starkes Heer der Chinesen das Land überfiel, war Tibet somit in jeder Hinsicht ein unabhängiger und souveräner Staat.

Tibet – Mandschurei – China

Während fast zwei Jahrhunderten, nämlich von 1720 - 1911/12, standen Tibet, die Mandschurei und China in einem komplexen Dreiecksverhältnis, dessen Kenntnis zum Verständnis der völkerrechtlichen Stellung von Tibet beiträgt. Wie erwähnt war die historische Beziehung Tibets zum Mandschu-Kaiser recht locker, und namentlich auch die unbestrittene Tatsache, dass 1740 MIWANG PHOLHA SONAM TOBGYAL – also ausgerechnet der Mann, welcher die tibetische Armee aufgebaut hatte und sich von den Mandschus bestimmt nicht einschüchtern oder dirigieren liess – zum König von Tibet gekrönt wurde, spricht klar gegen die Annahme einer Annexion Tibets durch die Mandschurei.

Das Fehlen einer geopolitischen Verbindung zwischen Tibet und der Mandschurei ergibt sich zudem schon aus der Natur der CHÖ-YÖN-Beziehung – religiöse Unterweisung und Beratung gegen militärischen Beistand – sowie aus der Tatsache, dass die Mandschus ihrer dem CHÖ-YÖN-Vertrag von 1720 entspringenden und später in der Vereinbarung "29 Punkte für die Verwaltung Tibets" von 1793 erneuerten militärischen Schutzpflicht nur gerade 1788 und 1792 gegen die nepalischen GURKHAS nachkamen, nicht aber beim Überfall der islamischen DOGRA-Armee aus KASHMIR von 1842, beim weiteren GURKHA-Krieg von 1854 - 1856 und beim Einmarsch der Engländer von 1903/04. Die Nichterfüllung einer Vertragspflicht bewirkte nach damaligem Rechtsverständnis, dass auch die andere Seite nicht mehr an den Vertrag gebunden war, weshalb sowohl der CHÖ-YÖN-Vertrag als auch die "29 Punkte"-Vereinbarung mangels Beachtung durch die Mandschus erloschen.

Der weitere Verlauf der Geschichte zeigt, dass die Mandschurei und China nicht etwa bis in die Neuzeit – mit heute umgekehrtem Herrschaftsverhältnis – in einer konstanten Verbindung und Gemeinschaft verblieben. Mit dem Sturz der Mandschu-Dynastie endete die historische Beziehung 1911/12 abrupt, auch wenn die Mandschus mittlerweile in China so weit integriert waren, dass nach ethnischen Kriterien keine scharfe Abgrenzung der beiden Völker mehr möglich war. Umso markanter war aber der Bruch auf politischer Ebene. Ausserdem war die Mandschurei schon vorher, im Jahr 1905, in eine russische *(nördliche)* und eine japanische *(südliche)* Einflusssphäre aufgeteilt worden. 1931 eroberten die Japaner die ganze Mandschurei und einen Streifen der Inneren Mongolei. Auf dem okkupierten Territorium gründeten sie Mandschukuo, das 1934 den Status eines von Japan abhängigen Kaiserreichs erhielt.

Diese Phase der radikalen politischen und territorialen Separierung *(ab 1911/12)* und der japanischen Fremdherrschaft über die Mandschurei *(ab 1931)* bildet eine völkerrechtlich signifikante Zäsur, weshalb China nicht in die Rechtsstellung der früheren Mandschurei eintreten kann. Bestätigt wird diese Überlegung durch die weitere Tatsache, dass auch China selber den Einfall der Japaner in die Mandschurei 1931 nicht als Angriff auf chinesisches Gebiet verstand, denn der Krieg zwischen China und Japan begann erst 1937, also sechs Jahre später.

1945 fiel Mandschukuo an China. Die japanischen Truppen hatten auf Befehl ihres Kaisers die Waffen übergeben und wurden von sowjetischen Truppen nach Sibirien deportiert, wo kaum einer dem Tod entrann. Mandschus und Chinesen nahmen grausame Rache an wehrlosen japanischen Zivilisten, Frauen und Kindern. Seither ist die Mandschurei ein grosser Landesteil im Nordosten Chinas, bestehend aus den drei Provinzen Heilungkiang, Kirin und Liaoning *(wo kürzlich eine grosse Fossilienstätte von Dinosauriern, Urvögeln, Säugetieren, Insekten und Pflanzen entdeckt wurde, NZZ 13. 05. 97)*, umgeben von der Inneren Mongolei, Russland, Nordkorea und dem Gelben Meer. Das Volk der Mandschus existiert dort zwar noch, ist aber mittlerweile von den Chinesen physisch und kulturell völlig marginalisiert worden.

Die heutige geopolitische Verbindung zwischen der Mandschurei und China, d. h. die Verschmelzung zu einem einzigen Land, ändert nichts daran, dass Tibet und die damalige Mandschurei trotz der Oberherrschaft des Mandschu-Kaisers nie in einem derartigen Verhältnis zueinander standen. Weil also zwischen Tibet und der Mandschurei auch unter Berücksichtigung des CHÖ-YÖN-Vertrags von 1720 und der "29 Punkte" von 1793 keine geopolitische Verbindung im dargelegten Sinn existierte und China ohnehin nicht in die Rechtsstellung der früheren Mandschurei eintreten kann, bestand und besteht eine solche Verbindung noch viel weniger zwischen Tibet und China.

Auch die Chinesen selber sehen sich zu Recht nicht als Nachfolger der Mandschus, sondern betrachten diese im Gegenteil als fremde Eindringlinge, gegen deren Herrschaft sie ja erfolgreich revoltiert haben. Dr. Sun Yat-sen sagte 1911 ausdrücklich, China sei zweimal von *ausländischen* Mächten besetzt worden, zuerst von den Mongolen und später von den Mandschus. Dies ist zweifellos richtig. Tibet und China waren stets Nachbarn auf gleicher völkerrechtlicher Ebene und wurden längere Zeit – Tibet nur sehr oberflächlich und erst ab 1720, China dagegen vollständig und schon ab 1644 – von den Mandschus beherrscht. **China war in keiner Weise, weder rechtlich noch faktisch, Tibet übergeordnet und kann deshalb nicht in Verdrehung der historischen Tatsachen seine damalige Rolle als beherrschtes Land im nachhinein gegen diejenige der Herrscher, der Mandschus, vertauschen. Zudem war Tibet eindeutig nie ein Teil der Mandschurei und somit noch viel weniger ein Teil von China.**

Unabhängig davon, wie man das historische Verhältnis zwischen Tibet und der Mandschurei und die frühere Beziehung zwischen der Mandschurei und China juristisch definieren will, **kann schliesslich jene Oberherrschaft des Mandschu-Kaisers über Tibet genauso wenig einen Besitzanspruch Chinas gegenüber Tibet begründen, wie Frankreich aus der Zeit von Napoleon und der Helvetik heute einen Anspruch auf das Schweizer Territorium ableiten könnte.**

Postinvasorischer Gebietserwerb ?

Zeitgleich mit der chinesischen Invasion vom Oktober 1950 erfolgte die illegale Annexion des tibetischen Staates durch die kommunistische Volksrepublik China. Radio Peking hatte schon vor dem grossen Angriff mehrmals verkündet, Tibet sei ein Bestandteil Chinas und müsse "befreit" werden. Daraus erhellt, dass die Invasion nicht bloss als kurzer Raubzug mit anschliessender Heimkehr konzipiert war, sondern von Anfang an auf Dauer ausgerichtet war und die unmissverständlich zum Ausdruck gebrachte Annexionsabsicht in die Tat umsetzte. **Nach geltendem Völkerrecht verschafft aber Annexion keinen Rechtstitel über das annektierte Gebiet, weil sie gegen das in Artikel 2 Absatz 4 der Charta der Vereinten Nationen vom 26. Juni 1945 statuierte Gewaltverbot verstösst**: "Alle Mitglieder unterlassen in ihren internationalen Beziehungen jede gegen die territoriale Unversehrtheit oder die politische Unabhängigkeit eines Staates gerichtete oder sonst mit den Zielen der Vereinten

Nationen unvereinbare Androhung oder Anwendung von Gewalt". Durch die krass völkerrechtswidrige Besetzung seines Nachbarlandes Tibet degradiert das UNO-Gründungsmitglied China diese fundamentale Verhaltensregel der Vereinten Nationen zur wertlosen Makulatur, zumal nach der zitierten Bestimmung nicht nur UNO-Mitglieder, sondern jegliche Staaten vor Gewalt geschützt werden.

Mit dem so genannten 17-Punkte-Vertrag vom 23. Mai 1951 versuchte China die gewaltsame Annexion Tibets zu legalisieren, doch war dieser Vertrag das Resultat einer unverhüllten Bedrohung und Erpressung der Tibeter durch die Chinesen *(siehe vorne "Der 17-Punkte-Vertrag")*. Artikel 51 und 52 des Wiener Übereinkommens vom 23. Mai 1969 über das Recht der Verträge halten fest, dass ein Vertrag, der durch Zwang, Drohung oder Gewalt gegen einen Staat oder dessen Vertreter zustande kam, nichtig ist und keine Rechtswirkung entfaltet. Gemäss Artikel 4 des besagten Wiener Übereinkommens, das auf den Tag genau 18 Jahre nach dem 17-Punkte-Vertrag geschlossen wurde, hat das Übereinkommen formell zwar keine Rückwirkung auf früher abgeschlossene Verträge, doch stellt derselbe Artikel 4 klar, dass die Regeln des Völkerrechts einschliesslich derjenigen, welche schon vorher bestanden und im Übereinkommen kodifiziert wurden, in jedem Fall gelten.

Solche – traditionell ungeschriebene – Völkerrechtsregeln sind im Ingress des Wiener Übereinkommens explizit niedergelegt. Dessen Abschluss erfolgte nämlich "im Hinblick darauf, dass die Grundsätze der freien Zustimmung und von Treu und Glauben sowie der Rechtsgrundsatz *pacta sunt servanda* allgemein anerkannt sind", und ausserdem "im Bewusstsein der in der Charta der Vereinten Nationen enthaltenen völkerrechtlichen Grundsätze, darunter der Grundsätze der Gleichberechtigung und Selbstbestimmung der Völker, der souveränen Gleichheit und Unabhängigkeit aller Staaten, der Nichteinmischung in die inneren Angelegenheiten der Staaten, des Verbots der Androhung oder Anwendung von Gewalt sowie der allgemeinen Achtung und Wahrung der Menschenrechte und Grundfreiheiten für alle". Diese Grundsätze treffen im Fall von Tibet und China genau den Kern der Sache. Es steht deshalb fest, dass der 17-Punkte-Vertrag vom 23. Mai 1951 nach den international anerkannten Regeln des Völkerrechts von Anfang an null und nichtig war und somit niemals Rechtsgültigkeit erlangte.

Weiter stellt sich die Frage einer völkerrechtlichen Anerkennung des durch militärische Gewalt geschaffenen Zustandes. Eine derartige Anerkennung steht immer im Spannungsfeld zwischen den Prinzipien der Legitimität und der Effektivität. Ihre rechtliche Bedeutung ist deshalb umstritten. Betreffend Tibet greift auf jeden Fall die so genannte Stimson-Doktrin, welche in Verbindung mit dem erwähnten Gewalt- und Annexionsverbot die Anerkennung gewaltsamer territorialer Veränderungen verbietet. Die Stimson-Doktrin will verhindern, dass gewaltsame und somit völkerrechtlich unwirksame Gebietsaneignungen durch die konsolidierende Wirkung der Anerkennung seitens dritter Staaten schliesslich doch Rechtsgültigkeit erlangen. Während fast alle Regierungen *(nicht Parlamente)* der Welt sich einfach so verhalten, als wäre Tibet ein Teil von China, haben zwei Staaten die Annexion Tibets durch China ausdrücklich – aber völkerrechtswidrig – anerkannt, nämlich Indien 1954 und Nepal 1956 *(WF)*. Obwohl die Stimson-Doktrin ihrem Zweck entsprechend nicht bloss die explizite, sondern auch die konkludente Anerkennung gewaltsamer Gebietsveränderungen verbietet, vermochte sie nicht zu verhindern, dass die offizielle Welt in steter Verdrängung der Legitimitätsfrage die Annexion Tibets durch China längstens akzeptiert hat. Deshalb beschränkt sich der praktische Wert der Stimson-Doktrin in der Tibet-Frage vorläufig auf eine korrekte völkerrechtliche Beurteilung.

Klar zu verneinen ist schliesslich ein Gebietserwerb durch Ersitzung. Eine solche setzt nämlich die Ausübung einer effektiven Herrschaft voraus, die nach aussen dokumentiert wird, ungestört verläuft, ununterbrochen erfolgt und unbestritten bleibt. Im Fall Tibets sind die Kriterien "ungestört" und "unbestritten" ganz offensichtlich nicht erfüllt, weshalb von Ersitzung keine Rede sein kann. Die für eine rechtswirksame Ersitzung erforderliche Zeitspanne richtet sich nach den Umständen des konkreten Falles. Betreffend Tibet hält der Wissenschaftliche Fachdienst des Deutschen Bundestages jedoch ausdrücklich fest: **"Derart gravierende völkerrechtliche Verstösse können nicht einfach durch Zeitablauf geheilt werden".**

UNO-Mitgliedschaft und Staatseigenschaft

In Diskussionen über den völkerrechtlichen Status von Tibet taucht immer wieder das Argument auf, Tibet sei im Gegensatz zum Gründungsmitglied China *(damals "Republik China"; am 25. Oktober 1971 Aufnahme der "Volksrepublik China" und Ausschluss von Taiwan aus der UNO)* eben nicht der UNO beigetreten und habe es somit unterlassen, der ganzen Welt seine Staatseigenschaft zu beweisen, obschon es dazu vor der chinesischen Invasion und Besetzung noch vier bis fünf Jahre Zeit gehabt hätte. Nach dieser unreflektierten Logik hätte Österreich als UNO-Mitglied wohl das Recht, sein westliches Nachbarland zu besetzen, weil die Staatseigenschaft der Schweiz mangels UNO-Mitgliedschaft nicht rechtsgültig bewiesen ist **...**

Das Völkerrecht anerkennt unabhängig von allfälliger UNO-Mitgliedschaft die Existenz eines Staates, wenn er folgende drei Komponenten aufweist: Ein klar abgegrenztes Staatsgebiet, eine eigene Bevölkerung und eine unabhängige Regierung, die nach innen effektive Souveränität ausübt und nach aussen internationale Beziehungen zu unterhalten in der Lage ist. Dabei kommt es weniger darauf an, wie regelmässig und intensiv konkrete Aussenkontakte stattfinden, sondern die *Fähigkeit* dazu muss manifest sein. Im Fall eines von einer fremden Armee besetzten Landes ist beim Kriterium einer unabhängigen Regierung – wegen der völkerrechtlichen Unzulässigkeit und Ungültigkeit gewaltsamer Annexionen – der Zeitpunkt der Invasion massgebend, d. h. es ist zu prüfen, ob das besetzte Land *zu jener Zeit* eine unabhängige Regierung im dargelegten Sinn hatte. Für Tibet ist diese Frage ohne jeden Zweifel und Vorbehalt zu bejahen.

Es braucht deshalb schon eine gehörige Portion Sarkasmus, um zu erklären, man könne Tibet nicht anerkennen und mit dem Land keinen diplomatischen Kontakt pflegen, weil Tibet keine souveräne Regierung mehr habe, sondern von den Chinesen "verwaltet" werde. Betreffend Kuwait *(UNO-Mitglied und Öl-Land)* wurde die Frage der Staatseigenschaft offenbar ganz anders beurteilt, obwohl auch Kuwait während der Dauer der irakischen Okkupation von 1990/91 logischerweise keine souveräne Regierung hatte und deren Souveränität nur durch eine internationale Hilfsaktion historischen Ausmasses wiederhergestellt werden konnte.

Tibet hat im übrigen ein demokratisch gewähltes Exil-Parlament, eine gut funktionierende Exil-Regierung *(in DHARAMSALA, Nordindien)* und in verschiedenen Städten der Welt *(z. B. Genf)* Botschaften mit perfekt englisch und – manchmal weniger perfekt – die jeweilige Landessprache sprechenden Repräsentanten, so dass konkrete Kontaktmöglichkeiten bestehen und die sprachliche Verständigung gewährleistet ist. Somit können auch keine "praktischen Probleme" als Vorwand für die offizielle Distanzierung vom besetzten Land Tibet dienen.

Interessant ist vielleicht ein kurzer Vergleich mit Tibets Nachbarländern Nepal und Bhutan. Diese traten der UNO 1955 beziehungsweise 1971 bei und hätten somit bei einer chinesischen Besetzung um 1949/50 ebenfalls noch keine UNO-Mitgliedschaft als Schutzbrief vorweisen können *(siehe hinten "Gerechtigkeit für Tibet!")*. Angesichts des aggressiven Hegemoniestrebens Chinas mag es deshalb erstaunen, dass die an Tibet angrenzenden, wesentlich kleineren Staaten Nepal, Sikkim *(heute Indien)* und Bhutan von einer chinesischen Invasion verschont blieben und nicht dasselbe Schicksal wie Tibet erlitten, doch könnte dies damit zusammenhängen, dass Nepal bis 1951 unter dem Protektorat Englands stand und die Territorien von Sikkim und Bhutan strategische Interessen Indiens tangieren, während umgekehrt das englisch-chinesische Abkommen vom 27. April 1906 *(siehe vorne "Willkürliche Verträge")* den Chinesen aus englischer Perspektive freie Hand in Tibet liess. Ausserdem bot der HIMALAYA den südlich davon gelegenen Ländern Nepal, Sikkim und Bhutan einen gewissen topographischen Schutz vor der chinesischen Kriegsmaschinerie. Jedenfalls zeigt der Vergleich wiederum, dass Tibets verpasster Beitritt zur UNO nicht den falschen Schluss zulässt, Tibet sei *kein* Staat im Sinn des Völkerrechts.

Eine Besonderheit im selben Zusammenhang bringt noch mehr Licht in die Sache. Als sich Nepal 1949 um Aufnahme in die UNO bewarb, führte es als Souveränitätsbeweis seine diplomatischen Beziehungen mit dem Nachbarland Tibet an. **Die UNO akzeptierte diesen Beweis und anerkannte damit logisch zwingend auch Tibet als souveränen Staat.**

Schliesslich ist zu beachten, dass manche der heutigen UNO-Mitglieder sehr junge Staaten sind, die erst in der Zeit nach dem Zweiten Weltkrieg entstanden, indem sie unter Berufung auf das Selbstbestimmungsrecht der Völker die Kolonialherrschaft abschüttelten. Unter diesem Aspekt ist die Besetzung Tibets durch die Kolonialmacht China nicht nur ein krasses Unrecht, sondern auch ein Anachronismus.

Erkenntnisse der Internationalen Juristenkommission

Viele Regierungen verstecken sich hinter der Formel, "*im Einklang mit der Staatengemeinschaft*" sei Tibet völkerrechtlich als Teil von China zu betrachten, und glauben offenbar, damit ihre Haltung begründet und legitimiert zu haben. Ebenfalls "*im Einklang mit der Staatengemeinschaft*" wird notorisch unterschlagen, dass Tibet nicht bloss aus der von den chinesischen Besatzern völlig willkürlich definierten "Autonomen Region Tibet" *(knapp die Hälfte Tibets)*, sondern aus allen drei Provinzen Ü-TSANG, KHAM und AMDO besteht. Deshalb ist daran zu erinnern, dass früher "*im Einklang mit der Staatengemeinschaft*" die Erde als flache Scheibe und als Mittelpunkt des Universums galt, und dass diese einhellige Ansicht gleichwohl von späteren Generationen grundlegend revidiert wurde. In anderen Fragen hielt oder hält sich der Aberglaube sogar bis in unser Jahrhundert: 1925 wurde in Tennessee *(USA)* der Gymnasiallehrer John Thomas Scopes wegen Verbreitung von Darwins Evolutionstheorie verurteilt *(NZZ 08. 04. 97)*.

Noch rückständiger ist unsere Welt in der Tibet-Frage. Wer darauf hinweist, dass Tibet ein eigenes Land unter illegaler chinesischer Fremdherrschaft ist, stösst – nicht nur in Wirtschaftskreisen – immer noch auf viel Unverständnis und Widerstand. Bis heute werden zum Beispiel die Erkenntnisse der Internationalen Juristenkommission und des von ihr eingesetzten Untersuchungsausschusses von den Regierungen bewusst oder unbewusst ignoriert, obschon die beiden bald 40-jährigen Gutachten *(ausser hinsichtlich des 17-Punkte-Vertrags)* nach wie vor gültig und aufschlussreich sind.

Die Internationale Juristenkommission wurde 1952 als regierungsunabhängige und unpolitische Vereinigung gegründet und umfasst rund 40'000 Mitglieder *(Rechtsanwälte, Richter, Hochschullehrer etc.)* aus mehr als 50 Ländern. Im Juli 1959 veröffentlichte sie in Genf ein Gutachten mit dem Titel "The Question of Tibet and the Rule of Law". Zum völkerrechtlichen Status von Tibet hält das Gutachten fest: "Der Status von Tibet bei der Vertreibung der Chinesen im Jahr 1912 kann billigerweise als eine de-facto-Unabhängigkeit bezeichnet werden, und es bestehen solide Rechtsgrundlagen für die Annahme, dass jede rechtliche Abhängigkeit von China verschwunden war. Daraus wird geschlossen, dass **Tibet durch die Ereignisse von 1911/12 wieder zum vollständig souveränen Staat wurde, de facto und de iure unabhängig von chinesischer Herrschaft."**

Genau ein Jahr später, im Juli 1960, folgte ein Bericht des von der Internationalen Juristenkommission eingesetzten Legal Inquiry Committee on Tibet *(Untersuchungsausschuss)* mit dem Titel "Tibet and the Chinese People's Republic". Betreffend den Status von Tibet kam der Untersuchungsausschuss zum Schluss, "dass Tibet von 1913 - 1950 die völkerrechtlich allgemein anerkannten Staatseigenschaften aufwies. 1950 existierte ein Volk, ein Territorium und eine Regierung, welche in diesem Territorium ihre Funktionen ausübte und die landesinternen Angelegenheiten frei von jeglicher ausländischer Einmischung regelte. Von 1913 - 1950 wurden Tibets Aussenbeziehungen ausschliesslich von der tibetischen Regierung geführt, und aus offiziellen Dokumenten ist ersichtlich, dass die ausländischen Staaten, mit welchen Tibet Beziehungen pflegte, Tibet in der Praxis als unabhängigen Staat behandelten."

Schliesslich argumentiert der Untersuchungsausschuss in seinem Bericht, Tibet habe zwar mit der Unterzeichnung des 17-Punkte-Vertrags am 23. Mai 1951 seine Unabhängigkeit aufgegeben, doch habe China in der Folge die vertraglichen Vereinbarungen nicht eingehalten, weshalb die tibetische Regierung berechtigt gewesen sei, den Vertrag abzulehnen, was sie am 11. März 1959 auch getan habe. Hier ist jedoch klarzustellen, dass der aufgrund massivster Bedrohung und Erpressung unterzeichnete und mit in Peking gefälschten tibetischen Siegeln "beglaubigte" 17-Punkte-Vertrag, mit welchem die Tibeter scheinbar ihr Einverständnis zur bereits erfolgten Besetzung ihres Landes gaben, aus völkerrechtlicher Sicht von Anfang an null und nichtig war *(siehe vorne "Der 17-Punkte-Vertrag" und "Postinvasorischer Gebietserwerb?")*.

Von Rechts wegen ein Staat

"Zum Zeitpunkt der gewaltsamen Einverleibung Tibets in den chinesischen Staatsverband war es ein unabhängiger Staat. **...** China hat aber keinen völkerrechtlich wirksamen Titel für die Staatsgebietsaneignung erworben. Alle möglichen Gebietstitel scheiden aus" *(WF)*. **Weil also Tibet in seiner ganzen Geschichte nie zu China gehörte und seit über 2'000 Jahren als Staat existiert, weil auch die vertraglichen Verbindungen mit den Mongolen und Mandschus Tibets Staatseigenschaft nie in Frage stellten, weil Tibet im Zeitpunkt der chinesischen Invasion ohne den geringsten Zweifel ein unabhängiger und souveräner Staat war, und weil schliesslich China durch die illegale militärische Okkupation keinen Rechtstitel über das tibetische Volk und Staatsgebiet erworben hat, ist Tibet nach Völkerrecht bis heute ein eigener Staat.**

Eigentlich ist der völkerrechtliche Status von Tibet ebenso klar und eindeutig wie derjenige anderer Staaten. Die Behauptung, das militärisch besetzte Land

Tibet sei *kein* Staat im Sinn des Völkerrechts, ist offensichtlich falsch, weshalb sie auch nie bewiesen werden konnte. Dessen ungeachtet wollen Regierungen und Behörden die Beweislast stets denjenigen zuschieben, welche Tibets Staatseigenschaft richtigerweise bejahen. Diese ungerechtfertigte und wahrheitsfeindliche Umkehrung der Beweislast ist vor allem eine Folge davon, dass die Regierungen fast aller Länder, die sich sonst bei jeder Gelegenheit das Prädikat "rechtsstaatlich" verleihen, aus rein wirtschaftlichen Überlegungen nicht bloss unbestreitbare historische Tatsachen aus ihrem engen politischen Blickfeld verdrängen, sondern auch internationale Gutachten, Resolutionen und Urteile bis heute stur ignorieren *(siehe hinten "Stimmen und Beweise aus aller Welt")*.

Im selben Sinn konstatiert die New Yorker Menschenrechtsorganisation *Human Rights Watch* in ihrem Bericht vom 4. Dezember 1996 "eine eklatante Doppelmoral im pfleglichen Umgang mit China ... Wenn es um Geld und politische Interessen geht, vergessen die wichtigsten Staaten die sonst von ihnen postulierten Menschenrechte" *(TA 05. 12. 96)*. Unter diesen Umständen fragt sich allerdings, nach welchen Kriterien ein Staat als wichtig gilt; vermutlich ist im konkreten Zusammenhang eher von mächtigen Staaten die Rede.

Chinesische Perspektiven

Dr. Sun Yat-sen, der "Vater der chinesischen Republik", betrachtete Tibet, die Mongolei und die Mandschurei als Ausland, und Mao Tse-tung unterstützte in den Dreissigerjahren, als er mitten im Befreiungskampf stand und noch keine Macht innehatte, die Unabhängigkeit des tibetischen Staates. Diese Positionen erscheinen korrekt und vernünftig, denn sie orientierten sich an den historischen, geographischen und politischen Tatsachen.

Heute dagegen ist es bezeichnend, dass die Chinesen nicht übereinstimmend sagen können, wann Tibet ihrer Ansicht nach angeblich zu China kam. Trotz der einmütigen und stereotypen Behauptung, Tibet sei "ein untrennbarer Teil Chinas", gehen nämlich auf chinesischer Seite die Meinungen weit auseinander, wann ein derartiges Ereignis überhaupt stattgefunden haben soll. Geschah dies im Jahr 127 v. Chr. *(Gründung des tibetischen Staates)*, 641 n. Chr. *(Heirat des tibetischen Königs SONGTSEN GAMPO mit der chinesischen Prinzessin WENG CHENG)*, 1207 *(Schirmherrschaft der Mongolen)*, 1720 *(CHÖ-YÖN-Beziehung mit den Mandschus)*, 1793 *(Vereinbarung "29 Punkte für die*

Verwaltung Tibets"), im Sommer 1949 *(chinesischer Truppeneinmarsch in Osttibet),* am 7. Oktober 1950 *(Invasion der sog. "Volksbefreiungsarmee")* oder sonst irgendwann? **Schon allein diese enormen Diskrepanzen zeigen in aller Deutlichkeit, dass Peking einem Wunschtraum nachhängt, der 1949/50 zwar militärische, aber keineswegs völkerrechtliche Realität wurde.**

Vollends absurd und selbstentlarvend ist die Argumentation der Chinesen, vor den "demokratischen Reformen" von 1959 seien die Zustände in Tibet schlimmer als im europäischen Mittelalter gewesen. Wie hätte das denn sein können, wenn Tibet aus chinesischer Optik bereits seit 2'000 Jahren oder mindestens seit Jahrhunderten angeblich von Peking *(bzw. von der früheren chinesischen Hauptstadt CHANG'AN, dem heutigen XI'AN)* regiert wird und seit 1949/50 tatsächlich in der brutalen Gewalt Chinas ist? Solche Widersinnigkeiten machen die Geschichtsfälschung der Chinesen nicht glaubwürdiger.

Der 1937 in Shanghai geborene Regimekritiker und Menschenrechtsaktivist Harry Hongda Wu überlebte 19 Jahre in chinesischen Laogai und emigrierte 1979 nach seiner Freilassung in die USA. In der Folge setzte er erneut selbstlos sein Leben aufs Spiel, indem er mit seiner Ehefrau Ching Lee und Freunden mehrfach inkognito nach China reiste und dort als amerikanischer Geschäftsmann getarnt mit verborgener Kamera die Laogai filmte. Bei einer solchen Unternehmung wurde er im Sommer 1995 von den Chinesen festgenommen und zu 15 Jahren Haft verurteilt. Auf Druck der Weltöffentlichkeit konnte er aber anfangs September 1995, unmittelbar vor Beginn der Vierten UNO-Weltfrauenkonferenz in Peking, in seine Wahlheimat USA zurückkehren.

Harry Hongda Wu betont, "dass die Mehrheit der Menschen in China ... Tibet für einen Teil Chinas hält ... Und es wird lange, sehr lange dauern und grosse Aufklärungsarbeit erfordern, bis diese Menschen imstande sein werden, die Fakten, die Geschichte, die Wahrheit zu sehen." Im Fall eskalierender Machtkämpfe in China sieht Harry Hongda Wu eine Chance, dass Tibet seine Freiheit zurückgewinnt. Die Frage, ob er mit "Freiheit" volle Unabhängigkeit oder blosse Autonomie meint, beantwortet Harry Hongda Wu folgendermassen: "Das ist allein Sache des tibetischen Volkes. Ob 'Teil Chinas', Autonomie oder ein unabhängiger Staat mit eigenem religiösen und politischen System, was auch immer – es sind die Tibeter und nur sie allein, die das Recht haben, darüber zu entscheiden" *(TIBET-Forum Nr. 3/95).*

Tibetfreunde und Tyrannen

Sehr interessant sind die historischen Betrachtungen des heute in New York lebenden chinesischen Journalisten und Buchautors Cao Chang-Ching: "Während der YÜAN-Dynastie *(1279 - 1368)* besetzte die Mongolei den grössten Teil Asiens inklusive China, Tibet, Vietnam und Korea. **...** Wenn eine derartige militärische Okkupation eine historische Grundlage für Gebietsansprüche bildet, dann müssten diese von den Mongolen, aber nicht von den Chinesen erhoben werden. Ausserdem, wenn jene Zeit eine Legitimation für die Gebietsansprüche Chinas gegenüber Tibet begründet, warum haben dann die Chinesen solche Ansprüche nie gegenüber Vietnam, Korea und anderen Teilen Asiens geltend gemacht, welche damals von den Mongolen annektiert und beherrscht waren?" Unter diesem Aspekt müssten die Chinesen konsequenterweise sogar Teile Osteuropas beanspruchen *(siehe vorne "Schirmherrschaft der Mongolen")*.

Weiter stellt Cao Chang-Ching zutreffend fest, dass sich auch aus der QING-Dynastie *(Mandschu-Dynastie, 1644 - 1911/12)* **kein chinesischer Anspruch auf das tibetische Territorium ableiten lässt, und dass ein auf die militärischen Hilfeleistungen der QING-Armee gestützter Besitzanspruch Chinas gegenüber Tibet so absurd ist, wie wenn die USA die Herrschaft über Kuwait beanspruchen wollten, nur weil ihre Armee bei der Vertreibung der irakischen Invasoren geholfen hat.**

Ebenso berechtigt ist die rhetorische Frage von Cao Chang-Ching, warum die Chinesen 1951 auf der Unterzeichnung des 17-Punkte-Vertrags beharrt hätten, wenn Tibet schon immer zu China gehört hätte. Cao Chang-Ching gelangt zur Erkenntnis, dass Tibet bis zur chinesischen Invasion und Besetzung im Jahr 1950 nie ein Teil von China war, und bezeichnet die Chinesen folgerichtig als Kolonisatoren. Schliesslich weist er auf ein praktisches Problem hin, das im Gespräch mit Chinesen wohl generell zu berücksichtigen ist: "Erst als ich in die USA kam und unverfälschte Geschichtsbücher las, begann ich die Wahrheit über Tibet zu verstehen" *(TIBETAN BULLETIN Sept.-Okt. 1996, S. 19 f.)*.

Unter der chinesischen Bevölkerung gibt es offenbar immer mehr Tibetfreunde. Das mag auf der einen Seite erstaunen, widerspiegelt aber auf der anderen Seite lediglich den tiefen Graben zwischen Volk und Behörden Chinas.

Der im Invasionsjahr 1950 geborene chinesische Dissident Wei Jingsheng machte eine aussergewöhnliche Wandlung vom Rotgardisten, Maoisten und Kulturrevolutionär zum Philosophen, Humanisten und Demokraten durch und anerkennt Tibet als souveränen Staat. 1979 wurde er zu 15 Jahren Arbeitslager und im Dezember 1995 wegen "antikommunistischer Verschwörung" erneut zu 14 Jahren Haft verurteilt. Am 11. Dezember 1996 verlieh das Europäische Parlament Wei Jingsheng den Sacharow-Preis für die Freiheit des Geistes, den seine Schwester Shanshan Wei-Blank in Strassburg für ihn entgegennahm. Bei dieser Gelegenheit erklärte sie, der Westen müsse zur Kenntnis nehmen, dass Hilfe für das chinesische Regime die "Unterstützung einer Bande von Tyrannen" bedeute *(NZZ, BaZ, TA 12. 12. 96)*.

Im Oktober 1996 wurde der 40-jährige Geschichtsprofessor Liu Xiaobo zu drei Jahren Arbeitslager verurteilt, weil er zusammen mit dem noch rechtzeitig nach Hongkong geflüchteten Wang Xizhe eine Petition eingereicht hatte. Darin wird die chinesische Regierung aufgefordert, eine humanere Tibetpolitik zu betreiben und einen Dialog mit dem Dalai Lama aufzunehmen.

Stimmen und Beweise aus aller Welt

Immer wieder stellen nationale und internationale Parlamente, Gremien und Konferenzen explizit oder implizit fest, dass Tibet im Zeitpunkt der chinesischen Invasion ein unabhängiger souveräner Staat war, dass die anhaltende militärische Besetzung durch China rechtswidrig ist, und dass Tibet deshalb nach Völkerrecht bis heute ein eigener Staat unter illegaler chinesischer Fremdherrschaft ist. Einige Dokumente sprechen einfach vom "Recht auf Selbstbestimmung".

→ Internationale Juristenkommission, Gutachten "The Question of Tibet and the Rule of Law" vom Juli 1959: "Tibet wurde durch die Ereignisse von 1911/12 wieder zum vollständig souveränen Staat, de facto und de iure unabhängig von chinesischer Herrschaft."

→ Legal Inquiry Committee on Tibet *(von der Internationalen Juristenkommission eingesetzter Untersuchungsausschuss)*, Bericht "Tibet and the Chinese People's Republic" vom Juli 1960: "Tibet wies von 1913 - 1950 die völkerrechtlich allgemein anerkannten Staatseigenschaften auf."

→ UNO-Resolution 1723 (XVI) vom 20. Dezember 1961: "These events violate fundamental human rights and freedoms set out in the Charter of the United Nations and the Universal Declaration of Human Rights, including the principle of self-determination of peoples and nations."

→ Amerikanisches Repräsentantenhaus, Resolution vom 18. Juni 1987: "China unterjochte 1949 Tibet mit militärischer Gewalt und übt durch die Anwesenheit einer grossen Besatzungsmacht weiterhin die Herrschaft über das tibetische Volk aus."

→ Wissenschaftlicher Fachdienst des Deutschen Bundestages, Expertise vom 12. August 1987 über den völkerrechtlichen Status von Tibet: **"Zum Zeitpunkt der gewaltsamen Einverleibung Tibets in den chinesischen Staatsverband war es ein unabhängiger Staat. ... China hat aber keinen völkerrechtlich wirksamen Titel für die Staatsgebietsaneignung erworben. Alle möglichen Gebietstitel scheiden aus."**

→ Internationale überparteiliche Tibet-Anhörung vom 20. und 21. April 1989 in Bonn, Resolution "Bonner Erklärung zur Lage in Tibet" vom 21. April 1989: "anhaltende illegale Besetzung Tibets" -- "Recht des tibetischen Volkes, ... frei von ausländischer Einflussnahme ... zu leben"

→ Internationale Konferenz über Tibet und Frieden in Südasien vom 12. - 14. August 1989 in Delhi, Schlussresolution: "Tibet historisch und rechtlich ein freies Land" -- "andauernde rechtswidrige Besetzung Tibets durch China" -- "Recht des tibetischen Volkes, ... über sein Schicksal selbst und frei von jeglicher ausländischer Einmischung ... zu entscheiden" -- "Recht, als freies Volk eines freien Landes zu leben"

→ Senat und Repräsentantenhaus der Vereinigten Staaten von Amerika, gemeinsame Resolution 41 vom 21./23. Mai 1991: "Tibet hat in seiner ganzen Geschichte eine eigene nationale, kulturelle und religiöse Identität bewahrt, die sich von derjenigen Chinas unterscheidet." -- "Es gibt in chinesischen Urkunden und in der traditionellen Geschichte der Dynastien einschliesslich jener der Mandschus und der Mongolen keinerlei Hinweise darauf, dass Tibet zu einem 'Bestandteil Chinas' gemacht worden wäre." -- "Mehrere Länder, darunter die Mongolei, Bhutan, Nepal, Britisch-Indien und das zaristische Russland, anerkannten Tibet als unabhängige Nation oder unterhielten ohne jegliche Einmischung der chinesischen Regierung Beziehungen zu Tibet." –– "Tibet wies zur Zeit der chinesischen Besetzung alle völkerrechtlichen Merkmale der Souveränität auf, nämlich ein klar definiertes Staatsgebiet, eine eigene Bevölkerung, eine unabhängige Regierung sowie die Fähigkeit zur Abwicklung der inneren Angelegenheiten und zur Pflege unabhängiger internationaler Beziehungen." –– "Die widerrechtliche Besetzung Tibets durch China dauert bis zum heutigen Tag fort." –– **"Nach den bestehenden Grundsätzen des Völkerrechts ist Tibet einschliesslich der in die chinesischen Provinzen Sichuan, Yünnan, Gansu und Qinghai eingegliederten Gebiete, die historisch zu Tibet gehört haben, ein besetztes Land, dessen legitime Vertreter der Dalai Lama und die tibetische Exil-Regierung sind, wie sie vom tibetischen Volk anerkannt werden."**

→ Ständiges Tribunal der Völker *(Sitz in Rom)*, Urteil vom 20. November 1992 in Strassburg: Die grundlegenden tibetischen Staatsorgane werden jetzt durch die tibetische Exil-Regierung in DHARAMSALA vertreten.

→ Internationale Juristenkonferenz zur Tibet-Frage vom 6. - 10. Januar 1993 in London: Tibet war vor der Okkupation durch China ein souveräner Staat.

→ Belgische Repräsentantenkammer, Pressecommuniqué vom 16. Juni 1993: "La Chambre rappelle que le Tibet est <u>occupé</u> par la Chine."

→ Erstes Weltparlamentariertreffen zu Tibet vom 18. - 20. März 1994 in Delhi: ... anerkennen ausdrücklich Tibets historische Unabhängigkeit und das unveräusserliche Recht des tibetischen Volkes auf Selbstbestimmung.

→ Europäisches Parlament in Strassburg, Tibet-Resolution vom 18. Mai 1995: "Gemäss der Charta der Vereinten Nationen und dem UNO-Pakt über bürgerliche und politische Rechte ... haben die Tibeter ein Recht auf Selbstbestimmung."

→ Zweites Weltparlamentariertreffen zu Tibet vom 26. - 28. Mai 1995 in Wilna *(Litauen)*: **Tibet ist heute nach internationalem Recht ein unabhängiger Staat unter illegaler Besetzung. China hat rechtlich keine Souveränität über Tibet gewonnen.** Als die "Volksbefreiungsarmee" 1949 in das Land einzumarschieren begann, war Tibet ein unabhängiger Staat. Invasion und Besetzung Tibets sind illegal.

→ Europäisches Parlament in Strassburg, Resolution vom 13. Juli 1995 zur Lage in Tibet und zum Verschwinden des sechs Jahre alten Panchen Lama: **"illegal nature of the invasion and occupation of Tibet by the People's Republic of China"**

→ US-Senat, Tibet-Resolution 169 vom 8. September 1995: "Historically Tibet has demonstrated those attributes which under international law constitute statehood: It has had a defined territory and a permanent population; it has been under the control of its own government; and it has engaged in or had the capacity to engage in formal relations with other states." -- "Beginning in 1949 Tibet was forcibly and coercively invaded and occupied by the People's Republic of China." -- "Under the principles of international law Tibet is an occupied country and its true representatives continue to be His Holiness the Dalai Lama and the Tibetan Government-in-exile **...**" -- "The Tibetan people are historically, territorially and culturally distinct from the Chinese population in the People's Republic of China and were forcibly incorporated into the the People's Republic of China." -- "The Tibetan people are entitled to the right of self-determination as recognized in 1961 by the United Nations General Assembly in Resolution 1723."

→ Deutscher Bundestag, Tibet-Resolution vom 20. Juni 1996: "gewaltsame Unterdrückung Tibets und seines Strebens nach politischer, ethnischer, kultureller und religiöser Selbstbestimmung"

→ Belgische Repräsentantenkammer, Resolution vom 27. Juni 1996: Tibet besteht aus den drei Provinzen Ü-TSANG, KHAM und AMDO. Vor der chinesischen Invasion von 1949 war Tibet de facto von zahlreichen Staaten anerkannt, und nach den Grundsätzen des Völkerrechts sowie der Resolutionen der Vereinten Nationen gilt Tibet als besetzt. -- **...** bestätigt erneut das unveräusserliche Recht des tibetischen Volkes auf Selbstbestimmung.

→ Drittes Weltparlamentariertreffen zu Tibet vom 23. und 24. April 1997 in Washington D. C.: "**...** bekräftigt erneut **...** ihre **ausdrückliche Anerkennung von Tibets historischer Unabhängigkeit und des unveräusserlichen Rechts des tibetischen Volkes auf Selbstbestimmung.**" -- "**...** betont, dass sie Seine Heiligkeit den Dalai Lama und seine Regierung als alleinige legitime Vertreter von Tibet und des tibetischen Volkes anerkennt."

Gerechtigkeit für Tibet !

Der britische Lord David Ennals, welcher sich selbst als "alten Freund Chinas" bezeichnet, erklärte anlässlich der internationalen überparteilichen Tibet-Anhörung vom 20. und 21. April 1989 in Bonn: **"Dr. Wickert sprach von Tibetern auf chinesischem Territorium. Die gibt es nicht. Es gibt nur Chinesen auf tibetischem Territorium"**. Der "alte Freund Chinas" hatte noch den Mut zu einem weiteren Bekenntnis: Was die Chinesen in Tibet tun, "ist nicht nur Kolonialismus, das ist Apartheid" *(Tibet klagt an, S. 55 f.)*.

Unter dem Gesichtspunkt der Rechtsgleichheit stellt Dr. Michael C. van Walt van Praag, Anwalt für internationales Recht, Völkerrechtshochschullehrer und Mitbegründer des International Committee of Lawyers for Tibet, fest: "Tibet hatte mit allen Nachbarländern Beziehungen auf der Grundlage eines unabhängigen Staatswesens. Nepal hat z. B. erst 1949 eine Mission in die UNO entsandt, und dennoch existierte es vorher **...** Bhutan unterhielt ausser mit Tibet und Indien bis vor kurzem praktisch gar keine diplomatischen Beziehungen. Dennoch würde niemand Bhutans Unabhängigkeit in Frage stellen" *(Tibet klagt an, S. 54)*.

Wiederholen wir den Kern der Sache mit wenigen Worten: "Tibet ist ein unabhängiger Staat unter fremder, rechtswidriger Besetzung" *(van Walt van Praag, in: Tibet – ein vergewaltigtes Land, S. 22)*. Dr. Franz Alt ergänzt zutreffend: **"Die Chinesen haben in Tibet so wenig zu suchen wie die Sowjets in Afghanistan oder die USA in Vietnam"** *(Tibet klagt an, S. 9)*. Bei der Besetzung Kuwaits durch den Irak am 2. August 1990 reagierte die Welt sehr schnell, zwang die irakische Invasionsarmee nach knapp sieben Monaten zum Abzug aus Kuwait und verpflichtete die irakische Regierung, deren Argumente übrigens auffallend den chinesischen gleichen, zur Leistung von Kriegsreparationen. – Wie lange muss Tibet noch auf Gerechtigkeit warten?

Teil VII: Interview mit einem tibetischen Ehepaar

Die Eheleute DOLMA und TENZING *(Namen geändert)* sind Augenzeugen des chinesischen Truppeneinmarsches und der Invasion von 1949 / 50 in Tibet. Nach dem grossen Aufstand der tibetischen Bevölkerung gegen die chinesische Besatzungsmacht im März 1959 mussten sie – damals noch ledig – ihr Heimatland verlassen. Während vieler Monate und auf langen Umwegen flohen sie zu Fuss über den HIMALAYA nach Indien. 1964 kamen sie in die Schweiz, wo sie sich kennen lernten und später heirateten. Beide Eheleute sind heute in medizinischen Berufen tätig.

******* *DOLMA-LA und TENZING-LA, als Kinder habt Ihr den Einmarsch der chinesischen "Volksbefreiungsarmee" in Tibet miterlebt. Was wisst Ihr noch von diesen Ereignissen?*

DOLMA: Ich hatte eine glückliche Kindheit in Tibet mit meinen Eltern und Geschwistern. Als dann im Sommer 1949 chinesische Truppen in AMDO einmarschierten, waren sie zuerst anständig und freundlich, so dass sie zum Teil sogar Sympathie fanden. Die Chinesen verteilten Geld und Geschenke und errichteten neue Schulen. Diese Schulen veranstalteten Spiele, zeigten Filme, machten Theateraufführungen und gaben Uniformen ab, worüber wir Kinder uns besonders freuten. Zu Recht waren aber manche Eltern misstrauisch, und die befürchtete Wende kam schon bald: Plötzlich hiess es in den chinesischen Schulen "Mao Tse-tung, Beschützer der Menschheit", "China, die stärkste Nation der Welt" und dergleichen, die Schüler mussten chinesische Hymnen singen, und die chinesischen Lehrkräfte forderten offen zum Widerstand gegen die Eltern und gegen sämtliche tibetischen Autoritäten und Institutionen auf.

Dann begann am 7. Oktober 1950 die Invasion der Chinesen. Ich hatte das grosse und seltene Glück, dass aus meinem engsten Familienkreis niemand ermordet wurde. Hingegen wurden viele meiner Landsleute Opfer scheusslichster Folterungen und Exekutionen, und nicht einmal Frauen, Kinder und alte Menschen blieben von diesen Greueltaten verschont. Die chinesischen Soldaten waren schlimmer als Raubtiere in der Wildnis und offenbarten mit ihren grauenhaften Schlächtereien und Folterpraktiken einen primitivsten Sadismus, den ich bis heute nicht verstehe.

TENZING: Das war aber noch nicht alles. Kinder aus reichen Familien wurden dazu gedrängt, chinesische Schulen in Tibet oder China zu besuchen, und immer häufiger wurden tibetische Kinder zu diesem Zweck kurzerhand von den Chinesen entführt. Die zwangsweise Kollektivierung der Bauern steigerte den allgemeinen Unfrieden, doch angesichts massiver militärischer Drohungen nahm diese unheilvolle Entwicklung vorerst ungehindert ihren Lauf. Erst im März 1959 kam es dann zum grossen Volksaufstand, als die Chinesen den Dalai Lama entführen wollten und seine Sommerresidenz, den NORBULINGKA, bis zur völligen Zerstörung beschossen. Dabei kamen fast 90'000 Tibeterinnen und Tibeter ums Leben, und rund 100'000 folgten dem Dalai Lama ins Exil nach Indien.

*** *Wie gestaltet sich heute das Zusammenleben von Tibetern und Chinesen in Tibet?*

TENZING: Die andauernden Menschenrechtsverletzungen, namentlich die grausame Folter in den Gefängnissen und Zwangsarbeitslagern und der Holocaust am tibetischen Volk, sind aus den Medien teilweise bekannt. Weniger bekannt ist dagegen der zivile Alltag. In Osttibet hat die Siedlungspolitik Pekings dazu geführt, dass heute grosse Gebiete praktisch nur von Chinesen bewohnt sind. Dies hängt nicht nur mit der geographischen Nähe zu China und mit der generellen Sinisierung Tibets zusammen, sondern auch mit dem im Vergleich zum übrigen Tibet milderen und regenreicheren Klima in den Ostprovinzen KHAM und AMDO, das relativ hohe landwirtschaftliche Erträge ermöglicht.

DOLMA: Im ganzen Land werden die Tibeter krass benachteiligt gegenüber den Chinesen, die mit überrissenen Salären, kurzer Arbeitszeit, langen Ferien und mancherlei weiteren Vorzugskonditionen nach Tibet gelockt werden. Dies gilt sogar für die Soldaten der chinesischen "Volksbefreiungsarmee", welche seit Oktober 1996 für ihren Militärdienst in Tibet den zweieinhalbfachen Sold ihrer Kollegen in China erhalten. Wohnungen, Arbeit und Studienplätze werden an Tibeter nur sehr restriktiv vergeben, und soweit sie überhaupt Stellen erhalten, sind sämtliche Arbeitsbedingungen wesentlich schlechter als für die Chinesen. Ausserdem haben die chinesischen Besatzer die öffentliche Religionsausübung und den Klosterbetrieb auf ein paar touristenattraktive simple Rituale reduziert, was uns noch viel mehr schmerzt als die materiellen Nachteile.

*** *Die Chinesen haben aber in Tibet Strassen, Flugplätze, Schulen und Spitäler gebaut?*

DOLMA: So würde ich das nicht nennen! Strassenbau und andere schwere Arbeiten haben hauptsächlich wir Tibeter – Männer, Frauen und Kinder – vor chinesischen Gewehrläufen verrichtet, und meine Landsleute in Tibet tun dies heute noch, wenn auch abseits der Touristenpfade. Die Flugplätze und Strassen dienen in erster Linie militärischen Zwecken. Die chinesischen Schulen, welche an die Stelle unserer eigenen, zerstörten Schulen getreten sind, unterrichten vor allem Chinesisch, kommunistische Ideologie und die von Peking verfälschte Geschichte der beiden Nachbarländer.

Die chinesischen Spitäler heissen bei uns "Schlachthäuser", weil dort die planmässige Zwangssterilisation der tibetischen Frauen und Mädchen, gewaltsame Abtreibungen bis im neunten Monat und scheussliche Morde an tibetischen Neugeborenen stattfinden. Chinesische Ärzte und Krankenschwestern, welche diese Bezeichnungen nicht verdienen, verüben die Verbrechen an den Tibeterinnen und ihren Kindern mit Hilfe mobiler Einrichtungen *(oft in Zelten)* auch in den ländlichen Gegenden Tibets und sogar bei den Nomaden. Höchst selten steht dagegen ein chinesisches Spital der tibetischen Bevölkerung für eine Heilbehandlung offen.

*** *Aus chinesischen Statistiken geht hervor, dass die Kollektivierung der Landwirtschaft in Tibet die Erträge erhöht hat. Profitieren davon nicht auch die Tibeter?*

TENZING: Im Gegenteil. Zwar gab es am Anfang kurzfristige Ertragssteigerungen, aber der von den Chinesen vorgeschriebene massive Einsatz hochgiftiger Düngemittel und Pestizide macht in vielen Gegenden Tibets Mensch und Tier krank. Der Boden wird übernutzt, ausgelaugt, vom Wind ausgetrocknet und weggeblasen oder vom Regen fortgeschwemmt. Die einst riesigen Wälder Osttibets sind praktisch kahlgeschlagen. Ausserdem werden die landwirtschaftlichen Erzeugnisse wie übrigens auch die Bodenschätze und die industriellen Produkte nach China abtransportiert oder stehen in Tibet vor allem den Chinesen, d. h. der Besatzungsarmee und den zivilen Siedlern, zur Verfügung. Den Tibeterinnen und Tibetern wird für ihre harte Arbeit kaum das Existenzminimum belassen. Vor der chinesischen Invasion gab es in Tibet nie eine

Hungersnot. Seither aber sind weit über 100'000 Tibeter verhungert, und der grösste Teil der tibetischen Bevölkerung lebt heute in bitterster Armut. Versteh mich nicht falsch, wir wollen keinen materiellen Reichtum oder Luxus, aber vor der Invasion hatte jeder Tibeter genügend zu essen, warme Kleider und ein Dach oder Zelt über dem Kopf. Heute sind wir – ich meine unsere Landsleute in Tibet – Sklaven im eigenen Land.

*** *Die chinesische Regierung argumentiert aber gerade umgekehrt, sie habe Tibet von Sklaverei, Kannibalismus, Körperstrafen und anderen sozialen Missständen befreit.*

DOLMA: Das ist die bekannte Tatsachenverdrehung aus Peking! Im "alten Tibet" genossen Diener und Angestellte wesentlich mehr Freiheit als jetzt die tibetische Bevölkerung unter der Herrschaft der so genannten "Volksbefreiungsarmee". Sie erhielten Logis, Kost, Kleider und alles übrige Lebensnotwendige einschliesslich medizinischer Betreuung. Darüber hinaus fanden sie in der Regel familiäre Aufnahme. Sie konnten beim Gutsherrn auch Land pachten und sich selbständig machen. Kannibalismus hat es bei uns nie gegeben; das würde der Buddhismus keinesfalls zulassen. Vor der Einführung des Buddhismus in Tibet gab es makabre Kulte mit menschlichen Gebeinen, die jedoch ebenso wenig mit Kannibalismus zu tun hatten.

TENZING: Überhaupt ist es eine sehr kindische Taktik der Chinesen, uns genau das vorzuwerfen, was in Wirklichkeit sie selber getan haben. Im "alten China" – um den Spiess einmal umzudrehen – war nämlich Kannibalismus eine gesellschaftliche Realität. So wird zum Beispiel in den Annalen der Tang-Dynastie das Fleisch von Kindern besonders gelobt. Während der grossen Hungersnot von 1959 - 1963 und während der drei Jahre später beginnenden Kulturrevolution gab es in China ebenfalls Kannibalismus. Als Arznei empfiehlt ein klassisches chinesisches Heilbuch menschliches Blut und Gehirn ...

*** *... danke, das reicht schon! – Zurück zu Tibet. Auch im "alten Tibet" war doch nicht alles in Ordnung, oder?*

DOLMA: Nein, natürlich nicht. In Tibet gab es die brutale Peitschenstrafe und soziale Ungerechtigkeiten, welche aber sicher nicht die Invasion und Besetzung unseres Landes, die Versklavung eines ganzen Volkes und die Folterung der politischen Gefangenen rechtfertigen. Wir Tibeter behandeln sogar unsere Tiere besser als die chinesischen Besatzer uns! Die offizielle "Befreiungs"-Theorie wird vollends unglaubhaft, wenn man bedenkt, dass die Invasoren schreckliche Konzentrationslager betreiben, wo Tibeterinnen und Tibetern zu härtester Zwangsarbeit angetrieben werden und vielfach den schweren Misshandlungen erliegen oder an Hunger und Entkräftung sterben. Die Chinesen haben Tibet nicht befreit, sondern in einen riesigen Archipel Gulag verwandelt, um dort ihre Atomraketen aufzustellen und das an natürlichen Schätzen reiche Land hemmungslos auszubeuten.

*** *Nochmals das Stichwort "Sklaverei". Gab es so etwas je in Tibet?*

DOLMA: Im "alten Tibet" kam es vor, dass jemand für einen Gutsherrn arbeiten musste, um die Schuld einer anderen Person abzutragen. Nach dem heutigen Menschenrechtsverständnis war dies zweifellos eine Form der Sklaverei, und es ist ganz klar, dass wir das heute nicht mehr machen würden. Wenn man sich jetzt aber Sklaverei im Stil der alten Griechen und Römer vorstellt, ist das natürlich Unsinn. Was ich erwähnt habe, war selbstverständlich nicht die Regel, sondern die Ausnahme.

TENZING: Ich finde es sowieso falsch, die Optik in der Tibet-Frage auf diesen Punkt einzuengen. Um sich ein Urteil über die damaligen Verhältnisse bilden zu können, muss man den zeitlichen und geographischen Rahmen mitberücksichtigen. Und dann drängen sich Vergleiche auf. Ich weiss nicht, ob bei Euch in der Schweiz um 1949/50 die Mägde und Knechte in den abgelegenen Bauernhöfen freier waren und mehr Menschenrechte genossen als bei uns diejenigen Tibeterinnen und Tibeter, welche für eine fremde Schuld arbeiten mussten. Was denkst Du, wieviele Mägde von ihrem Meister oder dessen Söhnen missbraucht wurden und keine Möglichkeit hatten, sich dagegen zu wehren? Oder welche berufliche und soziale Chance hatte ein Knecht, wenn er nicht gerade Gotthelfs "Ueli der Knecht" war? Und das traurige Kapitel der Verdingkinder in der Schweiz war doch nichts anderes als rechtlich und gesellschaftlich tolerierte Kindersklaverei.

DOLMA: Und hast Du gewusst, dass es in China bis zur Mitte unseres Jahrhunderts üblich war, den Mädchen die Zehen derart eng zu bandagieren, dass die Füsse unter kaum vorstellbaren Schmerzen verkrüppelten? Auf diese barbarische Weise wollte die patriarchalische Macho-Gesellschaft die gequälten Frauen am Weglaufen hindern, wozu die armen Geschöpfe selbst ohne diese Tortur allen Grund gehabt hätten. Da soll noch jemand erzählen, die Chinesen seien ein altes Kulturvolk! Diese unbegreiflichen Leute haben nicht nur den Kompass und das Schiesspulver, sondern auch die Folter und die Unterdrückung der Frauen erfunden!

*** *Nun, das ist Vergangenheit, aber heute ...*

DOLMA: ... ist es kaum besser. Dem chinesischen "Erfindergeist" sind offenbar keine Grenzen gesetzt, wenn es darum geht, Menschen zu quälen. Ein tibetischer Mönch wurde zuerst mit Stockschlägen, Stiefeltritten und Stromstössen massiv gefoltert und dann zwei Tage lang in einer luftdichten, mit Insektizid vollgesprühten Zelle eingesperrt. Ob er von dieser Vergiftung bleibende Schäden davonträgt, weiss ich nicht. Ein anderes Beispiel: Chinesische Lehrer mischen Sand, Glassplitter und Wasser, worin sie tibetische Schüler als Strafe stundenlang knien lassen. Durch die aufgeweichte Haut dringen dann die Splitter manchmal bis in die Knochen ein, was zu schlimmen Infektionen führen kann und bei einem jungen Schüler mit der Amputation seines Beines endete. Um eine solche Foltermethode zu ersinnen, braucht es schon eine diabolische Phantasie.

TENZING: In der Zeitung liest man immer wieder, wie in China gewöhnliche Brandfälle zu menschlichen Tragödien werden, weil die Fabrikarbeiterinnen während der Nacht wie wilde Tiere eingesperrt werden und bei Ausbruch eines Feuers keine Möglichkeit haben, ins Freie zu gelangen. Gemäss *Amnesty International* kamen 1995 allein in der Provinz Guangdong *(Südchina)* bei Fabrikbränden 193 Menschen ums Leben. Die Löhne im fernöstlichen Bauern- und Arbeiterparadies sind oft so niedrig, dass viele Leute jeden Monat 200 oder mehr Überstunden leisten müssen, um überleben zu können. Während sieben Tagen pro Woche wird jeweils bis zu sechzehn Stunden gearbeitet. Viele Arbeiter sind giftigen Chemikalien und Dämpfen ausgesetzt, die über kurz oder lang ihre Gesundheit und damit ihre Existenzgrundlage ruinieren. Wegen gravierender Sicherheitsmängel gehören tödliche Unfälle zum tristen Alltag und werden kaum beachtet. Für mich ist das nichts anderes als institutionalisierte Sklaverei eines Staates, der die illegale und menschenverachtende Besetzung meiner Heimat mit den sozialen Unzulänglichkeiten im "alten Tibet" rechtfertigen will.

DOLMA: Schau mal, wir haben hier ein paar Zeitungsartikel zum Thema "Sklaverei". Da steht zum Beispiel, dass Chinas Gulag mit rund zehn Millionen Strafgefangenen für den Export produziert. Davon sind etwa 100'000 Menschen aus politischen Gründen zu Zwangsarbeit verurteilt *(BaZ 24. 09. 91)*. Harry Hongda Wu, ein in den USA eingebürgerter chinesischer Regimekritiker und Gulag-Überlebender, schätzte 1993 die Zahl der politischen Gefangenen im chinesischen Gulag sogar auf rund eine Million *(Bund 12. 06. 93)*. Die 2'000 Gefangenenlager in China und Tibet bilden das grösste System von Zwangsarbeit der ganzen Welt *(BZ 11. 11. 93 betr. einen Film des Schweizer Fernsehens DRS)*.

TENZING: Daneben gibt es auch subtilere Methoden der chinesischen Behörden, um missliebige Menschen mundtot zu machen: Bürgerrechtler, politische Aktivisten, demokratische Dissidenten und andere "unbequeme Leute" werden – wenn sie nicht gerade erschossen oder mit Panzern überfahren werden – in psychiatrischen Kliniken zwangshospitalisiert und dann meistens mit Psychopharmaka vollgepumpt, wie man das von der früheren Sowjetunion kennt.

DOLMA: In der *Basler Zeitung* steht ohne diplomatische Umschweife: "In China gibt es einen immer grösseren Sklavenmarkt". Konkret geht es dabei um professionelle chinesische Kidnapper, die auf Bahnhöfen und Märkten junge, arbeitsuchende Frauen und Mädchen ansprechen, ihnen eine Stelle anbieten, sie dann entführen, durch Schläge und Vergewaltigungen ihren Willen brechen, und sie schliesslich an arme Bauern verschachern oder zur Prostitution zwingen. Ausserdem werden Entführung und Verkauf kleiner Kinder für immer mehr Chinesen zum lohnenden Geschäft *(BaZ 19. 05. 93)*. Erstaunlicherweise toleriert die ganze Welt stillschweigend die heutige Sklaverei in China.

*** *Ist das nicht etwas übertrieben?*

TENZING: Natürlich gibt es Ausnahmen. Das Europäische Parlament fordert die Abschaffung der Laogai *(Zwangsarbeitslager)*, aber wie sieht die Praxis aus? Während gewisse Leute nicht müde werden, die "unhaltbaren Zustände im alten Tibet" zu kritisieren, verpassen die Staaten in Ost und West keine Gelegenheit, um für chinesische Politiker und Geschäftsleute den roten Teppich auszurollen. Und als neustes innenpolitisches Alibi behaupten jetzt westliche Regierungen, man pflege eine "stille Diplomatie" und spreche mit den Chinesen ganz diskret über Menschenrechte und Tibet – vermutlich so leise, dass sie gar nichts hören!

∗∗∗ *Wirfst Du dem Westen Opportunismus vor?*

TENZING: Allerdings! Und die bisherige Heuchelei weicht besonders in Frankreich und Deutschland zunehmend dem offenen Bekenntnis, dass man den Wirtschaftsbeziehungen mit China unter allen Umständen Priorität einräumt. Das haben natürlich auch die Chinesen gemerkt, weshalb sie gegenüber kritischen westlichen Politikern immer arroganter auftreten und nachgerade zu einem Ikarus-Flug ansetzen, der vielleicht erst gestoppt wird, wenn der Westen vollends seine Würde verloren hat und dann – entsprechende Einsicht vorausgesetzt – endlich adäquat reagiert. Diese neu motivierte Überheblichkeit bekommen sogar die Gefangenen zu spüren. Wenn zum Beispiel die chinesischen Schlächter in Tibet meine Landsleute foltern, verhöhnen sie ihre Opfer oft mit folgenden Worten: "*Schrei nur! Dir hilft niemand, denn wir sind auf dem Weg zur Weltmacht, und alle haben Angst vor uns. Auch der Westen hat Angst vor uns und tut deshalb, was Peking sagt.*"

∗∗∗ *Dennoch werden auf Druck des Westens politische Gefangene auch wieder in die Freiheit entlassen.*

DOLMA: Das muss man in der richtigen Dimension sehen. Wer Folter und Zwangsarbeit überlebt, hat in der Regel eine Chance auf Freilassung. Die meisten Entlassenen sind aber für den – manchmal nur noch kurzen – Rest ihres Lebens gebrochen. Etwas mehr Glück haben gelegentlich weltbekannte Häftlinge. Sicher ist Dir auch schon aufgefallen, dass China in aussenpolitisch wichtigen Momenten, zum Beispiel wenn Amerika die Weiterführung der Meistbegünstigung diskutierte, einen prominenten politischen Gefangenen freiliess. Leider ging diese Rechnung fast immer auf. *Asia Watch* nennt das wörtlich eine "Politik der Geiselhaltung" und ergänzt, dass der Westen derart motivierte Freilassungen jeweils als "Beweis" für die Verbesserung der Menschenrechtssituation in China akzeptiert, um seine Geschäfte mit Peking zu rechtfertigen. Dabei werden die weiter in Haft befindlichen Abertausende von politischen Gefangenen, welche keine entsprechende Publizität geniessen, bewusst ignoriert. Im übrigen fanden laut *Asia Watch* im Jahr 1993 etwa 80 % der dokumentierten und politisch begründeten Verhaftungen durch die Chinesen in Tibet statt *(NZZ 22. 02. 94)*.

*** *Was sagt Ihr zum chinesischen Vorwurf der Feudalherrschaft im "alten Tibet"?*

TENZING: Ein grosser Teil des tibetischen Volkes lebte früher als Nomaden, und diese waren für die Feudalherren nur schwer erreichbar. Bei der sesshaften Bevölkerung und den Halbnomaden sah die Situation anders aus. Tatsächlich existierte in Tibet eine Feudalherrschaft, die jedoch im allgemeinen bedeutend menschlicher war als der mittelalterliche Feudalismus in Europa.

DOLMA: Ausserdem sollte man jene Feudalherrschaft nicht isoliert betrachten. Du weisst ja, was seither passiert ist. Heute gibt es in Tibet einen viel grösseren Standesunterschied, nämlich den zwischen Tibetern und Chinesen.

*** *Kannst Du das etwas konkreter ausdrücken?*

DOLMA: Die Tibeter sind jetzt alle Untertanen, und die Chinesen sind die neuen Feudalherren. Unter dem Vorwand der "Befreiung von fremden Imperialisten" – das waren sechs oder sieben Männer – halten sie die Überlebenden meines Volkes in schlimmster Knechtschaft. Aber die Welt sieht sich das wie einen Action-Film an, leugnet den fortdauernden Holocaust am tibetischen Volk und versichert den Chinesen auf dem Bauch kriechend, Tibet sei ein Teil von China!

*** *Schon vor der chinesischen Invasion zahlten einige Bevölkerungsteile in Osttibet Steuern an die Chinesen. Gehörten die tibetischen Ostprovinzen AMDO und KHAM demnach zu China?*

TENZING: Nein, auf keinen Fall. Zunächst ist klarzustellen, dass diese Zahlungen nicht die ganzen beiden Provinzen, sondern lediglich Randgebiete von AMDO und KHAM betrafen. Die eigentlichen Steuern wurden stets von tibetischen Beamten oder Klöstern eingezogen. Wir zahlten somit unsere Steuern an Tibet. Hingegen erpressten chinesische Gouverneure und Offiziere mit Hilfe ihrer Truppen von der tibetischen Bevölkerung Schutzgelder. Das war erst möglich, als unsere Armee nur noch einen kleinen Bestand hatte und auch rüstungsmässig nicht mehr kriegstauglich war, sondern bloss eine Polizeitruppe darstellte. So waren wir gegen die chinesischen Schutzgelderpressungen meistens machtlos.

*** *Haben heute Exil-Tibeter Kontaktmöglichkeiten mit Tibet?*

DOLMA: Seit 1980 ist in beschränktem Rahmen wieder Briefverkehr mit Angehörigen und Freunden in Tibet möglich. Allerdings ist stets damit zu rechnen, dass die chinesischen Behörden Briefe öffnen und eventuell konfiszieren, wodurch je nach Inhalt unsere Landsleute in Tibet gefährdet werden können. Auch Besuche werden bewilligt, doch sollten wir Tibeter – so paradox das klingen mag – aus Sicherheitsgründen nur mit einem westlichen Pass in unsere Heimat reisen. Ich kann den tragischen Fall einer Tibeterin nicht vergessen, die bereits früher in Tibet lange Zeit in den Gefängnissen und Zwangsarbeitslagern der Chinesen gelitten hat, nach ihrer Freilassung mit ihrer Familie in die Schweiz fliehen konnte und hier als Flüchtling anerkannt wurde. Als sie später besuchshalber nach Tibet zurückkehrte, wurde sie dort von den Chinesen erneut verhaftet und wegen angeblicher Staatsgefährdung fast zehn weitere Jahre im Gefängnis eingesperrt. Es wäre deshalb gut, wenn auch die Flüchtlingsbehörden wüssten, dass eine kurze Rückkehr nach Tibet nicht den Wegfall der Gefahr bedeutet.

*** *DOLMA-LA und TENZING-LA, habt Ihr einen Wunsch, den Ihr bei dieser Gelegenheit äussern wollt?*

TENZING: Wir wünschen für uns selber und für alle Tibeterinnen und Tibeter wieder ein freies, unabhängiges Tibet. Mit unserem demokratisch gewählten Exil-Parlament und unserer Exil-Regierung in DHARAMSALA verfügen wir bereits über die erforderliche politische Struktur. Wegen der langjährigen Besetzung und Ausbeutung unseres Landes durch China werden wir viel aufbauen müssen, um den Anschluss an die Neuzeit und an die Welt zu finden, denn seit der Invasion verlief die Entwicklung in Tibet rückwärts. Es liegt uns fern, ein "altes Tibet" zu rekonstruieren, sondern wir wollen ganz einfach die in unser Land eingedrungenen Diebe, Kulturschänder, Umweltzerstörer, Folterer und Mörder loswerden. Das ist doch nicht zuviel verlangt. Der Schweizer Bevölkerung sind wir dankbar für die freundliche Aufnahme, aber von der Regierung wünschen wir uns eine ehrliche Haltung in der Tibetpolitik. Immerhin gibt es kantonale und kommunale Politiker, die zur Wahrheit stehen und öffentlich die Tatsache aussprechen, dass Tibet ein besetztes Land ist.

DOLMA: Während wir hier im Exil eine sichere Existenz haben und weder Verhaftung noch die frauenspezifischen Verbrechen der Chinesen befürchten müssen, leben unsere Landsleute in Tibet in ständiger Angst. Täglich sind sie der Willkür der Besatzer ausgeliefert, und noch sehen wir kein Ende dieses Dramas ab. Ich wünsche deshalb, dass Seine Heiligkeit der Dalai Lama bald nach Tibet reisen und dort ungehindert mit den Tibeterinnen und Tibetern sprechen kann, denn sie brauchen dringend ein Zeichen der Hoffnung. **Und wenn das Gewissen der Welt in den nächsten paar Jahren aufwacht, dann ist Tibet noch zu retten.**

******* *DOLMA-LA und TENZING-LA, ganz herzlichen Dank! Dieses Interview soll dazu beitragen, dass endlich die volle Wahrheit über Tibet bekannt wird.*

Der Autor:

Hans Mäder, 1956 in der Schweiz geboren, ist promovierter Jurist, befasst sich beruflich mit Migrationsfragen und interessiert sich für Völkerrecht. Als aktiver Alpinist wurde er vor Jahren durch Bergliteratur mit dem tragischen Schicksal des tibetischen Volkes konfrontiert, dessen Land seit 1949/50 illegal von der chinesischen "Volksbefreiungsarmee" besetzt ist. Da entschloss er sich spontan, die Tibeter bei ihrem gewaltlosen Kampf um Gerechtigkeit und Freiheit zu unterstützen.

Der Autor sprach persönlich mit vielen Tibeterinnen und Tibetern in der Schweiz und in Indien, nicht aber in Tibet selber, denn dies könnte für tibetische Gesprächspartner, welche von der allgegenwärtigen chinesischen Polizei bespitzelt werden, zu Gefängnis, Folter und Tod führen. Ausserdem hatte er mehrfach Gelegenheit, die Tibet-Frage auch mit Chinesen zu besprechen und deren Argumente den tibetischen gegenüberzustellen. Indessen ist das vorliegende Buch – obschon um Objektivität und Fairness bemüht – keine nüchterne Analyse, sondern ein klares Engagement für die legalen und legitimen Rechte des tibetischen Volkes.